부동산 비즈니스론

심형석·심봉섭·심규석 공저

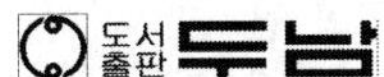

머리말

부동산 비즈니스란 부동산을 활용하여 수행하는 사업을 광범위하게 이른다. 기존에 부동산 사업이라는 용어가 있음에도 불구하고 부동산 비즈니스라는 용어를 다시 사용하는 까닭은 부동산 사업이란 일반적으로 부동산 개발이나 개발과 관련된 사업을 의미하지만 부동산 비즈니스란 부동산 개발과 관련은 되지만 이보다 더 넓은 개념으로 부동산을 활용하여 수행하는 사업 전반을 일컫는다고 규정할 수 있기 때문이다.

부동산 사업과 부동산 비즈니스의 또 다른 차이는 부동산 사업은 프로젝트 베이스의 사업을 의미하지만 부동산 비즈니스는 기본적으로 기업이라는 틀을 만들고 유지하면서 수행해 나가는 사업을 의미한다. 이는 그 동안 기업이라는 영속적인 형태로 사업을 수행하지 않았던 부동산 시장에서는 다소 생소한 개념일 수도 있다.

하지만 부동산 시장을 둘러싼 환경이 지식산업이라는 큰 틀 속에서 급속하게 변화하면서 혁신적인 형태이든 아웃소싱의 적용이든 부동산 비즈니스는 활성화되고 있다. 전문인력의 적극적인 유입 또한 이러한 추세를 강화시키고 있는 추세이다.

부동산의 핵심영역이랄 수 있는 개발과 관련 분야에 대한 강의만 해오던 대학에서도 이러한 환경변화와 실무에서의 요구에 대응하기 위해 부동산경영, 부동산관리 등의 명칭으로 과목을 개설하고 있다. 우려되는 점은 이러한 과목들이 단순히 경영학의 이론을 가져와서 나열하는 수준에 그치고 있지는 않는가 하는 점이다.

새로운 교과목을 만드는 일도 어렵지만 더욱 힘든 것은 새로운 교과목의 기초적인 부분을 다른 학문에서 차용하는 일일 것이다. 단순히 차용만하면 또 다른 잡서를 시장에 내보인다는 자책감이 들것이며 부동산 시장에 적용하여 이

를 녹여내기에는 저자가 가진 학문적 역량이 받쳐주질 않으니 진퇴양난이 아닐 수 없다.

부동산 비즈니스론은 3명의 저자가 공동으로 저술하였다. 기본적으로 각자의 전문영역을 나누어 작업하였지만 최종적으로는 이러한 작업들이 한 권이라는 결과물로 융화될 수 있도록 노력하였다. 목차만을 일독한 잠재 독자들은 이해하겠지만 이 책은 기존의 부동산경영론과는 완전히 다른 형식과 내용을 담고 있다.

이론적인 내용은 되도록 짧게 기술하였으며 실무적인 내용들을 담기 위해 노력하였다. 하지만 최종적으로 수정하는 작업은 대학에서 학생들을 가르치는 대표 저자가 하였기에 다소 이론에 치중되어 있지 않을까 우려된다.

책을 쓰는 것이 직업이지만 책을 쓸 때마다 항상 새로운 도전을 하는 느낌이다. 특히 3명의 저자가 공동으로 작업한다는 것은 혼자서 쓰는 것보다 더욱 큰 도전이 아닐까 생각된다. 문명의 이기로 대면이 줄어들었지만 만나고 대화하면서 많은 것을 배울 수 있었다. 부동산이란 것이 공동작업으로 이루어지는 결과물이듯이 이 책 또한 공동작업의 결과물로서의 가치를 가지길 바란다.

학교에 있지만 끊임없이 비즈니스를 지향하는 대표 저자가 이 책으로 스스로 대리 만족하기를 바란다.

2008. 2

대표저자 심형석

차례

V 부동산 컨설팅 비즈니스 / 87

VI 부동산 종합 비즈니스 / 147

VII 부동산 정보 비즈니스 / 161

VIII 부동산 비즈니스 사업성 분석 / 185

IX 부동산 비즈니스 창업 / 217

X 부동산 비즈니스 자금조달 / 251

XI 부동산 해외비즈니스 전략 / 263

I. 부동산 비즈니스의 환경변화

최근 부동산을 둘러싼 환경은 급격하게 변화하고 있다. 이 변화방향의 큰 줄기는 지식산업[1]화라고 할 수 있다. 부동산 부문만이 아니라 모든 산업부문을 크게 바꿔놓고 있는 '지식'이라는 변화 방향의 큰 흐름은 부동산 비즈니스에도 같은 영향을 미치고 있다.

그 동안 부동산 비즈니스는 투명하지 못한 거래관행, 혁신능력의 부재, 전근대적인 부동산금융, 유통구조의 미발달과 같은 다양한 문제점을 가지고 있었다. 그러나 이러한 부동산 비즈니스에도 변화의 바람이 불고 있으며 지식산업화라는 커다란 방향으로 나아가고 있다.

이러한 부동산 비즈니스의 지식산업화는 네 가지 방향으로 요약될 수 있다' '세계화', '정보화', '전문화' 그리고 '금융화'가 바로 그것이다.

1 부동산 비즈니스의 세계화(globalization)

부동산 비즈니스가 고도의 지식전문화 산업으로 탈바꿈함에 따라 가장 중요하게 대두되고 있는 변화는 세계화(globalization) 또는 초국적화 현상이다. 이러한 글로벌한 경제상황은 먼저 부동산 비즈니스가 과거와 같이 일정한 지역적 한계에서 이루어지는 활동이 아니라 전 세계적으로 국경을 초월하여 일어난다는 것이며 또한 부동산 비즈니스 활동에 국제적 기준(global standard)을 요구하게 된다는 것이다. 이러한 두 가지 현상을 기반으로 부동산 비즈니스의 세계화가 촉진되고 있다.

---

1) 지식산업이란 지식전반의 생산과 유통에 종사하는 모든 산업을 일컫는데 교육, 연구개발, 정보, 전문직업 등 다양한 산업분류도 포함하지만, 보통은 지식의 생산과 유통이라는 부분이 경제적 가치를 확보하면서 그에 대한 대가가 지불되는 경우라고 보는 것이 타당할 것이다. 선진국으로 갈수록 지식산업의 비중이 증가하고 있으나 우리나라는 아직 산업사회에서 지식산업사회로 넘어가는 과도기에 있어 선진국에 비해서는 지식산업의 비중이 낮은데 부동산 서비스업도 현재 이러한 지식산업화의 기로에 서있다고 볼 수 있다.

부동산 비즈니스의 세계화는 1990년대 이후 활성화된 부동산증권화에 따라 금융자본의 세계화가 급속히 진전되면서 자연스럽게 부동산 산업에도 적용되기 시작하였다. 이로 인해 부동산투자시장, 부동산경기, 부동산종사자들의 세계화가 순차적으로 진행되어 왔다.

먼저 부동산투자시장의 세계화가 가능한 이유는 세계부동산시장을 분류했을 때 핵심시장으로 분류될 수 있는 국가가 거의 영미권인 관계로 국가간 교류가 가능하기 때문일 것이다. 이러한 세계부동산시장을 분류할 때 핵심시장으로 분류되는 국가의 비중은 80%를 넘어서는 것으로 파악된다.

부동산투자시장의 세계화는 부동산경기의 전지구화 현상을 동시에 발생시켰다. 즉, 투자주체가 동일하다보니 투자대상도 전 세계적으로 분산투자를 단행하게 되므로 유사하게 되어 궁극적으로 세계부동산투자시장의 동조화 현상이 발생하게 된다. 즉 부동산 금융시장의 발전으로 인해 부동산투자시장이 단일화되어가고 있다는 말이다.

〈해외 부동산의 대표지역 뉴욕 맨하턴〉

선진국들의 부동산경기는 1980년대 후반 부동산 붐, 1990년대 부동산버블의 붕괴, 2000년대 초 부동산 붐 이라는 사이클로 움직여왔다. 이러한 사이클은 핵심주변시장이나 신흥시장으로까지 파급되었으며 국내 부동산경기도 IMF 라는 특수한 상황을 제외하면 선진국들과 비슷한 방향으로 움직였다는 것을 알 수 있다.

세계화 및 금융혁신으로 동조화 현상을 보였던 세계 부동산 경기가 2000년~2005년 중에는 상승세를 기록하여 세계의 강한 수요를 견인하였으나 최근 일본을 제외한 세계 대부분의 부동산 시장에서 부동산 경기는 하락세로 반전되고 있다. 이는 그간 세계 물가가 낮은 수준에 머물러 있으면서 세계 각국의 중앙은행은 저금리를 유지함에 따라 세계 부동산 경기가 호조를 보였으나 최근 많은 국가들이 물가상승 압력이 높아지면서 금리를 올리고 있으며 이러한 금리상승으로 세계 부동산 경기의 퇴조현상이 나타나고 있다.

부동산 비즈니스의 변화방향 중 마지막 방향은 부동산 비즈니스 종사자들의 세계화가 촉진되고 있다는 것이다. 이는 부동산투자시장이 세계화되면서 투자를 위해 전 세계적인 사업네트워크의 구축이 절실히 요구된다. 따라서 현지화 전략과 함께 현지 직원들의 채용이 늘어나면서 궁극적으로 부동산 비즈니스 종사자들의 세계화가 촉진되었다. 국내에도 외국계 부동산회사들의 국내진입으로 인해 부동산 현지 인력들의 외국계 부동산회사로의 취업이 활발한 것을 보면 부동산서비스업 종사자들의 세계화도 진행되고 있는 것으로 판단된다.

우리나라는 부동산 생애주기의 일부 영역에서 활동하는 부동산 전문인력에 대해 정부가 자격을 부여하고 있다. 그러나 최근 부동산 시장의 환경이 급격하게 변화하고 있기 때문에 이러한 정부 주도의 전문인력 관리체계는 시장 수요에 원활하게 대응하기 어려운 것이 현실이다. 따라서 정부는 단지 전문인력 육성의 환경만을 조성하고 부동산 비즈니스 전문 인력의 육성은 시장 자율에 맡겨놓는 것이 바람직할 것이다. 특히 외국계 부동산회사는 종합부동산서비스업을 영위하기 때문에 국내에도 전체 부동산 생애주기마다 의사결정을 자문할 수 있는 능력을 가진 전문 인력의 육성이 절실한 상황이다.

〈세계부동산시장의 분류〉

구 분	핵심시장	핵심주변시장	신흥시장
국가	미국, 영국, 일본, 독일, 프랑스, 캐나다, 네덜란드, 벨기에, 덴마크	홍콩, 싱가폴, 한국, 대만, 그리스, 아일랜드, 포르투갈, 스페인	중국, 태국, 인도네시아, 말레이시아, 필리핀, 체코, 헝가리, 폴란드, 아르헨티나, 브라질, 칠레, 멕시코
상업용부동산시장 (10억달러)	3,692	524	359
비중(%)	80.7	11.4	7.9

* Prudential Real Estate Investors, 2000

IMF 이후 국내시장에 외국계 부동산 회사의 직접 진출이 눈에 띄게 증가하고 있다. IMF 이전에는 대부분 다국적 기업의 사무실 임차가 주요한 업무였으

〈국내 진출 외국계 부동산회사 현황〉2)

회사명	국적	설립년도	홈페이지	주요업무
BHP Korea	미국	1994년	www.bhpk.com	자산평가, 개발컨설팅, 중개
CB Richard Ellis Korea	미국	1999년	www.cbrekorea.com	자산평가, 개발컨설팅, 투자 및 자산관리
Cushman & Wakefield	미국	1997년	www.cushwakesasia.com	평가/중개, 투자/투자유치
Goldman Sachs	미국	1998년		투자
GIC	싱가포르	2000년		투자
Jones Lang Lasalle Korea	영국	2000년	www.asiapacific.joneslanglasalle.com/korea	컨설팅, 중개
Keamy Buck Company Korea	미국	1999년		감정평가, 개발컨설팅
Morgan Stanley & International Ltd	미국	1992년		투자
Rodamco 아시아	네덜란드			투자
Total Companies	미국	1999년		컨설팅, 중개

나 외환 위기로 인해 국내 부실 자산의 매입 비즈니스가 대규모로 발생하면서 투자한 부동산을 관리, 리모델링 하기 위한 주요한 업무를 수행하게 된다.

현재 국내에 진출해 있는 외국계 부동산 회사는 10년 가까운 국내 사업을 수행함으로서 노하우가 증가하여 다양한 업무를 수행하고 있지만 주력하고 있는 분야는 프라임 오피스 빌딩을 중심으로 한 중개, 그리고 외국계 펀드들이 매입한 부동산에 대한 관리, 외국계 펀드들의 국내 자산 매입, 매각에 필요한 자산실사업무 등이다.

2 부동산 비즈니스의 정보화(informalization)

국내의 초고속정보통신망이 급격히 확장됨으로써 경제의 정보화는 빠르게 진전되고 있다. 이러한 정보통신기술의 급격한 발전은 글로벌경제와 함께 디지털경제가 형성될 수 있는 기반을 만들고 있다. 즉 오늘날 정보통신기술의 발전은 기존의 경제구조를 디지털경제로 바꾸고 있으며 부동산 비즈니스도 경제의 한 부분으로서 자연스럽게 디지털경제로 전환하게 된다.

정보통신기술의 비약적 발전은 부동산 비즈니스의 정보화를 촉진시키는 계기가 되었다. 초고속 통신망의 확장은 보다 많은 데이터를 보다 빨리 전송할 수 있게 되었다. 따라서 부동산 비즈니스의 정보화는 부동산 정보를 디지털로 작성, 처리, 가공, 활용하는 정보처리기술과 이를 전송하는 통신기술의 결합을 통해 부동산 산업의 전반적인 효율성과 확장성을 증대시키고 있다. 특히 부동산은 상품의 특성상 다양한 정보를 여러 형태로 전달해야할 필요성이 있으므로 이러한 정보통신 환경의 발달은 자연스럽게 부동산 비즈니스의 정보화를 촉진하게 된다.

부동산 비즈니스의 정보화는 정부부문과 민간부문이 동시에 발전하여 왔으나 정부부문의 정보화는 정부의 정책을 평가하거나 홍보하기 위해 정책지표를 개발하는 방향인 공익적 성격을 띈 반면 민간부문의 정보화는 부동산 거래를 중심으로 이를 지원해주는 역할을 수행하면서 발달하게 된다.

---

2) 강동헌 외, 초보자도 알기 쉬운 부동산업 창업이야기, 형설출판사, 2006. 9.

정부부문의 부동산 정보화는 정부기관, 정부투자기관, 공공연구기관이라는 세 주체에서 이루어지는데 전반적으로 정부정책의 홍보와 평가, 부동산 시장의 분석에 필요한 기반정보, 그리고 부동산 상품별 거래정보 등 주로 공익적 정보를 취급하고 있다. 정부부문의 부동산 정보화는 일반경제지표들과의 비교, 분석이라는 커다란 틀에서 묶여야 하므로 전반적인 경제지표들의 하위지표로서의 의미를 가진다고 할 수 있다.

이에 반해 민간부문의 정보화는 부동산정보제공회사와 같이 부동산정보제공을 통해 수입의 상당부분을 확보하는 사업주체들과 함께 다른 주력 사업을 수행하면서 부동산정보를 부수적으로 제공하는 회사로 크게 나눌 수 있다. 부동산정보제공회사는 주로 인터넷을 통한 부동산 거래에 필요한 정보를 제공하고 있으며 자체적으로 또는 공동으로[3)] 부동산 시장을 분석하고 있고 그 외에 부동산 신탁, 개발 및 금융업을 행하는 회사에서 부동산 관련 정보를 부수적으로 제공하는 경우도 있다.

과거에는 부동산정보를 얻기 위해서는 발품을 파는 수밖에 다른 방법이 없었다. 간혹 인쇄매체를 통해 정보를 얻기도 했지만 이는 많지도 않았을 뿐더러 시의성이 부족하여 정보로서의 가치가 높지 않았다. 이로 인해 부동산중개업소는 2층에 위치하는 경우도 많았다. 즉 수요자가 정보를 찾기 위해 중개업소를 방문할 수밖에 없었다는 말이다. 그러나 정보통신기술의 급격한 발전은 책상 앞에서도 원하는 지역의 원하는 규모의 부동산상품의 시세와 매물 존재여부를 언제든지 확인할 수 있는 단계에 까지 이르게 되었다.

나아가 5년 동안의 부동산 시세를 토대로 투자대상물건에 대한 평가를 단지 몇 초 만에 확인할 수 있게 된 것도 이러한 부동산서비스업의 정보화 때문일 것이다. 이러한 정보화는 부동산정보제공업체 직원과 투자자간 담합으로 시세가 조작되는 폐단도 지적되지만 전반적으로 부동산 산업의 과학화를 앞당기는 역할을 톡톡히 수행하고 있다.

이제 부동산서비스업의 정보화는 통신기술과의 결합을 통해 언제 어디서나 부동산 정보를 얻고 활용할 수 있는 단계에 까지 이르고 있다. 물론 현재 인터

3) 한국부동산정보협회는 조사컨텐츠의 통합개발과 운영을 통해 비용절감 및 신뢰도 증대를 목적으로 회원들이 통합리서치센터를 공동으로 설립, 운영하고 있다.

넷과 통신기술을 거리낌 없이 사용하는 대상 층이 10, 20대로서 부동산 상품의 주 수요층인 30대 이상의 연령층과는 괴리가 있지만 인터넷을 자유롭게 활용하는 대상 층이 성장하면 다음 단계의 부동산 정보화가 어떠한 모습으로 다가올지 더욱 기대된다.

현재 부동산정보화는 사용자가 네트워크나 컴퓨터를 의식하지 않고 장소에 상관없이 자유롭게 네트워크에 접속할 수 있는 정보통신 환경이 갖추어진 유비쿼터스(Ubiquitous) 시대로 진입하면서 모바일과 같은 정보통신기기를 통해 실시간으로 부동산정보를 획득할 수 있는 단계로까지 진입하고 있다.

3 부동산 비즈니스의 전문화(specialization)

향후 부동산 비즈니스는 스마트 도시, 스마트 오피스, 스마트 주택 등의 형태로 더욱 스마트 해질 것이다. 이미 소비자들은 첨단 정보로 무장하고 있기 때문에 이러한 다양하며 전문화된 욕구를 부동산전문가들이 충족시켜 주기를 바란다. 부동산 투자와 개발의사결정은 점차로 과학화될 것이며, 부동산 비즈니스의 시장경쟁력은 과학적 역량의 구비정도에 달려 있으며, 스마트 정도가 부동산의 경제가치와 시장가치에서 가장 중요한 요소가 될 것이다. 그만큼 토지 소유자, 임차인, 자산실사컨설턴트(due diligence consultants), 부동산관리자, 임대중개인 및 대출업자 등은 자신들의 일상적 업무에서 전문화에 대한 의존도가 높아지고 있고, 앞으로는 더욱 그러할 것이다.

전문화란 분업의 결과로서 생기는 기능순화를 모두 일컫는다. 즉 1개의 체계가 구조의 복잡화 때문에 다른 2개 이상의 부분으로 나누어서 작용할 때 체계 내에 일어나는 현상으로 모든 산업 부문을 불문하고 존재한다. 이러한 전문화는 분화(分化) 또는 이질화(異質化)라고 하는 분리과정과 함께 지금까지와는 다른 새로운 차원의 체계를 만들어 낸다는 통합과정이라는 2개의 측면을 가진다.[4)]

사회에서의 전문화는 기능의 배분과정에서 나타나는 것이며 근대사회에서의 경제적 분업은 이러한 전문화를 추진하는 결정적 동기가 되고 있으며 부동산

4) 네이버 백과사전.

비즈니스와 관련된 서비스가 분화, 전문화되면서 질적 수준도 향상되고 있다.

법률, 세금, 회계, 감정평가, 컨설팅, 중개, 금융 등 부동산 거래와 관련된 모든 비즈니스를 한 곳에서 제공하는 '종합부동산서비스회사'의 설립도 가속화될 것이다. 이로 인해 부동산 거래에도 원스톱서비스 개념이 도입될 것이다.

전문화는 필히 종합화와 같이 움직여야 한다. 전문화의 방향으로만 비즈니스가 추진되면 이는 공급자의 시각에서 시장의 변화를 이끄는 것이며 수요자는 전문화든 종합화든 편리하게 서비스를 이용할 수 있으면 큰 문제가 없으며 만족도도 높아질 수 있다. 따라서 복잡한 부동산 비즈니스가 한 곳에서 원스톱으로 진행되어 수요자의 만족도가 높아져야 하며 부동산 비즈니스의 생애주기상에 나타나는 다양한 서비스는 전문화의 방향으로 나아가 전문화와 종합화가 궁극적으로 시너지를 낼 수 있어야 할 것이다.

이렇게 부동산 비즈니스가 전문화되면서 부동산전문가라는 용어가 등장하기 시작한다. 우리나라에는 아직 부동산전문가라는 용어가 등장한지는 그리 오래되지는 않았다. 과거 부동산학과에서 학생들을 가르치는 분들이 전문가라고 언급되었을 뿐 여타 전문가는 존재하지 않았다. 단지 개인적 친분관계로 이러한 서비스를 제공하는 지엽적인 전문가는 있었다고도 볼 수 있다.

최근 언론, 방송에 자주 나오는 속칭 '부동산 전문가'들은 사실 90년대 후반 이후 정보통신기술이 발달하면서 등장했다고 볼 수 있다. 인터넷의 발달에 따라 본인의 블로그나 홈페이지를 통해 1인 기업 또는 그보다 조금 규모가 큰 형태로 운영되고 있다. 이들은 현장전문가, 이론(전망)전문가, 세무법률전문가, 언론방송전문가, 자산관리(금융권)전문가 등의 유형으로 분류될 수 있으며[5] 그 역할이나 분야에 있어 다시 또 전문성을 띄고 있어 갈수록 세분화되는 경향을 보이고 있다.

4 부동산비즈니스의 금융화

1990년 후반부터 부각되기 시작한 부동산 금융은 공급자 금융과 소비자 금

5) 스피드뱅크, 2005. 11.

융 그리고 간접금융과 직접금융으로 나누어 동시에 이루어지고 있다. 이러한 부동산 금융화는 자산유동화와 같은 부동산의 증권화와 긴밀히 연계되어 있다.

공급자 금융으로는 PF(Project Financing), 소비자 금융으로는 모기지(Mortgage) 제도 등이 도입되었으며 나아가 증권화의 도입과 함께 ABS, MBS, REITs 등의 간접투자상품도 상품화되었다.

부동산은 유동성(환금성)이 적다는 상품적 특성으로 인해 주식, 예금 등과 같은 다른 자산들과 함께 분산투자의 한 종목으로 구성될 필요성이 있다. 그러나 최근에는 자본이 국경을 넘어 이동하기 시작하면서 이러한 낮은 유동성이라는 단점은 부동산금융화로 인해 많은 부분 해소되고 있다.

국내 부동산금융화는 IMF로 인해 경제사정이 악화되면서 부실기업의 구조조정과 경기부양의 취지에서 시작되었으나, 최근에는 부동산의 안정적인 현금흐름에 기반하여 활발하게 일어나고 있다. 또한 유동성을 중시하는 세계적인 흐름을 감안하면 부동산 비즈니스의 금융화는 지속적으로 확장될 것으로 기대된다.

5 부동산 비즈니스의 변화 방향

지식산업화의 진전은 앞으로 전개될 사회의 커다란 조류임에 틀림없다. 지금까지 부동산 시장의 환경변화를 언급한 많은 자료들을 보면 부동산 시장에만 적용되는 환경변화는 없으며 모든 산업에 적용되는 환경변화가 부동산 시장에도 영향을 미쳐 부동산 비즈니스의 방향을 바꾸어놓는 과정을 밟아왔다. 이러한 지식산업화가 국토와 지역 그리고 도시에 미치는 영향을 언급하기는 구체성을 띄기 어렵지만 마찬가지로 부동산 비즈니스에도 위기인 동시에 기회의 요인으로 작용할 것은 분명하다.

즉 세계화, 정보화, 전문화, 금융화 등으로 인해 부동산 비즈니스는 21세기 미래지향적이며 고부가가치 창출이 가능한 사업으로 탈바꿈할 것이다. 부동산 비즈니스를 성공적으로 이끌기 위해서는 무엇보다 과거에 적절했던 경제논리, 운영방식, 조직구조 등에서 과감히 탈피하여 새로운 경영 패러다임, 디지털 경제논리, 소비자 지향의 전문성 확보, 유연한 조직구조 등을 확보하면서 끊임없

는 혁신과 가치를 찾아가는 창조적인 경영전략이 지속적으로 요구된다.

향후 부동산 비즈니스는 종합서비스를 제공하는 핵심역량과 함께 짧아진 부동산 비즈니스의 생애주기에 맞춘 전략 위에 소비자의 위험을 낮추고 만족도를 높일 수 있는 유연한 대응이 필요할 것이다. 부동산 비즈니스의 구조 변화는 부동산 상품 및 산업구조의 전환을 가져오고 이에 기반한 부동산의 세계화, 금융화, 정보화, 전문화 시대에서는 새로운 사업 영역이 다수 출현하는 것은 물론, 기존의 사업수행의 흐름과 구조가 변화하게 된다. 또한 부동산 비즈니스의 분화가 미약한 상태이기 때문에 다른 전문서비스 산업과 이러한 영역을 대상으로 치열한 경쟁을 벌일 수밖에 없으며, 서비스 제공 주체의 지식산업화 물결에 따라 서비스를 제공하는 조직제계도 급격하게 변화할 것이다.

실제로 최근 부동산 서비스 업무에 대해 대부분의 수요자들은 종합서비스와 글로벌네트워크를 제공할 수 있는 회사와 전문 인력을 요구한다. 이러한 대부분의 수요자들은 감정평가, 중개, 자산실사 및 인수, 각종 영향평가, 사업성분석, 세금컨설팅, 분산투자분석, 법률업무, 신규상품개발 등과 같은 다양한 서비스 제공을 추구하고 있다.

그리고 새롭게 출현하는 이러한 영역들은 기존에 우리가 가진 법체계로는 흡수하기 곤란한 점도 있기 때문에 다른 산업부문의 비즈니스 영역들과 현실적인 경쟁을 할 수밖에 없다. 따라서 기존의 부동산 비즈니스에 종사하는 인력들의 당면과제는 전문성을 기반으로 한 새로운 전문 영역을 개척하거나 기존의 영역들 간의 통합화를 시도하여 새로운 비즈니스 기반을 확충하는 전략일 것이다.

〈부동산 산업의 변화〉6)

구분	과거	현재	미래
산업특징	• 생산물중심 • 점유자(사용자)보다는 투자가 중심의 요구사항 • 저급기술과 전통 • 자본집약적 • 장기적인 생산물주기	• 기술진보 • 다양한 재무전략 • 생산물주기가 여전히 장기적이지만 생애주기에 맞춘 계획이 형식적서비스로 제공 • 점유자에게 좀 더 많은 관심부여	• 서비스산업 • 짧아진 생산물주기와 생애주기에 맞춘 계획이 중심 • 경쟁심화, 다양한 유형의 서비스 공급자와 서비스 상품
성공요소	• 부지취득 • 자금조달 • 완공부동산의 임대와 매각	• 최종 사용자의 확정 • 건물의 품질과 사양 • 서비스정신을 함양하려는 의지 • 동업자의 이점	• 종합서비스제공(건물, 시설관리 및 IT하부구조)의 중심축을 제공할 수 있는 능력 • e-business의 채택과 이해 • 가치체인에 입각한 동업자 관계
서비스제공의 성격	• 시장조사에 대한 무관심 • 조달 및 지주/임차인 관계에 대한 적대적 접근 • 소유자가 건물사양 및 임대차 조건을 규정 • 서비스제공 개념이 없음 • 대면접촉, 우편, 전화, 팩스에 의한 의사소통 • 공급체인의 자동화 활용이 없음	• 건축에 앞서 시장조사와 활용 • 임대차계약에서 점유자들이 유연성을 요구한다는 사실을 일부소유자는 인지함 • 건물과 시설관리서비스의 통합제공 시작 • 가치체인에 입각한 동업자 관계 시작 • 의사소통 및 자료관리에서 전통적인 방식외에 전자적 방식 활용 증가	• 모든 생산물과 서비스에 대한 종합적인 연구개발 • 서비스제공자는 시설관리와 부동산공급자와 완전통합이 표준이 됨. 일부는 IT, HR(인적자원관리), 금융 및 기타 부각서비스를 제공 • 위험을 부담하는 등 좀 더 유연한 생산물을 제공하는 서비스 제공자 • 서비스통합오피스시설처럼 일부 생산물이 상품화됨 • 건물 및 서비스와 관련한 모든 조달체계의 전자화

6) Building a real estate business based on core competencies, Bomba, Thomas H, Real Estate Issues, winter 2000/2001.

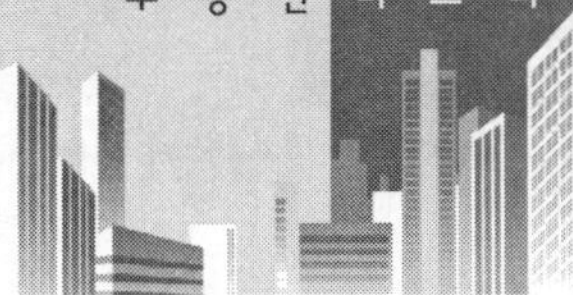

II. 부동산 비즈니스의 이해

1 부동산 비즈니스의 개념

부동산 비즈니스란 부동산을 활용하여 수행하는 사업을 광범위하게 이른다. 기존에 부동산 사업이라는 용어가 있음에도 불구하고 부동산 비즈니스라는 용어를 다시 사용하는 까닭은 부동산 사업이란 일반적으로 부동산 개발이나 개발과 관련된 사업을 의미하지만 부동산 비즈니스란 부동산 개발과 간접적으로 관련은 되지만 이보다 더 넓은 개념으로 부동산을 활용하여 수행하는 사업을 일컫는다.

부동산 사업과 부동산 비즈니스의 또 다른 차이는 부동산 사업은 프로젝트 베이스의 사업을 의미하지만 부동산 비즈니스는 기본적으로 기업이라는 틀을 만들고 유지하면서 수행해 나가는 사업을 의미한다. 즉 부동산 사업은 한시적이며 모두 다른 형태를 보이지만 부동산 비즈니스는 영속적이며 일상적인 업무가 많다.

부동산 비즈니스를 이해하기 위해서는 먼저 프로젝트의 개념을 이해하여야 한다. 이러한 프로젝트의 개념을 이해하고 이에 반대되는 개념으로서 영속적인 조직인 기업을 구상해야 한다.

프로젝트는 일정한 단위 기간 동안 주어진 목표를 수행키 위한 작업들의 모임이라고 정의할 수 있다. 프로젝트는 4가지의 특성을 가진다. 뚜렷한 목적물(Specific set of objects)을 한정된 기간 (Defineable time period)안에서 최소의 비용(Lowest cost possible)으로 각종 제한된 자원 (인력, 장비, 자재)의 제약 하에서 완수하고자 하는 일련의 행위 집합을 의미한다. 따라서, 프로젝트는 광의의 생산 System 의 특이한 형태로 분류될 수도 있으나, 한시적이고, 비반복적인 특성 때문에 통상적인 개념의 생산 시스템(Product system)과 뚜렷이 구분된다. 각종 건설공사, 조선, 종공업의 대규모 Project, R & D 분야, S/W 개발분야 등이 Project 의 대표적인 사례이며, 근자에 이르러서는 본격 양산 단계 이전의 모든 사업 영역을 프로젝트로 간주하고 있다. 프로젝트와 생산시스템을 비교하면 다음과 같다.

구분	프 로 젝 트	기업(생산시스템)
특 징	• 한시적 • 비 반복적 • 시작점과 종료점 • Stock 개념의 예산 • 자원의 단위기간 공급 • 독립된 특수 조직구조	• 영속적 • 반복적 • 지속적인 작업 • Flow 개념의 예산 • 지속적인 자원공급 • 지속적인 연계 조직구조
산 업	각종 건설공사, 조선, 중공업의 대규모 Project 등	상품생산, 금융 서비스업 등

이러한 프로젝트와는 다르게 부동산 비즈니스는 영속성을 기본으로 하는 기업을 운영하면서 발생하는 업무를 이야기한다. 부동산 관련 비즈니스를 하는데 프로젝트가 아니고 기업을 기반으로 하여 사업을 하는 경우를 찾기는 쉽지 않다. 지금까지 부동산 관련 사업을 기업의 형태로 운영한 경우가 많지 않았다. 그 이유는 부동산 관련 사업은 영속적인 기업의 형태로 운영하는 것보다는 한 프로젝트를 수행하기 위한 페이퍼컴퍼니(paper company)의 형태로 운영하는 것이 더욱 효율적이었기 때문이다.

하지만 이러한 형태로 운영하는 경우 소비자의 불만을 해결하는 것은 원천적으로 쉽지 않았고 부동산 사업을 하는 사람들에 대한 불신만 가중되고 있는 실정이다.

이제는 실질적인 기업의 형태로 부동산 비즈니스를 수행해야 하는 시대가 다가오고 있다. 이러한 배경에는 첫째로 부동산 수요자들의 권리 찾기에 대한 인식이 높아지면서 부동산 관련 피해 상담과 소송이 증가하고 있기 때문이다. 하지만 실제로 관련 사업을 수행하였던 회사보다는 개발 사업에 참여하였던 실질적인 주체인 건설회사가 그 피해를 해결하라는 대상이 되고 있다. 따라서 하루속히 부동산 관련 사업에 있어 영속성을 가진 주체들의 참여가 보장되어야 할 것이다. 이를 위해서는 현재와 같이 시행과 시공이 나누어져 있는 사업방식을 통합하여 한 회사에서 운영할 수 있는 방안도 고려되어야 할 것이다. 이를 통해 저렴한 분양가를 달성할 수 있으며 고객의 요구에 대해 적극적으로 대응할 수 있게 될 것이다.

일본의 경우에는 매출액 기준으로 가장 큰 부동산회사인 삼정부동산이 2006년 3월 결산기에 10조 이상의 매출을 기록할 정도로 대형 부동산회사들이 즐비해 영세한 국내 부동산 회사와는 대조적인 현상을 보여준다.

(단위 : 백만원)

순위	회사명	결산기	매출	경상이익	당기순이익
1	三井不動産	2006. 3	10,214,184	1,048,221	498,171
2	三菱地所	2006. 3	7,438,227	1,068,186	491,863
3	住友不動産	2006. 3	5,696,402	766,874	286,404
4	東急不動産	2006. 3	4,922,118	500,542	89,368
5	네오파레스21	2006. 3	4,100,423	389,006	146,101

* 환율은 2008년 2월 5일 매매기준율 적용하였음.

둘째, 부동산 관련 비즈니스의 경쟁이 치열해지면서 경험이 풍부하거나 학력이 좋은 전문 인재들이 속속 부동산 시장으로 진입하고 있다. 이러한 인력들은 안정적인 직업 환경 속에서 근무하고자하는 욕구를 지니고 있다. 따라서 부동산 업계에서도 하루빨리 안정된 형태의 대기업이 많이 생겨나 이러한 전문 인력들을 흡수하여야 할 것이다. 부동산 비즈니스는 결국 서비스 산업이므로 종사하는 인력들의 수준 여하가 그 산업의 발전을 좌우하기 때문에 좋은 인력들이 머무를 수 있는 산업적 안정성을 유지해 나가야 한다.

셋째, 부동산 관련 비즈니스가 급속히 증가하고 있다. 부동산 개발이라는 부동산 사업의 핵심영역이 커지면서 이를 지원할 수 있는 관련 비즈니스들이 확대되고 있다. 부동산정보사업, 부동산컨설팅사업 등 실제 부동산 개발에 참여하지는 않지만 이를 지원하는 사업들이 커지고 있으며 과거에는 존재하지 않았던 사업영역도 생기고 있다. 그리고 이러한 사업들은 대부분 구체적이고 실질적인 조직을 가지고 참여해야 하는 경우가 많아 부동산 비즈니스의 발전 가능성이 커지고 있다.

2 부동산 비즈니스의 특성

부동산 비즈니스는 벤처비즈니스의 성향을 가지고 있다. 또한 큰 자본이 들지 않으며 정보와 노하우가 중요한 창업의 기초가 된다. 이러한 세 가지 특징을 중심으로 부동산 비즈니스의 특징을 살펴보자.

(1) 벤처비즈니스(venture business)

벤처비즈니스는 고도의 전문지식과 새로운 기술을 가지고 창조적, 모험적 경영을 전개하는 중소기업을 말하는데 컴퓨터의 소프트웨어부문, 생물공학 부문에 많이 존재한다. 벤처비즈니스의 특성 중 가장 중요하게 언급되어야 할 부분은 창조적이며 모험적이라는 것이다. 공학적인 특별한 기술이 없어도 전문지식을 가지고 창조적인 결과물을 도출할 수 있으면 벤처비즈니스의 특성을 가지고 있다고 볼 수 있다. 이와 함께 모험적이라는 특성도 중요시된다. 부동산 비즈니스의 경우 사업의 위험이 높다. 수익률이 높은 반면 리스크도 크기 때문에 고위험고수익 사업이라고도 한다. 따라서 부동산 비즈니스는 전형적인 벤처비즈니스의 성향을 보인다.

(2) 저 자본 비즈니스

부동산 비즈니스는 노동력 또는 생산량에 비해서 자본의 투입비율이 상대적으로 낮은 기술이 생산요소로 채용되고 있는 산업에서의 활동인 경우가 많다. 자본집약형산업의 반대 개념인 노동집약형산업의 특성을 보인다. 기업규모로 볼 때 대기업일수록 자본집약적이나 최근에는 중소기업 중에서도 자본집양형 기업이 많이 나타나고 있으나 부동산 비즈니스는 중소기업이면서 노동집약형 기업인 경우가 대부분이다.

하지만 이러한 분류방식보다는 뒤에서 설명하는 정보를 활용하여 비즈니스를 수행하는 지식집약형 비즈니스라고 규정하는 것이 오히려 바람직할 것이다.

(3) 정보와 노하우가 중요

정보의 비대칭성이란 어느 일방이 정보를 불평등하게 보유하고 있을 경우 역 선택이나 도덕적 해이가 발생하게 되는 것을 의미하는데 부동산시장은 정보의 비대칭성이 존재하는 불완전한 시장이자 공급자 주도의 시장이 오랜 기간 지속되어 왔다. 부동산 상품 정보의 비대칭성은 공급자가 수요자에 비해 대상 부동산 상품에 대해 가지는 정보의 양이 많으나 수요자는 대상 부동산 상품의 지식을 확보하기가 어렵기 때문에 발생하는 경우가 대부분이다.

부동산 비즈니스는 부동산이라는 상품이 가진 특성으로 인해 정보와 노하우의 중요성이 커진다. 부동산은 수요자와 공급자가 가지는 정보의 비대칭성으로 인해 정보와 노하우를 가진 사람이 비즈니스를 수행함에 있어 상당한 우위를 점하게 된다.

3 부동산 비즈니스의 유형

현재까지 출현한 부동산 비즈니스는 몇 가지 유형으로 분류해 볼 수 있다. 이러한 유형을 분류하기 위해 △전문성 △동종업계 △혁신의 정도 등 3가지를 기준으로 하였다. 전문성이란 업무를 외부화시키는 목적에 따른 분류이다. 동종업계란 현재의 비즈니스가 수행되는 주체가 동종업계인지 아닌지이며 혁신의 정도란 관련 비즈니스가 제품의 개량인지 완전히 새로운 형태의 비즈니스인지를 분류하는 기준을 말한다. 이러한 3가지 기준으로 3가지의 비즈니스 유형을 도출하였다. 3가지 비즈니스 유형은 아웃소싱형, 자문형, 혁신형이다.

(1) 아웃소싱형

아웃소싱이란 기업업부의 일부 프로세스를 경영효과 및 효율의 극대화를 위한 방안으로 제3자에게 위탁해 처리하는 것을 말한다. 부동산 사업의 경우 일반적으로 단위 프로젝트로 진행되는 경우가 일반적이다. 따라서 한정된 자원을 보유한 기업이 모든 분야에서 최고의 성과를 달성하기는 어렵게 되면서 해당 기업이 가

장 성과를 낼 수 있는 곳에 자원을 집중시키고 나머지 활동은 외부의 전문기업에 위탁 처리함으로써 경제효과를 극대화하는 전략을 취하게 된다. 이러한 아웃소싱이 확대되면서 부동산 부문에도 다양한 비즈니스 들이 생겨나게 되었다.

(2) 자문형

자문이란 전문지식을 가지고 객관적으로 상품의 형태로 조언을 해주는 것을 말한다. 과거의 부동산 사업은 단순히 한두 가지의 역할만을 수행하면 되었지만 현재 그리고 미래의 부동산 사업은 부동산 프로젝트의 전 과정을 수행할 수 있어야 한다. 그만큼 부동산 사업의 경쟁이 격화되고 전문지식이 필요하다는 말이다. 이런 이유로 고객이 사업수행에 있어 부족한 부분에 대한 자문 수요가 증가하게 된다.

(3) 혁신형

최근 부동산 비즈니스는 과거의 사업방식을 탈피하고 있다. 인터넷과 과학기술의 발전은 사업의 수행방식을 근본적으로 변화시키고 있다. 국내 부동산 상품의 시세를 주간단위로 모집할 수 있으며 실제 거래되는 부동산 상품 현황도 모두 공개되고 있다. 이렇게 과학화, 투명화 되어가는 부동산 시장은 미래에 상당한 사업기회를 제공할 것으로 보인다.

III. 부동산 생산 비즈니스

1 부동산개발업[7)]

(1) 부동산개발업의 의의

부동산개발업이란 경제적 이익을 추구하기 위해 부동산개발 활동을 계속함으로써 경제적 가치가 있는 부동산상품을 만들어 판매, 분양, 관리·운영하는 모든 사업을 말한다. 부동산개발업은 기획단계인 사업대상지 매입에서부터 설계, 인허가, 시공, 분양, 관리 등 각 과정을 거치면서 가치변화가 일어나고 최종 운영의 단계까지를 포함한다. 따라서 부동산개발업은 부동산과 관련된 유관영역이 종합적으로 작용하는 종합예술과 같다고 할 수 있다.

(2) 부동산개발업의 유형

① 개발형태에 따른 분류

현재까지 전혀 이용되지 않던 부동산을 활용하거나 기존 부동산을 활용하는 등으로 신개발과 재개발로 구분할 수 있다. 신개발은 택지개발사업, 신도시개발사업, 관광단지조성사업, 사회간접자본(SOC) 개발사업 등이 있다. 재개발은 이미 조성되어 특정용도로 활용되고 있는 부동산이 낙후되거나 효율성이 떨어질 때 새로운 개발컨셉을 추가하여 최유효이용을 꾀하는 것이다. 재개발은 도시재개발, 주거환경개선사업, 재건축사업, 리모델링사업 등이 있다.

② 개발주체에 따른 분류

개발주체란 개발사업을 직접 수행하는 개발업자를 말하는데 공공부문, 민간부문 그리고 제3섹터라고 알려진 민관합동부문 등 3가지로 분류할 수 있다. 공

7) 김성호, 부동산개발업의 분화원인과 효과분석, 대구대 대학원, 2004. 8을 참조하였음.

공부문인 국가나 공공기관(지방자치단체, 공사 등)가 사업주체가 되어 개발하는 사업을 공공개발사업이라고 하며 제1섹터라고도 한다. 민간부문이 사업주체가 되어 개발하는 사업을 민간개발사업이라고 하며 제2섹터라고도 한다. 공공부문과 민간부문이 서로의 필요에 의해 상호협력하며 공동으로 시행하는 사업을 민관합동개발사업이라고 하며 제3섹터[8]라고도 한다.

정부주도의 개발사업인 기업도시, 혁신도시 등은 모두 제3섹터 개발의 대표적인 사례이다. 민관합동개발사업은 민간법인이나 개인의 기술력, 자금력과 함께 공공법인의 행정력과 신뢰성이 상호 필요에 따라 협력하면서 사업의 효율성을 높이기 위해 추진된다.

공공과 민간부문의 이해가 맞아떨어지기 때문에 제3섹터 방식의 부동산개발업은 증가할 것으로 보인다. 지방자치단체가 대부분인 공공부문은 지방재정확충과 지역경제활성화 그리고 자치단체장들의 정치적인 목적을 모두 충족시킬 수 있으며 민간부문은 비용절감(토지비 등)과 리스크회피 그리고 신뢰성확보라는 민간개발사업에서 얻기 힘든 요소를 모두 포함하고 있기 때문이다.

하지만 우려의 목소리도 나오고 있다. 지방자치제 설립이후 2005년 현재까지 모두 38개의 제3섹터법인이 출범했지만 정상적으로 운영되는 곳은 강원랜드와 대덕테크노밸리 등 극소수에 불과하며 나머지는 부실경영으로 점철되고

〈'38개 제3섹터법인'의 연도별 순이익〉

(단위 : 억원)

구분	2001년	2002년	2003년	2004년
강원랜드,대덕테크노밸리	2,168	2,218	2,416	3,055
나머지 36개기업	-78	-442	-308	-156

* 2004년 실적은 테즈락스포츠를 제외한 35개 기업

** 행정자치부, 감사원

8) 제3섹터란 1, 2섹터에 대응하는 개념이 아닌 독립부문(independent sector)을 제3섹터로 개념화한 것이다. 원래 '독립부문'으로서 the third sector는 정부나 민간부문으로부터 독립해 있는 것을 말하나 국내에서는 공공과 민간으로부터 모두 출자되어있는 형태를 의미한다. 1973년 일본의 각의에서 의결한 경제기본계획에서 처음으로 이 용어가 공식 등장하였으며 국내의 경우 본격적인 지방자치제 실시에 따라 1991년 처음 도입되었다.

있다. 행정자치부의 조사에 의하면 2002~2005년 누적적자만 1천억을 웃돌 것이라고 추산하고 있다.

제3섹터 개발방식은 분명한 장점을 보유하고 있지만 단점도 있기 때문에 운영의 묘를 살리지 못할 경우 심각한 경영상의 어려움에 빠질 수 있다. 감사원의 지적에 의하면 인사제도의 잘못이 이러한 어려움의 주요요인인데 제3섹터법인 대표이사의 많은 수가 회사경영 경험이 없는 공무원 출신이고 상당수가 지자체장의 측근인사라고 한다. 일본의 경우도 2007년 상반기 제3섹터 도산건수가 12건으로 과거 최다였던 2001년 9건을 웃돌고 있어 심각한 사회문제화되고 있다.[9] 따라서 제3섹터법인의 올바른 운영을 위해서는 제대로 된 아이템 선정과 함께 전문인력의 배치가 가장 중요하다고 할 수 있다.

〈개발주체에 따른 부동산개발업 분류〉

구분	사업주체	사업내용
공공개발사업 (제1섹터)	정부, 지방자치단체, 공공법인, 특수법인, 정부투자기관 등	SOC사업, 택지개발사업, 간척사업, 도시개발사업, 도시재개발사업 등
민간개발사업 (제2섹터)	일반법인, 개인, 단체 등	재건축, 주상복합, 업무용빌딩, 오피스텔, 테마상가 개발 등 수익사업
민관합동개발사업 (제3섹터)	민간+공공 (국가, 지방자치단체, 공기업)	관광단지, 휴양단지, 복합단지 등

③ 개발과정에 따른 개발업의 유형

부동산개발업체들은 개발과정에서 단계별로 역할을 나누어서 개발사업을 시행하고 있다. 개발과정에 따라 참여하는 시행사의 역할과 규모가 다른데 이에 따라 개발업의 유형이 분류될 수 있다. 이렇게 분화된 부동산개발업에 따른 개발회사를 중개시행사, 전문시행사, 개발시행사, 종합시행사, 완전시행사 등 5가지 유형으로 구분할 수 있다.

9) 산케이신문, 2007. 7.

〈개발과정에 따른 개발회사의 유형 분류〉

개발회사	개발과정 분류
중개시행사	예비단계
전문시행사	예비단계 + 사업시행단계
개발시행사	예비단계 + 사업시행단계 + 개발시행단계
종합시행사	예비단계 + 사업시행단계 + 개발시행단계 + 상품분양단계
완전시행사	예비단계 + 사업시행단계 + 개발시행단계 + 상품분양단계 + 완료단계

(3) 부동산개발업의 특성

부동산개발업은 상당한 수익을 제공함과 동시에 이에 따르는 위험도 존재한다. 고수익은 고위험을 동반하게 된다. 특히 부동산개발업은 부동산이라는 상품적 특성으로 인해 제반 환경적 요인과 밀접하게 관련되어 진행되기 때문에 이러한 환경에 적응하고 대응해야 하는 과제를 수반하게 된다. 부동산개발업은 장기적이고 종합적으로 진행되어야 함에도 국내 부동산개발회사는 단기적 수익에만 집착하는 문제점도 발생한다. 부동산개발업은 한 번 시행되면 수정하거나 전환하는 것이 쉽지 않다. 시간과 비용을 다시 투입하는 것도 어려우며 법적인 문제도 존재한다. 부동산개발업은 시차가 존재한다. 개발을 기획했던 시점에서의 환경적 요인과 분양을 하거나 개발이 완료되는 시점에서의 환경은 상당한 차이를 보인다. 이러한 위험요소를 해결하기 위해 과거의 개발방식을 탈피한 새로운 경쟁력을 보유한 개발회사들이 생기면서 부동산개발업도 체계화, 과학화되고 있다. 이러한 변화를 겪는 부동산개발업의 특성을 살펴보도록 하자.

① 단위사업별 사업체 운영

우리가 현재 살고 있는 아파트의 시공사는 명확히 기억하고 있지만 시행사를 기억하는 경우는 거의 없다. 시공사는 갈수록 중요해지는 브랜드의 인지도를 높여 이를 바탕으로 성장해가는 반면 부동산개발회사는 단위사업별로 생성

되고 소멸한다. 단위사업이 끝나고 다른 프로젝트를 수행할 때는 별개의 부동산개발회사를 설립하는 것이 일반적이다. 이것은 기존의 사업경험을 절연하고 새로운 프로젝트에 맞는 사업구조를 재설정해야 하기 때문이다. 어떤 경우는 기존의 사업과 절연하는 것이 차기 사업을 수행할 때 더욱 도움이 되기도 한다.

개발사업의 실질적인 주체가 시공사인 경우도 많다. 이는 공공 및 일부사업을 제외하고는 대다수의 부동산개발회사는 단위사업에 따라 생성, 소멸되므로 사업에 필요한 신용과 신뢰를 제공하지 못하기 때문이다. 따라서 어떤 경우는 시공사가 사업의 대부분의 수익을 향유하기도 하며 시행사의 유동성 위험을 이용하여 사업권을 확보하기도 한다.

② 단위사업별 금융활용

IMF이전의 부동산개발사업은 건설회사가 시행과 시공을 병행하는 것이 일반적이었고 이때는 개발사업의 자금조달은 주로 기업금융(corporate financing) 방식을 활용하였다. 하지만 IMF를 거치는 동안 개발전문회사들이 개발사업에 본격적으로 뛰어들면서 시행과 시공이 분리된 형태로 개발사업이 진행되었고 개발사업 자금조달 방식에도 변화가 발생하였다. 최근에는 개발회사는 부지매입비 등 초기투입비용을 일부부담하고 나머지는 타인자본을 활용한 프로젝트 파이낸싱(project financing)이나 펀드자금 등을 통해 단위사업별 개발금융이 활용되고 있다.

프로젝트파이낸싱은 상환자원 및 담보를 대출대상 프로젝트에만 의존하는 파이낸싱기법이기 때문에 대출기관으로서는 대상 프로젝트의 수익성 및 위험분석을 면밀히 행하고 충분한 확신 하에 대출을 결정한다. 차입자인 프로젝트 회사가 대출 대상이외의 사업을 추진하면 사업성 및 수익성에 불확실한 요소가 개입되므로 대상 프로젝트에 전념해야 되며 프로젝트 회사는 단일사업회사(single project company)일 것을 요구한다.

③ 시공사의 브랜드 활용

부동산개발업은 종래의 대형건설회사가 사업기획, 부지매입, 시공, 분양, 관리 등 전 분야를 망라하여 사업을 하던 방식과는 달리 시공부문을 건설회사에

넘겨 도급계약 관계로 사업을 수행한다. 그런데 부동산개발회사는 프로젝트 베이스의 회사이기 때문에 설립 역사도 짧고 신용과 브랜드도 없는 경우가 대부분이므로 건설회사의 브랜드를 활용하고자 한다. 따라서 메이저 대형건설회사와 도급계약을 체결하느냐의 여부가 개발사업의 성공을 좌우하게 된다.

부동산개발회사가 건설회사의 브랜드를 활용하여 사업을 수행하는 경우 건설회사와의 도급계약을 불리하게 체결하게 되고 수익배분에 있어서도 불리한 입장이 된다. 하지만 금융조달과 같이 건설회사의 브랜드를 활용하지 않으면 진전이 없는 사업과정도 존재하기 때문에 건설회사의 브랜드를 적극적으로 활용하여 사업을 수행하게 된다.

하지만 이러한 건설회사의 브랜드를 활용하여 사업을 수행하는 현상을 역으로 이해하면 메이저 대형건설회사의 브랜드를 활용할 수 있는 사업 대상지의 경우 상당히 양호한 사업조건을 보유하고 있다고 추정할 수 있다. 이는 건설회사가 특정 사업을 수주하는 경우 다양한 부서가 참여하는 수주심의위원회[10]에서 이를 결정하기 때문에 사업 대상지가 좋지 않을 경우 건설회사의 브랜드에 나쁜 영향을 미칠 수 있어 수주가 원천적으로 어렵기 때문이다. 어떻게 보면 건설회사는 브랜드의 가치를 높여 도급계약 체결의 단가를 높이고 유리한 조건을 포함할 수 있다는 말이다. 최근 대형건설회사가 브랜드에 가장 많은 투자를 하는 현상의 저변에는 이러한 개발사업의 특성이 잠재되어 있다고 보여 진다.

④ 진취적 사업성향

부동산컨설팅회사와 부동산개발회사는 유형과 무형의 차이를 보인다. 다시 말해 컨설팅회사는 현재 존재하는 것들을 어떻게 어떤 방식으로 활용할 것인가를 고민하는 것이고 부동산개발회사는 현재 존재하지 않는 것을 찾아 새로운 것을 만들어나가는 것을 고민하는 것이다. 따라서 개발회사는 새로운 것을 창조하고자 하는 모험심과 진취적 사업성향을 가진다.

---

10) 수주심의위원회는 수주영업을 수행하는 업종에서는 회사 내 존재하는 TFT(Task Force Team)이다. 사전수주심의원회, 투자수주심의위원회, 수주평가위원회 등으로 불리우는데 신규사업을 심도 있게 검토해 사업단계별 리스크를 예측하고 대비책을 강구할 목적으로 실행한다.

⑤ 업무의 전문성

부동산개발회사의 직원은 대형건설회사의 건축영업팀에서 일했거나 개발사업의 업무과정을 전반적으로 이해하고 있는 자들인 경우가 많다. 부동산개발회사가 브랜드를 구축하지 못함에도 불구하고 사업을 성공적으로 수행해 나갈 수 있는 것은 부동산개발회사의 직원들의 전문적인 역량이라고 볼 수 있다. 부동산개발사업은 단계별로 전문성이 요구되는데 사업기획단계에서는 기획력이 부지확보단계에서는 인적 네트워크력이 그리고 계약단계에서는 법률적 지식이 요구된다. 전문적 지식과 경험을 쌓는 데는 비교적 장기간이 소요된다. 이는 개발사업이 기획단계에서 사업이 본격적으로 진행되는데 까지 걸리는 사업 준비단계가 상당히 길며 단위사업이 일순환하는 데도 최소 3년의 시간이 소요되기 때문이다. 따라서 개발사업의 자원 중 가장 중요한 것은 인력자원이며 이의 확보와 교육이 가장 중요한 성공요인이라고 볼 수 있다.

⑥ 창의성

부동산개발업에 있어 가장 중요한 특성은 창의성이다. 부동산개발업은 동일한 사업대상지를 가지고 사업을 수행하여도 어떤 컨셉을 가지고 접근하느냐에 따라 사업의 성공여부가 달라지게 된다.

〈영국 버밍햄의 복합건설 블링〉

창의성은 부동산개발업의 첫 번째 단계인 기획단계에서 발휘된다. 창의성이란 하늘에서 뚝 떨어져 생겨하는 것이 아니고 기존의 경험과 전문적 지식 그리고 미래예측 등이 합쳐져서 생겨난다. 따라서 신제품 개발도 기존제품의 개량과 조합에서 이루어지는 경우가 많다. 기획단계는 개발사업에서 가장 중요한 단계라고 여겨진다. 건설회사 종사자 및 전문가그룹 257명의 설문조사[11] 결과에 의하면 39.3%가 기획단계를 가장 중요한 업무라고 응답하였다. 또 다른 설문조사[12]에 의하

11) 김성호, 부동산개발업의 분화원인과 효과분석, 대구대 대학원, 2004. 8.

면 개발사업의 착수 여부를 결정할 때 타당성분석결과에 대해 전체 응답의 76.0%가 매우 중요하게 고려한다고 대답하였고, 20.8%는 중요하게 고려한다고 응답함으로써, 전체의 96.9%가 개발사업을 추진함에 있어 기획단계에서 이루어지는 타당성분석 결과는 결정적인 영향을 주는 것으로 조사되었다. 또한 타당성분석은 개발사업의 착수 여부에 매우 중요하게 고려될 뿐만 아니라, 응답자의 79.2%가 사업의 성패에도 결정적으로 영향을 미치는 것으로 나타났다. 개발사업 중에서도 타당성분석이 가장 중요하게 고려되는 사업으로 아파트 건설사업이라고 응답한 것은 42.7%로 가장 큰 비중을 차지하였다.

창의성이란 리더쉽과 함께 비즈니스 세계에서 가장 규명하기 어렵고 견해가 다양한 분야이다. 특히 개발사업에 종사하는 인력들이 건축이나 도시 쪽 전공인 경우가 많기 때문에 개발사업에 있어 창의성의 중요성은 더욱 크다고 볼 수 있다.

(4) 부동산개발업 관련 제도

① 국내 부동산개발업 제도

국내에도 부동산개발업을 종합적・체계적으로 관리・육성하기 위하여 부동산개발업 등록제를 주요 내용으로 하는「부동산개발업의 관리 및 육성에 관한 법률」이 제정(법률 제8480호, 2007. 5. 17.)됨에 따라 이의 시행을 위하여 부동산개발업의 등록대상・요건, 부동산개발 전문인력의 자격 및 교육, 소비자 보호를 위하여 표시・광고할 사항, 부동산개발업 등록에 필요한 서류, 부동산개발 전문인력 교육기관 지정절차를 정하는 등 이 법에서 위임된 사항과 그 시행에 관하여 필요한 사항을 구체적으로 규정할 예정이다.

그동안 국토의 계획 및 이용에 관한 법률, 주택법, 도시개발법 등에서 목적별·대상사업별로 달리 규정하고 있는 시행자 등에 관한 규정을 검토하여 부동산개발과 부동산개발업을 정의하고 사업유형을 명확히 함으로써 부동산개발업을 독립된 산업으로 육성하기 위한 제도적 기초를 마련할 필요가 있었다. 따라

---

12) 권오현, 정재호, 건설업체의 사업타당성 분석 조사·분석실태연구, 한국건설산업연구원, 2004.11.

서 일정 규모 이상의 부동산개발을 업으로 하고자 하는 경우에는 행정관청에 등록하도록 하여 부동산개발업자의 종합적·체계적 관리 및 건전한 부동산개발업 육성을 위한 제도적 기초를 마련하는 한편, 일정 규모 미만의 부동산개발을 하는 소규모개발업자는 등록대상에서 제외하여 영업의 자유를 보장하는 것이 필요하였다.

또한 부동산개발 과정의 투명성 확보를 위하여 국가차원에서 부동산개발에 대한 모니터링 시스템을 구축하고, 누구나 용이하게 등록사업자의 사업실적에 관한 정보를 조회하여 개발업자에 대한 신뢰성 판단의 자료로 활용할 수 있도록 할 필요가 있었다.

부동산개발업이 등록제가 되면 그동안 무분별하게 난립했던 업체들이 어느 정도 정리되고 개발사업의 구조가 투명화되는 긍정적인 면이 있다. 그러나 분양가상한제와 투기지역지정 등으로 부동산개발에 대한 정부의 규제가 심해 등록을 해서 사업을 하려는 업체는 극소수에 그칠 가능성도 있다. 국내 부동산개발업계가 정착도 되기 전에 붕괴될 위험도 있어 이에 대한 우려가 제기되고 있다. 이는 실제 국내에서 활동하는 부동산개발회사는 약 3천개로 추산되지만 이 가운데 일정한 자본금을 가지고 한국디벨로퍼협회에 가입된 업체는 3%에도 못 미치는 80여겨 개에 불과할 따름이기 때문이다.

② 해외 부동산개발업 제도

미국의 경우 표준산업분류(SIC : Standard Industrial Classification)에 의하면 부동산 유관업종을 부동산경영업 및 임대업, 부동산대리업 및 관리업, 부동산권리업, 토지분양업 및 개발업으로 분류하고 있다. 이중 개발업에 대한 제도는 주간(州間)토지매매 완전공개에 관한 연방법률(Federal Interstate Land Sales Full Disclosure Act)에 의거하여 일정 규모나 일정 수 이상(네바다 주법 : 5개 이상의 부지)의 주택이나 토지 등 부동산을 판매하는 경우 해당 관청에 등록하도록 하여 소비자를 보호하는

〈일본 도심재생의 대표사례 : 록본기힐스〉

주(州) 입법례가 있으며 토지개발업자들은 100개 이상의 부지로 구성된 분양지는 미국주택도시개발부(HUD)에 등록하고 해당 매매 또는 임대차계약에 서명 전에 '재산보고서'라는 공개서류를 매수인들에게 제공해야 한다.

일본의 경우에는 '부동산개발업'에 관한 일반적 지위를 갖는 법률은 없는 것으로 보이나 부동산개발과 관련된 투자자의 보호를 위한 목적으로 '부동산특정공동사업법'이 있다.

(5) 부동산개발회사의 연혁과 발전방향

디벨로퍼(developer)라고 하는 부동산개발회사는 부동산개발업을 영위하는 전문회사로서 시장의 수급상황과 부동산이 가진 잠재력을 정확히 예측, 판단하고 그에 적합한 개발방안을 마련한 후 개발에 대한 기획, 용지확보, 금융연계, 설계, 시공, 분양 그리고 사후관리 등 일련의 단계를 거치면서 부동산에 대한 새로운 가치를 창조하는 영업활동을 수행한다.[13] 국내 부동산회사는 '시행사'라는 명칭으로 불리어지는데 이는 법률적인 용어이며 시공사라는 건설 업무를 전담하는 회사에 대한 대칭적인 개념으로 사용하고 있다. 그러나 외국의 디벨로퍼라는 명칭을 고려해보건데 개발회사라고 부르는 것이 가장 적절하다고 하겠다. 현재는 너무 많은 개발회사가 난립하고 있어 진정한 개발회사를 구분하기 위해서는 1년에 2건 이상의 개발사업을 꾸준히 시행하고 일정규모 이상의 부동산 개발업을 상품기획단계에서부터 마케팅까지 주도적으로 수행할 수 있는 회사를 개발회사로 보는 것이 타당할 것이다.

한국의 개발회사는 IMF외환위기 전까지는 '건설회사'가 부동산개발을 주도하는 '시공사시대'였다. 즉 시공과 시행의 두 가지 기능을 건설회사들이 수행하였다. 그러나 외환위기 이후 건설회사들이 리스크를 분산하고 회사의 부채비율을 200%에 맞추기 위해 개발(시행)의 기능을 아웃소싱하면서 본격적으로 개발회사의 시대가 도래한다. 최근에는 개발부지 확보의 어려움으로 인해 유휴부지를 보유한 공공기관이나 사업다각화를 목적으로 하는 금융회사들도 개발사업에 뛰어들고 있다.

---

13) 조성근, 한국의 디벨로퍼들, 이다미디어, 2005. 10.

향후에는 그동안 리스크 부담을 꺼려 개발의 기능을 외부화시켰던 대형건설회사들이 개발사업에 적극적으로 뛰어들 것으로 보인다. 국내 대형건설회사들은 그룹 계열사인 경우가 많아 금융 및 유통 등 타 산업과의 협업문제가 기존 개발회사에 비해서는 원활하게 이루어질 수 있으며 그룹 계열사가 보유한 다양한 토지를 이용할 수 있고 나아가 최근 개발의 방식이 단순도급이나 시공위주인 주택사업에서 벗어나 도심재개발사업이나 초대형 도시개발사업인 경우가 많고 도로, 철도 등 사회간접자본도 정부예산의 부족으로 민자로 속속 대체되면서 국내 건설시장 위축에 고민하는 상당수의 대형건설회사들은 해외로 진출하거나 개발회사로서의 변신의 가능성을 높여갈 것으로 보인다.

이렇게 대형건설회사들이 개발회사로 변신할 것이라는 이유는 세계적인 건설회사들이 보유하고 있는 원천기술이 세계시장을 독점하고 있는데다가 프로젝트가 대형화되면서 국내 건설회사의 세계시장 점유율이 줄어들고 있으나 개발회사인 경우는 국내 시장에서의 역할이 공고한데다 시공 중심에서 기획능력과 설계능력 그리고 운영능력 등만 보완한다면 개발회사로서의 역할 수행이 가능하기 때문이다.

최근 개발사업에 관심을 가지고 적극적인 진출을 모색하고 있는 금융회사와 건설회사간의 경쟁구도는 향후 개발사업 시장에 상당한 영향을 미칠 것으로 보인다. 금융회사가 개발사업의 주도권을 확보할 경우 건설회사는 단순한 시공사로 전락하여 입찰에 따른 수익성 급감으로 개발사업에서의 입지가 갈수록 좁아질 것이다. 물론 금융회사도 인력을 확보하고 개발사업에 대한 노하우를 체득하는 데 걸리는 시간을 고려하면 몇 년 내 개발사업에서 가시적인 성과를 보이기는 어려울 것이다. 따라서 금융회사와 건설회사는 단순한 경쟁관계가 아닌 협업 시스템을 통해 바람직한 선진 개발사업의 모델을 만들고 각자가 보유한 장점이 가장 잘 발휘될 수 있도록 과정별, 상품별로 특화하는 것이 국내 개발사업의 발전을 위해서는 가장 바람직할 것이다.

〈부동산개발업과 건설업의 특성비교〉

구분	부동산개발업	건설업(시공회사)
성향	진취적 경영	안정적 경영
시장대응	의사결정 신속	의사결정 늦음
존속기간	단위사업별 회사	영속적 회사
기업신용	신용 미비로 사업 추진시 신용보강 필요	기존의 자체신용 있음.
역할	사업계획 및 추진 부지매입, 분양(대행)	시공 및 자금(신용)을 제공
투자비	부지매입비 등 초기투입 일부부담	사업비 대부분 부담
총매출에 대한 수익배분	낮음(10~30%)	높음(70~90%)
수익률(부가가치)	투자비가 적으므로 높음	낮음
사업방향	슬림화, 전문화 또는 시공 외 토털솔류션	자체사업 → 시공전문
위험부담	높음	낮음
전문인력	소수	다수

* 서충원, 플래너, 디벨로퍼, 우리는 과연 누구인가?, 제1회 대한국토도시계획학회 2007 춘계산학협동학술대회, 2007

(6) 부동산개발회사의 현황과 실태분석

부동산개발회사의 현황을 살펴보기 위해서는 우선 부동산업의 범위부터 설정할 필요가 있으며 통계청의 표준산업분류체계에 의하면 부동산업은 부동산 임대 및 공급업과 부동산 관련 서비스업으로 구분하고 있으며 건설, 주택, 토지 산업과 별도로 구분하고 있다. 통계청의 '서비스업 통계조사'의 "부동산 공급업"을 통해 부동산 개발업체의 경영현황을 일정부분 파악할 수 있다.

〈부동산 및 임대업 현황〉

(단위 : 개, 명, 백만원)

산업별	사업체수(개)	종사자수(명)	매출액(백만원)	업체당 종사자수	인당 매출액
부동산및 임대업	113,155	411,530	27,336,991	3.6	66.4

* 통계청, 서비스업통계조사, 2004

전체 부동산회사는 89,389개에 이르며 이중에서 개발회사라고 할 수 있는 부동산공급업이 차지하는 비중은 2.3%(2,030개)로 91.6%(81,871개)가 부동산 관련 서비스업체로 조사되어 부동산회사의 대부분은 부동산관리업, 부동산중개 및 감정업에 속하는 것으로 조사되었다.

부동산공급업은 2001년 서비스업총조사에서는 회사수가 363개에 불과하였으나 2005년 조사에서는 2,030개로 나타나 무려 5.6배의 증가를 보였다. 이는 2001년에서 2005년 사이에 부동산경기가 상당히 좋았기 때문에 개발회사들의 창업이 증가하였을 것으로 생각된다.

〈부동산공급업 세부현황(2001년)〉

(단위 : 개, 명, 백만원, %)

산업별	사업체수	종사자수	매출액(영업이익)	업체당 종사자수	업체당 매출액	인당 매출액
부동산공급업	363	7,926	9,870,223	21.8	27,190.7	1,245.3
주거용건물공급업	147	3,809	6,218,544	25.9	42,303.0	1,632.6
비주거용건물공급업	114	1,312	259,596	11.5	2,277.2	197.9
기타부동산공급업	102	2,805	3,392,083	27.5	33,255.7	1,209.3

* 통계청, 서비스업총조사, 2001

업체당 매출액은 2001년 272억에서 2005년 91억원으로 급격히 감소하였다. 업체당 종사자수도 2001년 21.8명에서 2005년 12.1명으로 대폭 줄었다. 따라서 2001년에서 2005년으로 넘어오면서 개발사업의 여건이 좋아지면서 개발회사들은 급속히 증가하였으나 업체당 매출액이나 직원 수는 대폭 줄어들어 경쟁이 치열했음을 알 수 있다. 또한 2005년 이후부터 부동산경기가 침체로 접어들어 분양여건이 악화되었던 점도 반영된 것으로 보인다.

부동산공급업은 다시 주거용 건물 공급업과 비주거용 건물 공급업 그리고 기타 부동산공급업으로 분류된다. 2001년에는 주거용 건물 공급업이 더욱 규모가 컸으나 2005년에는 기타 부동산 공급업의 규모가 가장 큰 것으로 나타났다. 기타부동산 공급업의 사업이익도 가장 많이 실현되어 주거용 건물공급업이

업체당 7억원에 그친데 반해 기타부동산 공급업은 업체당 26억원을 상회하는 실적을 나타내었다.

〈한국표준산업분류〉

분류	정의	예시	제외
부동산 공급업	직접 개발한 농장 · 택지 · 공업용지 등의 토지와 타인에게 도급을 주어 건설한 건물 등을 분양 · 판매하는 산업활동을 말한다. 구입한 부동산을 임대 또는 운영하지 않고 재판매하는 경우도 여기에 포함된다.	건물매매, 토지매매	자영 건축물 건설
주거용 건물 공급업	직접 건설활동을 수행하지 않고 건설업체에 의뢰하여 주거용 건물을 건설하고 이를 분양 · 판매하는 산업활동을 말한다. 구입한 주거용 건물을 임대 또는 운영하지 않고 재판매하는 경우도 포함된다.		
비주거용 건물 공급업	직접 건설활동을 수행하지 않고 건설업체에 의뢰하여 비주거용 건물을 건설하고 이를 분양 · 판매하는 산업활동을 말한다. 구입한 비주거용 건물을 임대 또는 운영하지 않고 재판매하는 경우도 포함된다.	사무용건물공급 및 판매	
기타 부동산 공급업	택지, 농지 및 농장, 공업용지 등 각종 용도의 토지 및 기타 부동산을 위탁 또는 자영 개발하여 분양 · 판매하는 산업활동을 말한다. 구입한 토지를 임대 또는 운영하지 않고 재판매하는 경우도 포함된다.	• 농지개발 분양 · 판매 • 용지개발 분양 · 판매 • 토지개발 분양 · 판매 • <한국표준산업분류> 광산용지 개발 판매	묘지분양

* 통계청, 통계표준분류

〈부동산업의 세부현황(2005년)〉

(단위 : 개, 명, 백만원, %)

산업분류	사업체수 (개)	종사자수 (명)	사업체당 종사자수	사업수익 (백만원)	업체당 수익 (백만원)
부동산및임대업	105,613	385,147	3.6	35,082,352	332.2
부동산업	89,389	344,040	3.8	32,480,940	363.4
부동산 임대 및 공급업	7,518	53,967	7.2	21,784,549	2,897.7
부동산 임대업	5,488	29,321	5.3	3,372,530	614.5
주거용 건물 임대업	824	2,160	2.6	191,322	232.2
비주거용 건물 임대업	4,575	26,322	5.8	2,929,310	640.3
기타 부동산 임대업	89	839	9.4	251,898	2,830.3
부동산 공급업	2,030	24,646	12.1	18,412,019	9,070.0
주거용 건물 공급업	1,244	13,055	10.5	10,380,126	8,344.2
비주거용 건물 공급업	362	3,316	9.2	1,574,235	4,348.7
기타 부동산 공급업	424	8,275	19.5	6,457,658	15,230.3
부동산관련 서비스업	81,871	290,073	3.5	10,696,391	130.6
부동산 관리업	20,344	182,427	9.0	7,797,686	383.3
주거용 부동산 관리업	14,731	137,505	9.3	5,230,921	355.1
비주거용 부동산 관리업	5,613	44,922	8.0	2,566,765	457.3
부동산 중개 및 감정업	61,527	107,646	1.7	2,898,705	47.1
부동산 중개업	61,138	102,090	1.7	2,387,913	39.1
부동산 감정업	389	5,556	14.3	510,792	1,313.1

* 통계청, 서비스업총조사, 2005

2006년말 현재 한국디벨로퍼협회[14)]에 가입한 회원사들을 중심으로 부동산

14) 부동산개발사업의 건전한 발전과 디벨로퍼업계의 권익향상을 위하여 2005년 1월28일 창립함.

개발회사의 현황을 살펴보면, 종업원 수를 기준으로 보면 회사당 평균 종업원 수는 약 56명에 이르고, 회사별로 최하 6명에서 최대 580명에 이르기까지 편차가 크다. 종업원 수별 회사분포를 보면, 11~20명 사이가 전체의 29.9%를 차지하고, 10명 이하가 19.4%, 31~50명 사이가 14.9%, 21~30명 사이가 11.9%를 차지한다. 전체적으로 보면, 50명 이하의 종업원 수를 보유한 회사가 전체의 76.1%를 차지하고 있음을 알 수 있다.

〈종업원 수 현황〉15)

구분	사업체수(개)	종업원수(명)	평균종업원수(명)
합계	67(100.0%)	3,730(100.0%)	55.67
1~10명	13(19.4%)	105(2.8%)	8.08
11~20명	20(29.9%)	278(7.5%)	13.9
21~30명	8(11.9%)	199(5.3%)	25
31~50명	10(14.9%)	425(11.4%)	42.5
51~100명	6(9.0%)	446(12.0%)	74.33
100~200명	7(10.4%)	878(23.5%)	125.43
200명 이상	3(4.5%)	1,399(37.5%)	466.33

(7) 해외부동산개발업의 현황과 전략적 시사점16)

IMF이전인 1990년대 중반에는 국내업체들은 아시아를 중심으로 활발한 투자개발사업을 전개하였으나 외환위기 이후 국내외 부동산 가격이 폭락하면서 민간투자개발사업은 급격히 위축되고 진행되던 대부분의 사업을 철수하게 된다. 이후 대형건설업체들을 포함한 국내 건설업체들의 유동성 위기로 해외개발사업은 당분간 중단된 상태를 직면하였다.

그러나 2000년 중반 이후 국내 부동산 시장의 침체가 시작되면서 국내업체들은 다시 해외시장에 눈을 돌리게 된다. 특히 부동산시장의 브랜드화가 급속히

15) 서충원, 플래너, 디벨로퍼, 우리는 과연 누구인가?, 제1회 대한국토도시계획학회 2007 춘계산학협동학술대회, 2007.

16) 김민형, 해외부동산 개발사업 동향과 핵심관리방안, 건설관리, 2006을 참조하였음.

진행되면서 대형건설업체와 중소건설업체의 틈바구니에 끼인 중견건설업체들이 해외시장 진출을 활발히 모색하게 된다. 이에 따라 2007년 7월 현재 해외건설수주액은 170억달러를 넘어서 2006년 수립한 사상 최고치인 165억불을 갱신하였으며 2007년 내에는 해외건설역사상 처음으로 200억불을 달성하여 수주 호황이 최고조에 달할 전망이다. 공종별로 플랜트(산업설비) 공사가 전체수주액의 71%를 차지하여 2007년에도 주력분야를 유지하고 있지만 토목건축분야 또한 각각 74%, 46% 성장하는 등 공종별로 고른 성장세가 지속되고 있다.

〈사우디 플랜트 건설현장〉

〈지역별 해외건설 수주현황〉

(단위 : 백만불, %)

지역별	1965.1.1~현재		2006. 7. 13		2007. 7. 13		전년동기 대비(%)
	누계건수	누계금액	건수	금액	건수	금액	
계	5,677	229,723	170	10,436	301	17,038	163.3
중 동	2,475	135,709	39	6,305	61	11,113	176.2
아시아	2,482	70,099	98	2,317	181	3,403	146.8
유 럽	98	6,568	8	274	11	891	325.1
기 타	622	17,347	25	1,540	48	1,631	105.9

* 건설교통부, 2007. 7

중장기적으로도 국내 건설부동산시장의 성장률은 둔화될 것이며 이로 인해 내수시장의 한계를 극복하기 위해 새로운 시장 개척은 필수적인 과제가 되었다. 해외 부동산개발사업은 도급사업보다 수익률은 높은 반면 리스크 또한 높아 사업을 실패하면 기업 전반에 치명적인 악영향을 미칠 수 있다. 따라서 이러한 리스크를 얼마나 효율적으로 잘 관리할 수 있느냐가 국내 개발사업에 비

해 훨씬 중요한 성공요인으로 작용한다고 볼 수 있다.

해외 부동산개발사업에 진출하기 시작한 시점은 2004년 하반기 이후라고 보는 것이 타당하다. 해외시장진출은 국내 부동산경기 침체 위기를 극복하기 위한 의도와 함께 장기적으로는 국내 부동산시장 활황기 때 확보한 여유자금으로 해외시장 경험을 쌓음으로써 향후 국내 부동산건설시장 성장률 둔화에 따른 성장의 한계에 대비하고자하는 의도도 동시에 내포하고 있었다고 볼 수 있다.

이러한 해외 부동산개발사업은 몇 가지 특징을 보이는데 첫째, 진출한 국가에는 선진국도 있지만 중국, 베트남, 카자흐스탄, 두바이 등 개발도상국과 함께 최근 경제가 급부상한 국가들이었다. 둘째, 사업형태는 대부분 국내 업체가 직접 자금을 투자하여 토지를 확보하고, 인허가와 분양까지를 책임지는 개발사업이었다. 따라서 사업 실패 시 부담해야 하는 리스크가 상당히 크다고 볼 수 있다. 셋째, 현지업체나 정부와의 합작투자로 현지법인 설립을 통해 사업을 수행하고 있다. 이는 현지에서 발생하는 리스크가 국내 본사에 미치는 영향을 최소화하는 한편, 현지업체가 보유한 장점과 경험을 최대한 살려 마케팅이나 자금조달 등에서의 협력을 통해 개발사업의 리스크를 최대한 줄이려는 효과적인 전략으로 평가된다. 넷째, 현지 시장에서 장기적인 사업 확장을 위해 제품차별화와 함께 브랜드 이미지 구축을 시도하고 있다. 해외시장에 진출하는 국내업체의 경우 특정 지역에 집중적으로 진출하여 현지화 하는 전략을 사용하고 있기 때문에 현지시장에서의 장기적인 사업 확장을 위해 제품 차별화와 함께 자사 브랜드 이미지 구축을 위해 다양한 노력을 기울이는 것으로 보인다.

해외 부동산 개발사업에 진출하기 위해서는 다음과 같은 핵심경쟁력을 하나 이상 보유하여야 한다. 첫째, 자금조달력을 동반한 진출이 필요하다. 특히 주택사업의 경우는 자사의 투자뿐 아니라 국내의 투자자 모집과 현지의 투자유치를 받는 등 자금조달 문제 해결이 사업의 관건이 되고 있다. 둘째, 현지 발주처, 현지업체 및 정부 등 현지의 사업 참여 주체와 긴밀한 협력체계를 구축하여 이를 통한 사업추진이 전제되어야 한다. 셋째, 현지 협력체계 구축과 관련하여 가능하면 현지(합작)법인의 설립을 통하여 사업운영을 도모하는 것이 바람직하다. 이를 통해 현지화에 대한 요구에 부응함과 함께 잠재위험이 본사에 미칠 영향을 최소화시켜야 할 것이다. 넷째, 진출 초기에는 대기업이나 현지시장에

경험이 있는 업체와 동반 진출하는 방안이나 국내 정부가 주도, 지원하는 프로젝트를 통한 진출 방안을 모색해야 한다. 해외시장 진출 경험이 없을 때는 높은 비용과 리스크를 감수해야 하는데 이는 업체의 생존에 위협을 가할 수도 있다. 따라서 이러한 실패 가능성을 줄이면서 해외시장에 성공적으로 진출하기 위해서는 현지 시장에 풍부한 경험과 네트워크를 확보하고 있는 대기업이나 경험 있는 업체와 동반 진출하는 것이 리스크를 줄이면서 해외시장에 진출하는 전략적 대안이 될 수 있다. 다섯째, 프로젝트 파이낸싱(Project Financing)을 활용한 진출방안을 모색하여야 한다. 국내업체의 해외진출은 대부분 자금투자를 전제로 한다. 자금조달 방법으로 기업금융(corporate financing)을 활용하면 사업 실패 시 국내의 본사 생존이 위협당할 수 있다. 따라서 국내외 금융기관을 통한 금융조달 방안이 강구되어야 할 것이다.

2 부동산신탁업[17)]

(1) 부동산신탁의 의의

① 부동산신탁의 개념과 특성

오늘날 '신탁'이라는 용어는 금융기관에서 많이 사용하는 용어이지만 사전적 의미는 일정한 목적을 위해 법인이나 타인에게 재산의 관리와 처분을 맡기는 것이라고 볼 수 있다.

이중 부동산신탁이란 토지 등의 부동산을 개발할 자금이 없거나 개발절차와 방법 등을 알지 못하여 내버려둔 부동산을 맡겨서 부동산 소유자가 원하는 건물을 건축하거나 택지 등을 조성한 다음 이를 일정기간 동안 임대, 관리, 처분하는 것으로 정의할 수 있다. 부동산신탁은 부동산컨설팅, 마케팅, 재무, 정보, 세무, 건축 등 부동산종합서비스의 기능과 체계적이며 복합적으로 연계되어 가능한 많은 개발이익을 수익자에게 환원시키는 제도라고 할 수 있다.

---

17) 조관석, 부동산신탁업의 운영실태와 발전방안에 관한 연구, 동국대 경영대학원, 2005.2. 을 참조하였음.

② 부동산신탁의 기능

가. 재산관리방법으로서의 신탁

신탁의 근본적인 기능이며 자유시장경제하에서는 일반적으로 본인의 재산은 본인이 관리하는 것이 원칙이지만 특수한 사정으로 본인이 직접관리하지 못하고 타인에게 맡기는 경우가 있을 수 있다. 이러한 경우 본인의 재산을 타인에게 맡겨서 본인 또는 수익자를 위하여 재산을 잘 보전, 관리하도록 하는 목적이 신탁의 기능이다.

나. 재산증식방법으로서의 신탁

부동산부문에서 재산증식을 위한 신탁의 대표적인 경우로 토지(개발)신탁을 들 수 있는데, 처음에는 단순히 재산을 보전하고 관리하는 목적으로 이용되었으나 부동산 경기의 호황과 함께 최근에는 재산을 더욱 증식시키는 목적으로 이용된다. 특히 부동산 보유세의 증가에 따라 이러한 경향은 더욱 강화될 것이다.

③ 부동산신탁의 역할

국내 부동산신탁제도 도입의 목적이 높은 지가와 토지부족문제를 해결하여 부동산가격을 안정화시키고 부동산에 대한 인식을 소유에서 이용으로 변경하고자 하는데 있었다. 또한 국내의 경우 일본과는 달리 신탁전업회사가 부동산 신탁업무를 수행함에 따라 위탁자의 요구에 적극 부응할 수 없어 신탁업 발전에 제한적 요소로 작용하였다. 아울러 개발의 개념이 포함된 토지신탁의 경우 부동산경기를 자극할지 모른다는 우려로 인해 뒤늦게 도입됨으로써 상당한 한계를 지닐 수밖에 없었다. 부동산신탁회사의 사회, 경제적 측면에서의 역할은 다음과 같다.

첫째, 부동산신탁이 도입되었던 거시적 역할인 국토의 효율적인 이용과 토지공급의 확대를 통한 부동산 가격 안정과 국민경제의 건전한 발전에 기여하는 일이다. 특히 외환위기 이후 극도로 침체된 국내 부동산경기를 시장왜곡을 발생시키지 않음으로서 활성화하기 위해서였다.

둘째, 외환위기 이후의 침체된 국내 부동산 경기를 활성화시켜 금융기관이나 기업이 보유한 부동산의 매각을 촉진시켜 구조조정에 긍정적인 역할을 수행하기 위함이다. 자산관리공사의 부실자산 매각이 전형적인 사례라고 볼 수 있다.

셋째, 부동산신탁회사는 담보가 되는 부동산에 대한 평가에 전문성을 보유하고 있어 채권자인 금융기관의 여신관리제도를 보완할 수 있다.

넷째, 부동산신탁회사는 다양한 신탁 업무를 통하여 수탁자의 재산관리에 효율성을 기할 수 있어 국민경제 전반에 균형적인 발전에 기여할 수 있다.

부동산신탁을 초기에는 단순히 보유 및 관리의 역할에 그쳤으나 이제는 재산의 증식수단으로서 적극적인 역할이 강조되고 있다. 자산통합관리법의 시행으로 선진국과 같이 자산의 유동화, 증권화가 촉진되면서 재산 증식형 신탁이 활성화될 것이다.

(2) 부동산신탁회사의 운영실태

① 부동산신탁회사의 개요

1991년 5월 정부는 토지의 효율적인 이용을 통하여 부동산시장의 구조적인 안정을 도모하고자 부동산신탁제도를 도입하였고 부동산신탁을 전업으로 하는 부동산신탁사의 설립을 허용하였다.

부동산신탁업의 허용은 부동산의 거래를 수반하지 않고도 부동산을 효율적으로 이용하자는 취지였다. 이에 따라 1991년 5월 자산관리공사와 한국감정원에 대해 각각 자회사 형태로 대한부동산신탁(현 : 한국자산신탁[18])과 한국부동산신탁의 설립을 허용하였다.

2007년12월 현재 한국토지신탁, KB부동산신탁, 대한토지신탁, 생보부동산신탁, 한국자산신탁, 다올부동산신탁, 코람코자산신탁 등 7개사가 부동산신탁업협회에 가입되어 있다.

18) 코레드신탁으로 변경 후 국민자산신탁, 최종적으로 2004년 3월 한국자산신탁으로 변경됨.

〈부동산신탁업계 일반현황(2003년12월말 기준)〉

구분		국민자산신탁	대한토지신탁	생보신탁	KB신탁	한국토지신탁
설립인가		01.4.4	97.12.1	98.11.4	96.7.12	96.3.5
자본금	수권	400억	400억	400억	3,000억	5,000억
	납입	179억	100억	100억	800억	1,800억
주요주주현황		자산공사 77.4% 동양종금 외22.6%	군인공제회 100%	교보생명 50%, 삼성생명 50%	KB은행 100%	토지공사 55.6%, 소액주주 44.4%
최대주요 주주현황		정부 42.8%, 산업은행 28.6%	장기하사 이상 군인, 군무원 등	-	정부 9.4%, 예보 10.6%, 기타 80%	정부 72.3%, 산업은행 27.7%

* 조관석, 부동산신탁업의 운영실태와 발전방안에 관한 연구, 동국대 경영대학원, 2005.2

② **부동산신탁회사의 운영실태**

부동산신탁회사의 매출구조를 살펴보면 국민자산신탁, 생보부동산신탁을 제외하고는 한국토지신탁과 대한토지신탁은 토지신탁의 비중이 전체 매출액에서 차지하는 비중이 각각 67%, 74%를 차지하여 토지신탁 매출비중이 상당히 높았음을 알 수 있다.

이는 기존 선발 신탁업체인 대한부동산신탁과 한국부동산신탁이 구조조정으로 재편됨에 따라 대한토지신탁과 한국토지신탁이 사업 매출을 목적으로 신탁보수가 큰 토지신탁에 치중한 반면 후발 신탁업체의 경우 토지신탁이 사업위험이 크다고 판단하여 사업위험이 저은 담보신탁, 처분신탁, 기타보수 등으로 사업영역을 조정하였기 때문으로 보여 진다.

매출액증가율은 대한토지신탁과 한국토지신탁이 각각 56.4%, 16.3%로 꾸준한 증가세를 나타내고 있으나 생보부동산신탁은 −2.6%, 국민자산신탁은 −43.4%, KB부동산신탁은 −5.3%로 매출액이 감소하고 있다.

〈부동산신탁회사 매출구조〉

(단위 : 백만원, 2003년12월말 기준)

구분	국민투자 신탁	대한투자 신탁	생보부동산 신탁	KB부동산 신탁	한국토지 신탁	합계
토지신탁보수(%)	171 (1.6%)	14,785 (67.0%)	0 (0.0%)	7,730 (23.5%)	51,147 (74.2%)	73,833 (45.8%)
담보신탁보수(%)	5,649 (53.8%)	3,722 (16.9%)	4,186 (15.7%)	9,693 (29.4%)	6,786 (9.8%)	30,036 (18.6%)
관리신탁보수(%)	855 (8.1%)	1,242 (5.6%)	1,801 (6.7%)	496 (1.5%)	1,415 (2.0%)	5,809 (3.9%)
처분신탁보수(%)	320 (3.1%)	1,605 (7.3%)	3,353 (12.6%)	2,502 (7.6%)	4,560 (6.6%)	12,340 (7.6%)
기타보수(%)	3,503 (33.4%)	699 (3.2%)	17,327 (65.0%)	12,517 (38.0%)	5,018 (7.4%)	39,064 (24.4%)
합계(%)	10,498 (100.0%)	22,053 (100.0%)	26,667 (100.0%)	32,938 (100.0%)	68,926 (100.0%)	161,082 (100.0%)

(3) 부동산신탁회사의 발전방향

1960년대의 개발연대 이후 국내 경제는 성공적인 발전이 지속적으로 이루어져 왔으나 이로 인한 산업화와 도시화로 토지수요가 증가하면서 투기적 부동산수요가 만연되어 왔다. 부동산가격 안정과 토지의 효율적인 이용을 목적으로 1991년 부동산신탁회사가 출범하였으나 외환위기로 인해 경영위기를 맞게 되었고 구조조정을 통해 급속히 재편되는 양상이다.

그러나 부동산신탁업계가 어려운 상황에 처해있다고 하더라도 신탁제도 자체는 분별성과 독립성의 원칙을 강조한다는 점에서 우수한 제도이며 부동산시장에서 유동화 가능성이 중시되는 만큼 이를 뒷받침할 수 있는 열쇠를 쥐고 있다고 하겠다. 부동산의 소유와 이용의 분리를 통해 전문성과 독립성을 갖춘 부동산신탁회사가 발전되고 활성화될 수 있는 지원방향이 결정되어야 할 것이다. 이를 위해서는 첫째, 자금조달 방안이 다양화되어야 할 것이다. 금융권에서 활용되고 있는 프로젝트 파이낸싱이나 부동산투자신탁 및 자산유동화증권 등을

활용할 수 있을 것이다. 둘째, 경영 효율성 제고를 위해 부동산신탁업계의 재편과 지배구조개선이 시급하다. 마지막으로 부동산신탁업계는 업무절차의 투명성과 공정성 제고를 위해 내부통제시스템을 조속히 강구하고 위험을 분산할 수 있도록 노력하며 사업다각화에 매진하여야 할 것이다.

IV. 부동산 거래 비즈니스

1 부동산 중개 비즈니스

(1) 부동산 중개 비즈니스의 개념과 특성

① 부동산 중개 비즈니스의 개념

거래란 일반적으로 재화나 서비스를 대상으로 하여 거래 당사자간에 이루어지는 매매의 계약 행위를 말하는데 사유재산제도가 인정되는 자본주의 국가에서만 발생한다고 볼 수 있다. 부동산 중개도 부동산 거래를 허용되는 자본주의 국가에서 발생하는 행위이며 부동산이라는 재화(서비스)가 매매 또는 임차의 계약을 맺는 과정에서 일어나는 활동을 말한다. 즉 부동산 중개 행위가 일어나기 위해서는 부동산 거래가 발생해야 한다는 말이다.

부동산 중개란 일반적으로 부동산중개업자가 거래 당사자 사이의 거래가 성립되도록 중개, 알선하는 행위를 의미한다.[19] 즉 부동산과 관련된 계약의 체결을 위해 노력 및 지원하는 행위로서 거래의 대상이 되는 부동산 상품과 관련된 가격정보, 신용상태, 감정평가 등 전문적인 자료를 준비하여 중개를 의뢰한 당사자가 원하는 바를 얻을 수 있도록 거래를 지원하는 역할을 수행한다.[20]

따라서 부동산 중개 비즈니스란 부동산 중개업을 영위하는 자가 거래 당사자 사이에서 발생하는 거래행위를 지원하면서 일정한 수수료를 받고 중개 대상물에 대한 거래가 성립 및 종결될 수 있도록 알선하는 행위라고 규정할 수 있다.

미국의 경우 캘리포니아 주의 법에 의하면 “주정부로부터 정규의 면허를 취

---

19) 조주현, 부동산학원론, 2003, 건국대학교.

20) 우리나라에서의 부동산중개에 대한 개념은 공인중개사업무 및 부동산 거래신고에 관한 법률 제2조에서 정의하고 있으며 그 내용은 “토지, 건물 기타 토지의 정착물, 기타 대통령령이 정하는 재산권 및 물건인 중개대상물에 대하여 거래당사자간의 매매·교환·임대차·기타 권리의 득실·변경에 관한 행위를 알선하는 것”이라 규정하고 있다.

득하고 판매원 1인 이상을 고용해 주 법률에 따라 부동산의 매매 및 기타의 거래행위를 행하는 것"이라고 정의하고 있으며[21] 일본의 경우 '주택건물위인업법'에서는 부동산중개업을 "택지와 건물을 매매 또는 교환하는 행위 뿐 아니라 택지와 건물의 매매, 교환, 임대차를 대리 또는 소개하는 행위를 업으로 하는 것"으로 정의하고 있다. 그리고 동법에서는 중개업자를 이 법에 따라 건설대신 또는 도도부현 지사의 면허를 받고 '택지 · 건물취인업'을 영위하는 자라고 정의하고 있다.[22]

② 부동산 중개비지니스의 특성

가. 진입의 용이성

부동산 중개비지니스는 가장 일반화되어 있는 대중적인 소상공인 사업 중의 하나이다. 중개비지니스는 적은 자본으로도 시장에 진입할 수 있기 때문에, 초보자가 수행하기에는 적절한 사업으로 인식되고 있다. 특히 정부에서도 IMF 상황에서 경제가 어려워지면서 대량의 실직사태가 발생했을 때 공인중개사 합격자 수를 급격히 늘렸던 것도 중개비즈니스를 손쉽게 창업할 수 있는 업종으로 인식했기 때문이라고 보여 진다. 중개비지니스를 수행하기 위해서는 공인중개사법에 의해 공인중개사 자격증을 취득하고 사전교육을 이수하면 창업을 할 수 있다. 하지만 최근 중개비지니스는 중개보조원으로 필요한 지식과 경험을 쌓고 시작하는 경우가 일반적이 될 만큼 경쟁 환경이 치열해지고 있다.

나. 지역 제한성

부동산 중개비즈니스는 특성상 경쟁이 심하고 지역성이 매우 강한 사업으로 인식되고 있다. 이는 부증성(不增性), 부동성(不動性)이라는 부동산 상품의 특성에 기인하는 바가 크다. 이로 인해 중개회사는 주로 본인의 영업장소 주변지역에서 거래대상물건을 확보하고 거래한다. 가끔씩 토지나 공장과 같이 특정한 상품을 거래하는 중개회사도 있으나 대부분은 특정한 지역에 존재하는 부동산

21) 장성대, 부동산 환경변화에 따른 부동산중개업의 발전방안에 관한 연구 : 직무분석을 중심으로, 건국대학교 부동산대학원, 2006.
22) 이태교 · 안정근, 부동산마케팅론, 1997, 법문사.

상품을 전문적으로 중개한다. 따라서 중개회사를 성공적으로 운영하기 위해서는 주로 거래가 되는 대상지역에 대한 전문적인 식견이 필요하다. 특히 대상지역이 확대되면 거래하려는 부동산 상품에 대한 정확한 정보를 획득하기도 어려우며 그 상품에 대한 전문성도 떨어지기 때문에 자연스럽게 영업대상지역이 제한될 수밖에 없다.

이러한 지역제한성으로 인해 자연스럽게 영업권이 발생하게 된다. 당연히 중개회사의 영업권은 입지조건에 의해 발생한다고 볼 수 있는데 이와 함께 경제적 독점성, 고객 등 이해자 집단의 호의 등도 결합되어 있는 경우가 많다. 따라서 지역제한성이란 시장 진입 시점과 관련해서 한계와 함께 영업권 보장이라는 상반된 두 가지 특성을 모두 보유하고 있다고 볼 수 있다.

다. 네트워크 활용성

중개비즈니스는 진입의 용이성으로 인해 회사 간 경쟁이 치열하다. 하지만 이러한 경쟁관계의 다른 쪽에서는 협력관계도 자연스럽게 형성된다. 중개회사 간 협력관계를 네트워크 확보라는 말로 달리 표현할 수 있다. 여기서 말하는 네트워크란 인적 네트워크를 의미하는데 21세기는 협동의 시대이기 때문에 내가 성공하려면 다른 사람의 성공에 도움이 되어야 한다. 따라서 인적 네트워크가 형성되려면 먼저 서로에 대한 신뢰가 형성되어야 한다.

최근 중개회사가 매도자와 매수자 모두를 고객으로 확보하는 것은 상당히 어렵다. 이는 경쟁이 치열한 관련 비즈니스의 환경적 요인과 함께 인터넷 등 정보통신기술의 발달도 한 요인으로 작용하기 때문이다. 따라서 협동 또는 공동중개의 방식으로 거래를 성사시키는 경우가 늘어나고 있다. 이러한 공동(협동)중개를 원활히 성사시키기 위해서는 사전 또는 사후 네트워크를 확실히 확보, 관리해야 할 것이다.

(2) 부동산중개비즈니스의 현황

① 국내 부동산중개업 시장

공인중개사의 영업여건이 악화되었다는 말은 어제 오늘의 이야기는 아니다.

국내 부동산시장이 선진화되기 위해서는 부동산 유통시장의 전문자격사인 공인중개사들의 역할이 지대하다고 할 수 있다. 하지만 영업여건의 악화에다 늘어나는 지도단속으로 인해 공인중개사들은 개점휴업 상태이거나 투 잡(two job)족으로의 전락을 고민하고 있는 실정이다.

2007년 제 18회 공인중개사 자격시험에서는 2만명 가까운 합격자가 배출되었고 이들은 기존의 공인중개사들과 함께 새로운 잠재 경쟁자들로서 부동산시장에서 활동하게 될 것이다.

〈년도별 공인중개사 합격자 현황〉

(단위 : 명)

회차	시행년도	응시자수	합격자수	합격률	합격자 결정
제 18 회	2007년 10월 28일	82,465명	19,593명	23.8%	절대평가
제 17 회	2006년 10월 29일	79,398명	10,496명	13%	절대평가
제 16 회	2005년 10월 30일	81,543명	16,493명	20%	절대평가
제 15 회 추가	2005년 05월 22일	88,622명	30,680명	35%	15회 응시자만 자격 절대평가
제 15 회	2004년 11월 14일	167,797명	1,258명	18%	절대평가
제 14 회	2003년 09월 21일	147,500명	29,636명	19%	절대평가
제 13 회	2002년 10월 20일	159,795명	19,169명	9%	절대평가
제 12 회	2001년 09월 16일	85,456명	15,461명	4%	절대평가
제 11 회	2000년 09월 24일	91,823명	14,855명	11%	절대평가
제 10 회	1999년 04월 25일	81,585명	14,781명	11%	절대평가
제 9 회	1997년 11월 02일	69,953명	3,469명	3%	상대평가
제 8 회	1995년 11월 12일	42,423명	1,102명	4%	상대평가
제 7 회	1993년 11월 13일	28,114명	2,090명	7%	상대평가
제 6 회	1991년 11월 10일	65,187명	1,798명	2%	상대평가
제 5 회	1990년 04월 01일	30,660명	3,524명	11%	상대평가
제 4 회	1988년 12월 18일	25,964명	5,507명	21%	상대평가
제 3 회	1987년 11월 19일	19,166명	943명	3%	상대평가
제 2 회	1986년 11월 02일	36,167명	3,018명	12%	상대평가
제 1 회	1985년 09월 22일	157,923명	60,277명	28%	년1회 시행, 절대평가

* 건설교통부, 2007.11

이렇게 공인중개사들의 경쟁여건이 악화됨에도 불구하고 영업환경에 대한 구체적인 조사 자료나 연구결과물은 전무한 상황이다. 공인중개사들의 영업환

경에 대한 정확한 실태 파악을 통해서만이 지금까지 유지해왔던 정부의 부동산중개제도의 개선을 위한 정책과제가 도출될 수 있을 것이다. 수요측면에서 공인중개사들의 영업환경을 분석하기 위해 공인중개사의 구체적인 영업단위인 가구 수를 먼저 살펴보도록 하자.

〈가구 수 대비 중개업자 현황〉

(단위 : 수, %)

구분	2000년	2005년	상승률
가구 수(A)	14,391,000	15,988,000	11.1%
중개업자수(B)	45,845	76,164	66.1%
중개업자당 가구 수(A/B)	313.9	209.9	-33.1%

* 건설교통부, 2005.12, 통계청, 2006. 7

국내 가구 수는 2000년 1천4백만 가구에서 2005년에는 1천6백만 가구로 늘어나 5년간 11.1% 상승하였다. 이에 반해 중개인과 법인중개업자를 포함한 중개업자[23] 수는 2000년 4만6천명에서 7만6천명으로 늘어나 같은 기간 무려 66.1%나 증가하였다. 이로 인해 중개업자당 가구 수는 2000년 314가구에서 2005년에는 210가구로 5년간 104가구나 줄어들었으며 하락률은 무려 33.1%에 달한다. 가구 수 증가를 월등히 상회하는 중개업자수 증가로 인해 중개업자당 가구 수는 5년간 대폭 감소하였음을 보여주고 있다.

최근 인구증가율은 감소하고 있으나 1인 가구의 급속한 증가[24]로 인해 가구수는 늘어나고 있는 추세이나 중개업자수의 증가가 상대적으로 높기 때문에 중개업자당 가구 수는 지속적으로 감소하고 있어 공인중개사간의 경쟁은 치열해 지고 있음을 추정할 수 있다.

23) 중개업자라 함은 "'공인중개사의 업무 및 부동산 거래신고에 관한 법률'에 의하여 중개업을 영위하는 사무소(중개사무소)의 개설 등록을 한 자"를 말한다. 법에 근거한 중개업자의 종별에는 ①법인인 중개업자 ②공인중개사인 중개업자 ③중개인인 중개업자가 있다.

24) 2005년 인구센서스 기준으로 1인가구의 비율은 20%를 기록하였다. 즉 5가구 중 1가구는 1인 가구이다.

이에 반해 중개업자 수는 여전히 증가세를 유지하고 있다. 2007년 들어서 그 증가율은 줄어들었지만 그래도 여전히 중개업자 수는 꾸준히 증가하고 있다. 공인중개사가 많이 배출되다보니 중개업자 중 공인중개사의 숫자는 지속적으로 증가하고 있는데 반해 중개인과 중개법인의 숫자는 꾸준히 감소하고 있다. 중개인의 경우 사망 및 노령화로 지속적으로 감소하는 점은 당연하다고 볼 수 있으나 우려되는 점은 중개비즈니스가 세계화되면서 경쟁이 치열해지고 있는 상황에서 상대적으로 규모가 큰 중개법인이 지속적으로 감소한다는 사실이다. 2001년 676사에 달하던 중개법인은 2007년 1분기 현재 421사로 줄어들어 국내 중개비즈니스의 소규모화가 지속되고 있는 것으로 보인다.

〈중개업자 종별 증감현황〉

(단위 : 수)

구 분	계	공인중개사	중개인	중개법인	비 고
2007. 1분기	80,117	67,988	11,708	421	
2006	78,611	66,276	11,910	425	
2005	76,164	62,432	13,203	529	
2004	72,247	57,362	14,331	554	
2003	67,384	51,354	15,490	540	
2002	58,920	41,663	16,673	584	
2001	49,680	31,458	17,566	656	
2000	45,845	26,452	18,776	617	

* 건설교통부, 2007. 7

2006년 건설교통부에서 집계한 부동산 전체 거래금액과 거래건수를 기준으로 중개업소 당 년간 거래금액과 거래건수를 살펴보면 2006년 한 해 동안 부동산 전체거래건수는 3,217,513건이 거래되었으며 금액으로는 425조원에 달했다. 이는 2005년 GDP 806조원의 52.7%에 해당하는 액수였다.

중개업자 1명(사)당 년 간 41건의 거래가 이루어졌으며 금액은 54억원이었다. 이를 월별로 환산하면 월 4건이 되지 않는 것으로 나타난다. 실거래가 신고 기준으로는 중개업자 1명(사)당 연간 25건, 금액은 42억원이어서 훨씬 더 낮은

월별 거래건수와 거래금액을 나타낸다. 부동산의 전체 거래현황은 증여나 경공매 그리고 수용 등과 함께 거래당사자간의 직접 거래도 포함되기 때문에 현실적으로는 훨씬 적은 건수와 금액이 거래된 것으로 추정해볼 수 있다. 따라서 현재의 중개업소당 월 거래건수로는 직원 월급은 고사하고 점포 세를 내기에도 어렵다는 것을 알 수 있다.

〈2006년 중개업자 당 년 간 거래건수 및 금액〉

(단위 : 건, 억)

구분	계	실거래 신고	중개업자수	중개업자 당 (총거래)	중개업자 당 (실거래)
건수	3,217,513	1,932,836	78,611	40.9	24.6
금액	4,251,286	3,336,215		54.1	42.4

* 건설교통부, 2007. 3

② 국내 부동산 중개회사 영업실태

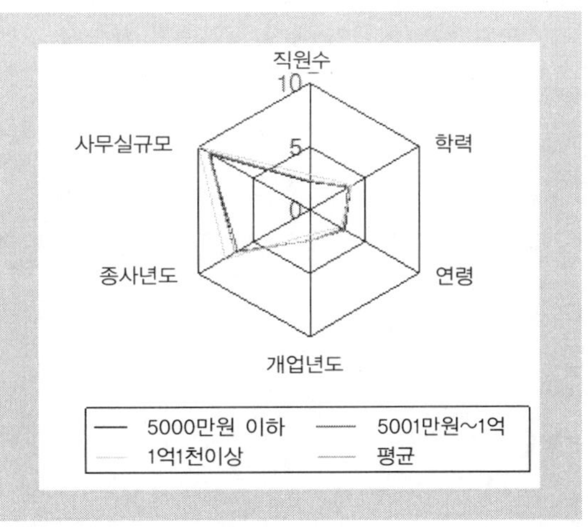

한 부동산정보제공회사가 개인 중개업자를 대상으로 년 간 수입과 직원의 분포를 조사한 자료에 의하면 직원 수는 평균 2.3명이며 년 간 수입이 1억1천만원 이상인 회사는 2.8명이었다. 사무실 규모는 평균 9.2평이었으며 년 간 수입이 5천만원이하인 경우는 8.8평이었으며 1억1천만원 이상은 10평으로 나타났다. 부동산 중개업에 종사한 년 수는 평균 6.7년이었으며 개업년도는 평균 2.4년이었다. 개인중개업소와 중개법인의 운영방식은 아래와 같은 차이를 보였다.

〈개인 중개업소의 운영방식〉

조직 및 서비스	시장 상황
• 2~3인의 소규모 조직 • 물건의뢰는 직접 방문이 대부분 • 인터넷은 주로 물건에 대한 홍보의 수단이지 실질적인 계약과 연결되는 경우는 별로 없음 • 물건의뢰 후 기타 서비스는 중개업소가 대신 처리 (고객은 물건의뢰~확인~계약의 과정에만 참여)	• 부동산 시장 특히 주거시장의 과열로 인해 중개업소수는 증가 하였으나, 최근 부동산 시장의 침체로 인해서 경쟁력이 떨어지는 중개업소들은 서서히 정리되고 있음 • 또한 부동산 경기와는 관계없이 지역 내 이동수요로 인해 일정 수준 시장의 규모는 존재 • 4~5년 주기로 단지 내 이동수요 발생
중개시장의 경쟁력	**문제점**
• 보다 빠르고 정확한 정보력을 바탕으로 고객에게 최대한 빠른 시일 내 원하는 물건을 찾아주는 것이 중개업의 경쟁력 • 물건의 확보, 고객의 확보가 중요 • 지역에서 인지도를 가진 중개업소의 경우 부동산 경기에 관계없이 지속적인 수익가능 (고객이 다시 찾아주기 때문)	• 일정 규모의 중개시장에서 지나친 경쟁구조 • 시장규모의 한계 • 이론적인 중개시장은 선진화, 조직화를 위해 노력하고 있지만 기존 중개시장은 기존의 틀을 벗어나려 하지 않음 (기존 소규모 중개업자의 운영구조에서는 이것이 가능) • 규모가 적을 수록 이익이 남는 구조 (전문 조직 없이 1달에 3~4건만 해도 유지가 가능)

〈중개법인의 운용방식〉

조직	직원 교육 및 급여체제
• 시장과 타겟을 결정한 후 시장 진출 • 팀장 중심의 운영체제 • 각 팀장들이 담당하는 지역과 물건이 달라 중개법인 내에서 네트워크 형성이 가능 • 타켓이 명확하여 전국적인 네트워트의 필요성 없고, 분사무소의 설치 필요성도 없음	• 각 팀의 필요시 팀장 재량으로 직원 채용 • 정규직이라는 개념은 거의 없음 • 직원에 대한 별도의 교육은 없음 • 자체적으로 업무와 관련되어 자신의 능력껏 업무 추진 • 연봉체계가 아닌 계약물건에 대한 수수료의 배분 (회사 30 : 직원 70)
물건 특성 및 계약 방식	**기타**
• 주요 타겟 시장은 오피스 건물 • 매도인과 매수인 양쪽의 물건을 확보함으로써 빠른 계약 및 높은 수수료 수익 가능 • 계약 시 매도인, 매수인에게 1%의 수수료, 총 2%의 수수료를 받게 됨	• 세금과 관련된 이중 계약서의 문제는 거의 일어나지 않음 • 현재 오피스 시장의 경우도 거래가격이 대부분 노출 • 계약서로 인한 법률적인 문제, 기타 운영상의 문제로 중개 법인의 수가 증가하지 않는 것이 아니라 중개법인 진출에 대한 필요성이 크지 않기 때문 • 오피스 시장을 타겟으로 진출한 중개법인에서 주거시장 진출을 위해 프랜차이즈 운영준비

국내 부동산중개비즈니스는 전체 부동산업 중 사업체 수 및 종사자수 기준으로 거의 80~90%를 차지하고 있고 따라서 부동산업의 중심인 중개비즈니스가 과학화되고 합리적으로 운영될 때만이 우리 부동산업의 발전이 가능할 수 있다.

특히 부동산중개비즈니스는 국민들의 가장 큰 자산인 내 집에 대한 서비스를 담당하고 있기 때문에 윤리적 측면과 함께 전문성과 사업적 판단이 중요하다. 그러나 현재 부동산중개비즈니스는 갈수록 그 규모가 줄어들고 있으며 개인과 법인을 가리지 않고 체계적인 회사시스템을 정착시키지 못하고 있다.

향후 경제, 사회의 발전에 따라 삶의 질이 향상되고 국민들이 현재의 주거생활보다 더 나은 요구를 할 때 부동산중개비즈니스는 부동산개발과 관리 영역을 선도하는 역할을 수행해야 할 것이다.

③ 개선방안

앞에서 살펴본 이러한 영업환경 악화로 인해 부동산중개제도는 급속히 무너지고 있다. 적정수준의 수익보장, 과당경쟁을 막을 수 있는 자격자 제한 등이 무너진 상황에서 부동산중개제도를 유지하기란 쉽지 않은 상황이다. 아무리 감독기능을 강화하여도 불법을 자행하지 않으면 중개업소를 유지할 수 없는 현실에서는 중개업자의 윤리와 직업의 전문성을 내세운다는 것 자체가 무의미한 상황이 되어가고 있다.

〈프랑스의 부동산 중개업소〉

이러한 문제를 해결하기 위해서는 어떻게 해야 할까. 현재의 자격제도를 급격히 변화시키기에는 무리가 따르고 지금 상황에서 최대한 국내 중개제도의 경쟁력 강화를 위해서 다음과 같은 조처가 시급히 필요할 것이다.

첫째, 무등록, 무자격 중개업자에 대한 감독을 강화하여야 한다. 등록 중개업자에 대한 업무감독보다는 과당경쟁의 주범이랄 수 있는 무등록, 무자격 중개

업자에 대한 적발이 더욱 필요한 상황이다.

둘째, 소속공인중개사만 인정하고 현행 중개보조원[25]은 인정하지 않고 이들에 대해서는 공인중개사 자격증 획득을 유도하는 방향이 바람직할 것이다. 현행법상 일반인도 결격사유에만 해당하지 않으면 아무런 자격요건이나 교육을 이수하지 않아도 중개보조원이 될 수 있으며, 이들에 대한 등록관청에의 신고의무도 없다. 중개보조원은 법의 사각지대에 놓여있다고 볼 수 있다. 규모를 갖춘 중개업소의 경우 중개보조원은 주요한 역할을 수행하고 있는데 전문성을 갖추지 않은 이러한 직원으로 인해 국내 중개제도의 경쟁력이 손상 받을 수도 있음에 유의해야 한다. 나아가 현재 공인중개사 자격증을 보유한 전문 인력에 대한 취업의 기회도 확대시킬 수 있을 것이다.

셋째, 일반중개계약도 의무화시키고 중개계약서도 규정해야 할 것이다. 현재는 전속중개계약의 경우에만 중개계약서를 의무화시키고 있으나 일반중개계약의 경우에도 구두로서만 이루어지는 계약의 형태를 계약서를 필히 작성하는 방향으로 유도하고 이 계약서도 전속중개계약처럼 공인된 계약서 양식을 지정할 필요가 있다. 이를 통해 중개계약도 거래계약과 같은 구속력을 부여하여야 한다.

넷째, 중개수수료의 합리적인 조정이 필요하다. 국내 중개수수료는 금액에 따라 0.2~0.9%의 수수료를 지정하고 있으나 선진국의 경우 3~6%사이에서 중개수수료가 결정된다. 중국의 경우만 하더라도 3%의 수수료가 지급되고 있는 상황이다. 현재와 같이 계약건수가 급속히 줄어든 상황에서는 선진국과 같이 중개수수료의 현실화가 시급한 상황이다. 물론 중개수수료를 올리는 것은 소비자의 부담을 가중시키는 역작용이 있으나 거래계약 시 이루어지는 외부화된 다양한 업무를 교육을 통해 중개업자들의 전문성을 확보케 한다면 수수료 상향에 대한 저항이 다소나마 줄어들 수 있을 것이다. 그리고 중개수수료는 현재와 같이 매도자와 매수자가 함께 지불하는 관행에서 벗어나 매도자만 지불하

25) 중개보조원은 '공인중개사가 아닌 자로서 중개업자의 중개 업무를 보조하는 자'를 말한다. 중개 업무를 보조하는 자는 소속공인중개사와 중개보조원이 있는데 이들을 통칭 사용인이라고 한다. '소속공인중개사'는 공인중개사로서 중개 업무를 보조하는 자를 말하며, '중개보조원'이란 공인중개사 자격이 없으면서 중개업자의 중개 업무를 보조하는 자를 말한다.

는 방향으로 수정되어야 할 것이다.

공인중개사는 부동산시장의 건전화를 위해 노력하고 있는 중요한 주체중의 하나이다. 하지만 이러한 영업환경 악화에서는 정상적인 거래활동을 수행할 수 없다. 정부는 하루빨리 공인중개사제도를 전면적으로 재검토하여 실질적인 대안을 내어놓아야 할 것이다.

2 부동산 분양대행비즈니스

(1) 분양대행비즈니스의 법률적 성격[26)]

분양이란 전체를 여러 부분으로 갈라서 여럿에게 나누어 주는 것을 말한다. 부동산에서는 토지나 건물 따위를 나누어서 판다는 의미이다. 부동산 분양대행계약의 법률적 성격은 이러한 분양이라는 행위를 상위 개념으로 하여 이루어진다. 즉 부동산을 나눈다는 의미가 있으며 이렇게 나눈 부동산을 소유자를 대행하여 판매하는 것이 분양대행비즈니스라고 볼 수 있다.

① 민법상 위임계약

부동산분양대행회사는 부동산분양대행계약에 의거 당해 부동산의 소유자 등 정당한 처분권한을 보유한 자로부터 당해 부동산의 판매 업무를 대리하는 자로서, 부동산분양대행계약은 민법에서 정한 위임계약[27)]의 일종으로 보는 것이 바람직할 것이다. 다만, 민법상 위임계약은 무상계약이 원칙이기는 하나 유상계약도 인정하고 있으므로 부동산 분양대행회사는 상인으로서의 지위를 획득하게 되므로 분양대행계약은 유상계약으로 보는 것이 타당할 것이다.

---

26) 부동산분양대행업의 마케팅전략에 관한 연구, 홍미순, 강남대대학원, 2006을 참조하였음.
27) 위임계약이란 어떤 일을 맡은 사람과 맡긴 사람 사이의 계약을 말한다. 그 일을 맡은 사람은 맡긴 사람의 이름으로 행위를 하며, 맡긴 사람은 그 행위의 결과를 넘겨받는 계약이다.

② **포괄적 업무 위탁**

분양대행회사의 업무범위는 부동산에 관한 분양계약의 체결과 함께 기존 분양계약자들과의 계약 합의해제 나아가 그에 따른 재분양계약 체결 등 일체의 분양과 관련된 행위가 포함되는 것으로 보는 것이 바람직할 것이다.

③ **상법상 위탁매매인**

부동산 분양대행회사는 타인이 소유한 부동산의 판매에 종사하는 회사로서 상법상 위탁매매인의 지위를 갖게 되며 이 경우 아래와 같이 상법 제101조에서 제113조까지 정한 위탁 매매인에 관한 규정을 준수해야 한다.

상법 제101조(의의) 자기명의로서 타인의 계산으로 물건 또는 유가증권의 매매를 영업으로 하는 자를 위탁 매매인이라 한다.
상법 제102조(위탁매매인의 지위) 위탁매매인은 위탁자를 위한 매매로 인하여 상대방에 대하여 직접 권리를 취득하고 의무를 부담한다.

(2) 분양대행비즈니스의 유형[28)]

① **부동산의 종류에 따른 구분**

부동산 분양대행비즈니스는 분양대상 부동산의 종류에 따라 주거용부동산 분양대행비즈니스, 상업용부동산 분양대행비즈니스, 토지분양대행비즈니스 등으로 구분될 수 있다.

분양대상 부동산은 그 종류에 따라 잠재 수요자가 다른 경우가 일반적이며 분양대행비즈니스가 증가하면 특정 종류의 부동산의 분양대행만을 전문적으로 수행하는 분양대행회사가 등장한다.

② **판매대상 권리에 따른 구분**

부동산 분양대행비즈니스는 분양에 따라 이전되는 권리가 소유권 이전을 목

28) 강동헌 외, 초보자도 알기 쉬운 부동산업 창업이야기, 형설출판사, 2006. 9을 참조하였음.

적으로 하는 부동산 판매 분양대행과 임차권 이전을 목적으로 하는 부동산 임대 분양대행업무로 구분할 수 있다. 이 두 방식은 분양 수수료의 책정이나 업무의 내용 등에 많은 차이가 나며 마케팅 방법 또한 달라져야 한다. 판매 분양대행의 경우는 임대 분양대행에 비해 분양수수료가 높으며 분양계약자가 투자자냐 실수요자의 차이가 있으므로 업무의 내용 또한 다르다. 판매 분양대행은 분양대행회사에 일임하는 경우가 많으나 임대 분양대행의 경우는 소유주가 직접 임대를 하는 경우도 적지 않다.

③ 분양업무 내용에 따른 구분

분양대행회사의 업무 내용에 따라 단순분양대행과 일괄분양대행으로 구분할 수 있다. 분양대행업무를 계획, 판매, 관리로 크게 세분할 때 단순분양대행은 판매 업무만을 담당하는데 반해 일괄분양대행은 분양대행업무의 모든 단계를 다 수행하는 것을 말한다.

과거의 분양대행회사는 판매만을 담당하는 단순 분양대행회사인 경우가 많았으나 최근에는 분양대행회사 선정이 비교적 초기 단계에 이루어지면서 일괄분양대행의 역할을 수행하는 경우가 늘어나고 있다.

④ 분양목표에 따른 분류

분양대행회사에게 주어진 분양목표에 따라 분양대행업무는 완전 분양형 분양대행과 부분 분양형 분양대행업무로 구분된다. 완전 분양형 분양대행업무는 분양대행회사가 대상 부동산의 전부를 분양하는 경우를 말하며 부분 분양형 분양대행업무는 대상 부동산의 일부분만을 분양하는 형태를 말한다. 하지만 분양목표에 따른 분양대행비즈니스를 분류하는 방식은 사전에 결정되는 경우도 있으나 분양률이 목표에 미달할 때 사후에 결정되는 경우도 있다.

⑤ 분양기한에 따른 구분

분양대행업무의 종료시기가 확정적으로 명시된 기한부 분양대행업무와 종료시기가 명시되어 있으나 그 기한은 불확정적인 조건부 분양대행업무, 분양대행업무의 종료시기가 명시되지 않는 무기한 부 분양대행업무로 구분된다.

기한부 분양대행업무는 분양대행계약 당시 장래의 특정시점을 정해 분양대행계약의 종료시점을 정하는 것으로 분양율과 상관없이 특정시점이 경과하면 분양대행계약이 종료된다. 조건부 분양대행업무란 분양대행계약에서 정한 분양목표를 달성한 경우나 기타 사전에 약정한 조건이 도래한 경우 분양대행계약이 종료되는 것을 말한다. 무기한부 분양대행업무는 분양대행계약에 기한의 조건이 설정되지 않은 경우를 말하며 대상 부동산이 완전히 분양되어야 분양대행계약이 종료하게 된다.

⑥ 분양대행수수료 책정 방법에 따른 분류

분양대행회사의 분양수수료를 책정하는 방법으로는 정액형, 비율형, 누진형 그리고 혼합형으로 분류할 수 있다. 정액형이란 대상 부동산을 분양했을 경우 사전에 정한 일정액의 금액을 지급하는 것으로 주거용부동산에 많이 활용된다. 비율형이란 대상 부동산을 분양했을 때 해당 부동산의 총 계약금액의 일정 비율을 수수료로서 지급하는 형태이다. 누진형이란 분양목표를 정하고 분양목표를 달성했을 경우에 더 높은 분양수수료를 지급하는 방식이다. 예를 들면 분양률이 50%이하면 3%, 51~70%이면 4%, 71~90%이면 5% 등으로 분양보수를 차등지급하는 것으로 적극적인 분양업무 수행을 독려할 수 있다는 장점이 있다. 상업용부동산의 경우는 누진형이 일반적인데 보통 분양률과 함께 기한을 정하는 것이 일반적이다. 혼합형이란 상기의 각 방식을 혼합하는 방법이다. 기타 분양보수 지급 방법, 분양대금 수납방법, 분양대금 처리방법에 따라 분양대행비즈니스를 구분할 수도 있다.

(3) 분양대행 비즈니스의 특성 및 문제점

부동산 분양대행회사란 부동산에 관심 있는 사람에게 물건을 설명하여 이해시켜 부동산매매를 도와주는 역할을 수행하는 회사를 일컫는다. 부동산 분양업의 유형은 크게 자체사업의 시행 및 분양, 시행대행 및 분양, 분양대행만을 전문으로 하는 경우로 나눌 수 있다. 그리고 부동산 상품에 따라 주거용, 수익형, 레저형, 토지 등 구체적으로 세분화하는 경우도 있지만 그 경계는 옅은 것으로 보인다.[29)]

부동산 분양대행회사 내에서는 분양사업자, 분양상담자, 분양요원으로 계층을 나눠볼 수 있다. 처음 분양요원으로 입문하면 분양상담자를 도와 홍보와 안내 업무를 중심으로 경력을 쌓게 된다. 이후 3~5년의 경력을 쌓아 분양상담자의 위치에 오르고, 다시 경력과 자금을 쌓은 분양사업자는 본인의 분양대행회사를 차리게 된다.

〈분양업의 유형과 구분〉

분양업의 유형	시행 및 분양	
	시행대행 및 분양	
	분양대행	
	시공 및 분양	
분양업자의 구분과 업무	분양사업자(CEO)	분양사업의 개발 또는 수주, 분양사업의 총괄 지휘
	분양상담자	고객과 투자 상담 및 유치, 세금 및 금융상담
	분양요원	전단지 배포, 부동산작업, 고객안내, 시장조사
	아르바이트	TM, 도우미, 모니터

이러한 부동산 분양대행회사는 분양업에 대한 전문교육의 부재로 인해 상담기법이 낙후되어 있으며 분양업이 비전문화와 비체계화된 상태로 머물러 있다. 분양업의 문제점은 대부분 전문화되지 못한 점에서 비롯되나 이는 부동산업의 현실적 낙후와 관련성이 많다. 이러한 비체계화, 비전문화 현상은 부동산 개발사업에 있어 분양율의 달성이 사업 전반에 미치는 영향이 막대한 점에 비추어 본다면 하루빨리 보완되어야 할 것으로 보인다. 하지만 먼저 부동산 분양대행업의 전문화를 가로막는 현실적인 문제를 짚어볼 필요가 있다.

먼저 수익의 불안정성을 들 수 있다. 부동산업은 전반적으로 안정적인 급여에 대한 애착을 가지고 종사하기 어려운 특성을 가진다. 정기적이고 규칙적인

29) 하지만 주거용부동산과 수익형부동산 전문분양대행사는 구분된다. 그 업무와 사업진행방식이 다르므로 전문분양대행사가 있는 경우가 많으며 분양률 제고를 위해서는 전문 분양대행사를 활용하는 것이 유리하다.

거래의 어려움으로 항상 새로운 고객을 발굴해야 하는 어려움이 따른다. 두 번째로는 업무수주의 한계성이다. 업무수주는 업계의 인적 네트워크가 중요한데 장기간의 노력과 투자로 인적 네트워크가 형성되기 때문에 부담이 될 수밖에 없다. 세 번째는 정보공유의 어려움을 들 수 있다. 부동산 분양대행업이 중개업에 비해 정보 공유가 더 어려운 이유는 정보에 의존하는 수익 비중이 더 크기 때문이다. 네 번째는 낮은 수준의 기획력이다. 분양대행업자의 현장 위주의 부동산 활동으로 인해 누적된 경험은 이론화하기에는 제약이 많다. 또한 사업 특성상 현장감 있는 산 경험이 중요함에도 이를 정리하는 사업계획서나 사업성 검토, 업무매뉴얼에 대한 양식화는 미미한 실정이다. 따라서 부동산 분양대행업의 전문성은 이러한 문제점의 개선과 함께 진행하는 것이 바람직할 것이다.

(4) 분양대행 비즈니스의 연혁[30)]

한국표준산업분류의 부동산업의 분류 유형에 의하면 부동산 분양업은 '자기 또는 다른 사람의 토지 및 건물을 최대한 유효하게 이용한다는 측면에서 접근하여 상품화에 필요한 적정가격조사, 권리관계조사, 입지분석, 상권의 조사, 분양성 조사 등 부동산 관련 일반적 업무와 분양가격의 결정, 프로젝트 수행 조직의 구성, 홍보 및 고객 유치의 단계적 전략, 단계별 분양활동 등 고유한 업무의 수행을 통해 프로젝트가 성공적으로 수행될 수 있도록 총체적 실무를 관리, 조정하는 것을 목표로 한다'고 볼 수 있다.

이러한 분양업은 △잠재기 △태동기 △성장기 △전문화 요구기 등의 과정을 밟아오고 있다. 분양업의 잠재기는 부산국제무역항이 개항(1876년)되면서 외국인들이 본격적으로 국내에 들어오자 1915년경부터 수요와 공급이라는 주택시장의 기본 개념이 정착되기 시작하였다. 일본의 주택업자들은 1910년 후반 제1차 세계대전으로 인한 전시경제의 호황으로 한국에서 관사나 사택 그리고 아파트의 전신인 사원 기숙사를 건설하면서부터 기존의 주문생산에서 벗어나 직접 매매나 임대를 하기 위한 체제를 만들기 시작하였다.

30) 전문화요구기까지는, 부동산분양업의 특성화에 관한 연구, 김철호, 한국부동산학회, 2003, 을 참조하였음.

1930년부터 각 도시의 공업화가 시작되면서 도시로의 인구 증가는 새로운 주택의 수요를 증가시켰는데 이러한 과정에서 주택의 규모 및 위치에 따라 수요에 차이가 발생하게 되는데 이는 주택 공급에 있어 홍보 활동의 중요성을 인식하는 계기가 되었다. 즉 수요에 맞는 공급 개념이 발생하게 된다. 후에 대한주택공사로 탈바꿈하는 조선주택영단(1941~1945)과 대한주택영단(1945~1962)이 설립된 것도 이때이다.

이 시기에 준공된 주택의 분양방법은 개인, 관공서, 산업체의 단체 신청을 받아 영단이 심사하여 선정하였는데 관공서나 주요 산업체의 종사자들에게 우선권을 주었다. 이는 장기 월부금을 안정적으로 납부할 수 있는 능력을 우선 선정대상으로 삼았기 때문이라고 여겨진다. 당시 최초로 미분양 된 주택은 1961년 우이동의 100호 정도 되는 주택이었는데 신청자가 적어 미분양 되었으나 선착순 분양을 통해 분양 완료되었다. 지금이라면 큰 주목을 받지 못할 미분양에 대한 분양촉진대책의 일환으로 선착순 분양방법이 도입되었다는데 그 의의가 있다.

〈부동산 상담이 이루어지는 모델하우스〉

분양업의 태동기는 아파트시대가 본격적으로 도래하면서 대량공급이 이루어졌던 1962년에서 1979년까지를 일컫는다. 아파트 단지의 효시가 된 마포아파트는 초기 입주 시에는 미분양이 많았으나 이 아파트를 배경으로 한 영화가 많

이 만들어지면서 당시의 명물로 인기를 얻게 되었고 다음해에는 프리미엄까지 붙기 시작하면서 한국의 아파트 시대의 막을 열게 되었다. 즉 부동산마케팅의 촉진전략인 PPL(Product Placement)의 기초 개념이 도입된 것이다. 한강맨션아파트는 최초로 아파트 분양에서 모델하우스를 선보였고 당시에는 분양실적에 크게 기여하지는 못했지만 오늘날 주택 홍보사업의 효시가 되었다. 1972년 미분양 주택을 해결하기 위해 '전세방식 분양'이 도입 되었다. 전세방식 분양이란 전세를 먼저 놓고 차후에 원매자에게 전세금을 제외한 나머지 금액을 할부로 받는 분양 방식이었는데 최근까지지도 지방의 미분양아파트에 적용되는 방식이었다. 1973년에는 일반 공개 추첨방식이 도입되었고 1974년 영동 AID아파트의 분양에는 컴퓨터 추첨방식까지 도입되기에 이른다.

〈잠재기, 태동기 분양활동〉

잠재기(~1962)	태동기(1962~1979)
• 주택영단이 심사(관공서나 중요 산업체 종사자 중) • 영단심사 최초 미분양발생→미분양촉진책으로(선착순 분양 등장)	• 미분양된 마포아파트가 배경으로 영화가 만들어 지면서 프리미엄 형성 • 공모방법에 의한 입주자 선정 • 주택홍보사업의 효시 • 최초의 모델하우스 등장 • 풍차식 추첨방식 • 전세분양방식 • 우선분양, 컴퓨터 추첨방식

분양업의 성장기에는 분양활동의 중요성이 인식되면서 1990년대 이후의 전문화라는 시대요구에 이르게 된다. 미분양 해소를 위해 분양 상담요원과 안내원을 배치하는 등 분양업무가 전문화되기 위한 여건이 마련되었다. 전문화 요구기인 1990년대 이후에는 분양업무를 전문으로 하는 회사의 등장이 많아졌다는 특징을 보인다. 그동안의 분양활동이 아파트나 단지내상가를 중심으로 이루어졌으나 단일 상가, 오피스텔 등을 시행하는 개인들이 등장하면서 분양업의 중요성이 더욱 커지게 된다. 이 시기에 분양활동은 주로 테헤란로의 오피스텔로 이어지면서 전국으로 확산되었으며 신도시개발을 통해 많은 분양회사들이

양산되면서 분양 업무도 본격적인 경쟁체제로 들어서게 된다. 전문 분양회사들 간의 경쟁은 사업성 검토 능력과 조직 구성, 현장 경험 등을 중심으로 이루어지고 있으며, 일괄 매입하여 재분양하는 사례도 늘고 있는 추세였다.

〈성장기, 전문화 요구기 분양활동〉

성장기(1980～1989)	전문화 요구기(1990～2000)
• 분양유치자에 보너스 지급 • 홍보요원과 상담요원 등장 • 분양율 향상을 위해 평면개발, 설계개선, 분기별 광고, 청약저축 가입촉진 • 다양한 분양방법 등장 • 독립적 분양업무 출현 • 최초의 대형 견본주택등장 • 홍보영화 제작 상영	• 분양전문회사 등장 • 분양업이 주택사업의 핵심으로 부상 • 분양회사의 일괄 매입 후 재분양 하는 사례 생김 • 분양상담자와 요원에 의한 분양의존도가 높아짐

부동산 분양대행비즈니스가 본격적으로 꽃을 피운 시기는 '전문화 기반기'라고 할 수 있는 2000년대 이후이다. 이 시기는 부동산 경기가 다시금 대세상승기에 접어든 시점으로서 2000년 초반 강남의 재건축아파트를 중심으로 매년 아파트 가격이 폭등하던 시기였다. 당시 부동산 개발업의 특징으로는 '주거용 오피스텔'이라는 개념이 도입되면서 부동산 개발업자들이 본격적으로 생겨났다. 이러한 개발업자들은 분양대행비즈니스를 하면서 기회가 되면 개발사업에 진출하기 위해 준비를 하고 있던 회사들이 대부분이었다. 이들이 부동산개발사업을 하면서 분양을 자사에서 시행하는 경우도 있었지만 많은 경우 대행 비즈니스를 아웃소싱하였다. 부동산 개발사업의 테두리에서 많은 경험을 보유한 개발회사들은 분양대행에서도 상당한 전문성을 보유하고 있어 부동산 분양대행비즈니스의 과학화를 급속하게 앞당기게 된다. 또한 분양대행회사들의 규모가 커지면서 대형 분양대행회사는 분양대행비즈니스와 함께 개발업을 동시에 영위하는 경우도 늘어날 것이다. '팔 수 있으면 만들 수 있다'는 마케팅의 기본 명제가 현장에 적용되기 시작할 것이다.

향후 부동산 분양대행비즈니스는 해외부동산 분양대행 등 새로운 시장이 발굴되고 개방화의 물결이 거세지면서 훨씬 더 과학화, 전문화 될 것이다. 광고대행회사 등이 새롭게 시장에 진출하여 분양대행회사를 넘어선 규모 있는 부동산마케팅회사도 등장할 것이다. 분양대행회사와 개발회사의 겸업이 활성화될 것이며 부동산금융회사(펀드나 리츠 등)들이 개발사업의 전면에 나서면서 분양대행비즈니스도 개발사업에 있어 용역회사가 아닌 동등한 파트너로서 지위 상승을 맛볼 것이다. 전문 분양인력은 여전히 팀별로 움직일 것이므로 능력 있는 분양팀을 얼마나 네트워킹 하느냐가 개발사업의 성공을 좌우할 것이다.

〈전문화기반기 및 전문화 시기 분양활동〉

전문화 기반기(2000년)	전문화 시기(2010년 이후)
• 주거용오피스텔 등장 • 분양대행회사와 개발회사 겸업 증가 • 외국계 부동산회사 진입 • 분양요원 전문화 • 본격적 마케팅기법 등장	• 부동산마케팅회사 등장 • 외국계 부동산회사 영업 활성화 • 부동산분양대행비즈니스 해외 진출 • 분양대행회사와 개발회사 겸업 활성화 • 분양매니저 등장 • 과학적 마케팅 기법 정착

(5) 분양대행비즈니스의 절차

① 분양대행 제안접수[RFP(Request for Proposal) 단계]

분양대행 제안접수 단계란 분양대행업무의 시작 단계로, 분양대행회사가 대상 부동산의 소유자 또는 처분 권한을 부여받은 자[31)]로부터 분양대행 업무수행에 관한 의뢰를 접수받는 것을 의미한다. 경우에 따라서는 분양대행회사가 대상 부동산에 대한 정보를 확보하고 먼저 분양대행의사를 밝히는 제안형 분양대행의 경우도 있다.

분양대행회사의 선정은 경쟁입찰방식으로 하는 것이 일반적이나 사전에 몇

31) 개발회사(시행사)가 아닌 시행대행회사가 분양대행회사를 선정하는 경우도 있는데 이 경우 시행대행회사가 처분권한을 부여받은 것으로 볼 수 있다.

군데의 분양대행회사에게 구두 또는 서면으로 분양대행을 제안하여 경쟁입찰에 적정수의 회사가 참여하도록 정지작업을 하는 경우가 일반적이다.

경쟁입찰에 참여한 분양대행회사 중 결격사유를 가진 경우를 제외하고는 특정 일자를 정해 한 장소에서 프리젠테이션을 하여 최종 선정절차를 밟는다.

② 분양대행사업의 타당성 분석

대상 부동산에 관한 각종 자료를 수집하여 분양대행사업을 수행하는데 필요한 사업성을 분석한다. 수집된 자료와 함께 사업성분석 보고서는 추후 분양전략 수립에 기초 자료가 되며 분양팀들의 교육 자료로서 활용된다.

③ 분양대행 계약조건 협의

발주자와 분양대행회사가 분양대행 계약조건을 상호 협의하는 단계이다. 경쟁입찰방식으로 분양대행계약을 체결한 경우에는 제안서에 기재된 조건에 맞추어서 계약을 체결하기 때문에 협의의 과정이 해당되지 않는다. 그러나 경쟁입찰의 경우에도 선정된 회사와 기 제출된 제안서의 요구사항에 대해 협의를 통해 최종결정한다.

수의계약방식으로 분양대행회사를 선정하는 경우에는 발주자와 분양대행회사 간에 계약사항의 협의에 훨씬 더 많은 노력이 투입된다. 이는 상호간에 친분이 있는 경우가 흔하며 기존의 계약조건들이 달라지는 경우도 많기 때문이다.

④ 분양대행 계약체결

발주자와 분양대행회사가 체결하는 분양대행 계약은 통상 위임계약이나 명시되지 않는 사항은 상법이나 민법의 규정이 준용된다고 보아야 할 것이다. 분양대행계약에서는 목표 분양률이 명시되어야 하는데 이의 달성을 위한 참여주체들의 역할분담도 동시에 기재되어야 한다. 이를 기재하는 이유는 후일 분양률이 저조할 때 그 책임의 한계를 분명히 밝히기 위함이다.

발주자 중에는 분양대행계약을 체결할 때 분양대행회사에게 상당 액수의 보증금(공탁금)을 요구하는 사례도 있다. 하지만 이러한 보증금은 분양대금의 안정성을 확보하는 측면도 있지만 개발회사들이 초기 자금부족을 해결하기 위한

방도로도 활용되기 때문에 참여하는 분양대행회사는 유의할 필요가 있다.

분양대행 계약체결의 가장 중요한 사항은 분양수수료를 결정하는 것이다. 분양수수료는 보통 지역이나 분양부동산의 종류, 규모, 분양가격, 분양의 난이도, 기타 등의 조건을 고려하여 결정하는데 일반적으로 총 분양가격의 일정비율을 제공하는 정률 방식이 선호되며, 한 채(호) 당 일정 액수만 분양대행회사에 지급하는 정액방식으로도 분양수수료는 지급된다.

분양수수료에 대한 명확한 기준은 없으나 분양이 가장 손쉬운 주거용부동산의 경우에 가장 낮으며[32] 레저시설의 경우에는 상가나 업무용 건물에 비해 높은 것으로 알려져 있다.

⑤ 분양계획 수립

분양대행계약을 체결한 분양대행회사는 제일 먼저 대상 부동산에 대한 분양계획을 수립하여야 한다. 분양대행제안서에 대략적인 내용이 포함되어 있지만 더욱 세부적으로 현실감 있게 계획을 세워야 한다. 이 단계에서는 분양계획 수립을 위한 시장조사와 분양컨셉 결정, 마케팅계획 수립 등이 포함된다.

분양계획을 수립하기 위해서는 시장조사가 중요한데 사업성분석을 주로 수행해왔던 부동산컨설팅회사들이 국내 컨설팅시장의 한계로 인해 분양대행으로 사업 영역을 확장하는 경우가 많다. 이럴 경우 시장조사는 충실히 수행되지만 그렇지 않을 경우 분양대행사업의 기본인 시장조사가 부실하게 될 우려가 있다. 부실한 시장조사는 분양계획 수립에 차질을 가져와 궁극적으로 분양율 제고에 부정적인 영향을 끼친다. 따라서 분양대행회사는 시장조사 능력을 필수적으로 보유하고 있어야 한다.

⑥ 분양준비

분양을 위한 준비단계에서는 직전 단계에서 수립된 분양계획에 의거하여 분양을 위한 인력과 장비, 사무소, 자금, 광고 등의 업무를 수행하며 상업용부동산의 경우 주요임차인의 유치 등 사전마케팅(premarketing) 업무도 수행한다.

사전마케팅이란 잠재수요층을 대상으로 판촉(promotion) 활동을 전개하는

32) 주거용부동산은 분양수수료가 정률식이 아닌 정액식으로 지급되는 경우가 많다.

것을 말한다. 사전마케팅을 조금 넓게 정의하면 주택수요자를 위한 상품을 만들기 위해 향후 3~4년을 미리 생각하여 수요자의 기호에 맞는 주거공간을 현실화하고 상품화하기 위해 주택 수요자의 선호도나 기존의 미비점들을 조사한 후 이를 개별 단지에 적극 반영하는 행위부터 포함된다. 하지만 분양준비란 이러한 조건들이 모두 구비되었음을 가정한 후 대상사업지의 모델하우스를 열기 위한 다양한 부문의 활동들을 말한다.

⑦ **분양 홍보**

본격적인 분양을 시작하는 단계로서 분양 일정을 공고하고, 대상고객에 대한 DM(Direct Mail)이나 TM(Tele Marketing), 전단배부, 이벤트 등의 업무를 수행한다. 특히 지역성이 강한 부동산 상품은 지역 내의 잠재고객들로부터 긍정적인 호응을 얻기 위해 분양초기에 집중적인 홍보를 쏟아내는 경우가 많다. 최근에는 부동산의 분양이 지역 내에서 이루어지는 경우가 많아 더욱 지역밀착적인 분양 홍보 전략에 주력하여야 한다.

⑧ **분양안내 및 상담**

분양홍보를 통해 대상 부동산에 대한 정보를 습득한 고객들이 모델하우스나 분양사무소를 방문 또는 일차적으로 전화로 문의하는 단계이다. 이때는 정확하고 성실하게 정보를 제공하는 것이 필요하며 고객의 요구와 함께 친절한 상담이 필수적이다. 부동산 상담에서는 상품별로 문의내용이 달라지는데 주거용의 경우에는 세금과 관련된 상담이 주로 이루어지나 상업용의 경우에는 해당 업종의 인허가 문제와 영업상의 문제점들이 집중적으로 제기된다.

⑨ **분양목표 점검 및 분양계획 수정**

통상 분양대행 업무는 초기 분양단계와 본격 분양단계, 분양관리단계로 구분할 수 있으며, 각 단계의 끝에는 각 단계별 목표를 점검하고 단계마다 제기된 문제점을 감안하여 분양계획을 수정하는 업무가 필요하다. 분양계획의 수정은 단순히 목표를 변경하는 것만이 아니고 인력 충원이나 교체, 새로운 마케팅 방식의 적용 등이 모두 포함된다. 하지만 너무 급격한 분양계획 수정은 전체 분

양업무의 흐름을 단절시키고 미리 시행한 마케팅의 효과를 반감시킬 수 있기 때문에 유의해야 한다.

(6) 부동산 분양대행회사 현황

① 국내회사 현황

분양대행회사는 전국적으로 1천여 개에 이르고 있으나 실질적으로 활동 중인 분양대행회사는 20여개 수준인 것으로 알려지고 있다. 연간 매출 100억원대가 넘는 업체는 5개사에 이르며 아파트와 주상복합, 오피스텔, 상가, 펜션 등을 분양하는 전문영역으로 확대되고 있는 상황이다. 특히 대형업체들의 경우 단순 분양대행 업무에서 벗어나 토지매입이나 상품개발에까지 참여하는 형태로 발전하고 있어 시장 영역은 확대될 것으로 보인다. 분양대행업계의 선두주자라고 할 수 있는 MDM, 리얼티소프트, 동우에이치엔엠, 좋은집, 세중코리아를 중심으로 활동영역을 살펴보자.33)

MDM은 외환위기 이후 최악의 부동산 침체상황에서 각종 부동산 상품을 성공리에 분양, 분양대행업계의 위상을 한 단계 끌어올린 전문업체로 평가되고 있다. 특히 초대형 오피스텔을 성공적으로 분양하여 오피스텔 분양의 최고 권위업체로 자리를 잡고 있다. 리얼티소프트는 단순분양대행을 뛰어넘어 부지 매입에서 기획, 설계에 이르는 아이디어뱅크 역할을 수행하면서 2001년 소형 아파트 붐을 일으킨 것으로 평가된다. 소수 정예의 작은 조직이지만 전문가들만 포진하여 대기업 못지 않은 업무파워를 자랑하고 있으며 마케팅 분야의 성공을 발판으로 개발사업, 투자자문, 부동산금융이 어우러진 종합부동산회사를 지향하고 있다.

동우에이치엔앰은 고객의 시선을 모으기 위해 모델하우스 색깔에서 직원의 옷차림, 전단지까지 한 가지 색으로 통일하는 색깔마케팅을 최초로 시행한 업체로 알려져 있다. 고객의 입장에서 고객이 만족할 수 있도록 소비자들의 구매욕구를 자극할 수 있는 마케팅을 수행하고 있다. 좋은 집은 부동산 분양대행업

33) 헤럴드경제 2003년 7월에 게재된 '[비즈&마켓리더] 분양업계 선두주자'를 중심으로 서술함.

계의 마케팅 기획 선두주자로 꼽힌다. 아파텔 컨셉을 개발하였으며 인재관리가 뛰어나 직원들의 평균 근무기간이 5~10년에 이른다. 세중코리아는 상가분양시장의 미분양에 주력하다 본격적인 분양대행업계로 뛰어든다. 사상 최고의 경쟁률과 분양실적에서 1, 2위를 다투는 대형업체로 성장하였다.

② **해외회사 현황 - 중국회사를 중심으로**

아래 기업은 현재 중국 부동산 기업 중 분양, 판매 또는 광고를 포함한 대리상(주로 건축물의 분양사업 임대사업, 광고사업, 부동산개발자문 등을 같이 하고 있는 대형회사들)이다.

중국 부동산회사를 크게 나누자면 개발회사(开发商, 发展商), 건설시공회사(建筑商), 판매대리회사(销售代理商), 물업관리회사(物业管理公司)로 나눌 수 있고 그들은 그 역할에 따라 철저히 뷴리되어 있지만, 개발회사를 중심으로 밀접하게 서로 연계되어 있다.

이들 판매대리상은 최근 공급자 위주에서 소비자 위주의 시장전환기를 맞은 중국부동산 시장에서 그 홍보와 판매 전략에 있어 큰 역할을 담당하고 있으며, 대체로 이들은 주로 대형 메이저급 개발회사, 투자회사 등과 연계하고 있으며,

〈중국부동산분양대행업체 순위〉

순위	회 사 명	판매액(위안)
1	中原(中国)物业顾问有限公司	422.5亿
2	金丰易居上海房屋销售有限公司	150亿
3	合富辉煌集团	120亿
4	上海天地行房地产营销有限公司	100亿
5	深圳市德思勤投资咨询有限公司	80亿
6	上海聚仁物业咨询机构	70亿
7	伟业顾问	58亿
8	上海策源置业顾问有限公司	58亿
9	凌峻房地产策划代理机构	50亿
10	上海荒岛房产工作室有限公司	50亿

자체적으로 연구센터 등을 운영하는 활동을 통해 직간접적으로 시장에 영향을 주고 있으며, 점차 그 규모와 역량을 더해가고 있다. 영세한 우리나라 분양대행 업체와는 분명 차이가 있다.

1위 중위엔은 홍콩 최대의 대리상으로, 현재 중국내륙 체인망을 갖춘 회사이며 2위인 찐펑이쥐는 회사규모가 상당한 수준에 이른다.

(7) 해외부동산 분양대행비즈니스

해외부동산 투자 자유화가 되면서 2006년 한 해 동안 우리 국민은 1,268건, 5억1,400만 달러 규모의 해외 부동산을 취득했으며 2007년 상반기에 이미 2006년 기록을 갈아 치우고 계속적으로 투자 규모를 확대하고 있다. 불과 1년여 동안 국내 자금 1조원 가량이 해외부동산에 투자되었다. 최근에는 중산층까지 투자대열에 합류하면서 해외부동산투자는 분산투자의 개념으로 각광받고 있다.

〈국내분양도 병행하는 싱가포르의 "리플렉션 엣 케펠베이"〉

하지만 해외부동산투자도 국내 부동산투자와 마찬가지로 전문적인 지식을 가지고 있지 않으면 투자위험이 높다. 따라서 투자를 대행해주는 해외부동산 전문 분양대행회사가 본격적인 영업활동을 전개해 나가고 있다.

이러한 해외부동산 분양대행회사는 기존의 다국적 부동산기업인 씨비리처드

앤엘리스(CBRE)나 국내기업으로 해외부동산컨설팅을 전문적으로 수행해온 루티즈코리아, 뉴스타코리아 그리고 새롭게 진출한 쿠도인베스트먼트 등의 회사를 들 수 있다.

이러한 분양대행회사들은 기존에는 해외부동산컨설팅 업무에 주력하였으나 최근 그 사업영역을 해외부동산중개로 까지 확대하고 있으며 국내의 해외부동산투자시장이 아직 초기 단계여서 한국시장에 부동산 상품을 팔기를 원하는 전 세계 기업들의 수요는 상당 수준 확보한 것으로 보여 진다.

하지만 부동산 상품은 물리적 실체를 들고 다니면서 판매할 수는 없다. 방문영업이 아닌 고형영업 상품이라는 말이다. 부동산 상품은 지역에 한정되어 공급되기 때문에 사업대상지를 방문한 가망고객을 현지에서 안내하는 특수한 마케팅 방법이 활용된다. 모델하우스 또는 공중이 모일 수 있는 장소에서 투자설명회를 개최하는 경우도 있으나 판매의 보조수단으로서만 활용된다. IMF 시기에 해외교포들을 대상으로 국내의 부동산 상품을 팔기위해 해외에서 투자설명회를 개최한 적이 있지만 실제로 판매실적은 썩 좋지 않았던 것으로 평가된다. 이는 부동산 상품의 부동성이라는 특성 때문이다.

최근의 해외부동산 분양대행사업의 경우 기존의 부동산 상품의 특성인 부동성에만 초점을 맞추고 해석하기 보다는 마케팅의 글로벌화한 현상으로 인식하는 것이 바람직할 것이다.

(8) 부동산 상담과 분양대행

부동산 시장 환경의 복합화는 부동산 비즈니스도 단순한 정보에 의해 이루어지기 보다는 조금 더 과학적인 사전 정보를 토대로 새로운 해결점을 도출해 나가게 만들고 있다. 국내의 경우 그동안 부동산 상품에 대한 국민들의 의식은 자산의 효율적인 운영과 관리라는 개념보다는 단기적인 부의 증식에 더 큰 주안점을 두어왔다. 이러한 인식은 부동산시장의 왜곡을 가져와 급격한 부동산 가격 상승을 야기 시키는 주요한 요인으로 작용하였으며 나아가 국토 이용의 비효율성을 증대시켜 국가적 손실을 초래하기도 하였다.

부동산 분양대행비즈니스는 이러한 상황적 인식하에 부동산 시장에 당면한

문제들을 합리적으로 풀어가는 데 그 일익을 담당할 수 있는 분야라고 할 수 있다. 따라서 단순한 상담이 아닌 고도의 전문화된 지식을 바탕으로 과학적인 판단과 의사결정을 수행하는 창조산업(creative industry)[34]의 선도 일꾼으로서의 역할을 수행하여야 한다. 따라서 분양대행비즈니스는 새로운 시장을 창출하는 상담자로서의 역할에 충실해야 할 것이다.

일반적으로 상담이란 의뢰자가 어떤 일정한 일에 대하여 보다 나은 의사결정을 내릴 수 있도록 도움을 주는 지식 서비스라고 할 수 있다. 따라서 고도의 전문화된 지식과 구체적인 경험 그리고 단계별 정확한 판단력 등이 요구된다. 그리고 상담이란 충분히 조사하고 고민하는 것은 물론 다른 전문가들의 의견도 경청하여 본인의 지식으로 흡수하여야 한다. 상담이란 의사결정 이전 단계에서 도움을 주는 것이므로 분양 대상물건에 대한 정확한 정보와 지식을 사전에 체계화시켜야 한다.

미국의 경우 부동산컨설팅업의 선도적인 조직으로서 부동산카운슬러협회(American Society of Real Estate Counselors)[35]가 있다. 부동산 분양대행사업도 넓은 의미에서는 부동산컨설팅업에 포함되는데 미국의 경우 부동산카운슬러가 부동산컨설턴트와 거의 유사한 의미로 쓰이고 있는 점 등을 고려하면 분양대행과 상담은 상호 밀접한 관련이 있기 때문에 분양대행사업에 있어 상담에 대한 전문지식은 더욱 절실하다고 볼 수 있다.

34) 기존의 고정관념에 얽매이지 않고 창의적인 아이디어와 발상을 통해 새로운 사업을 창출해가는 산업을 일컫는다. UN은 창조산업이 전세계 GDP의 7%를 차지하고 있으며 이 수치는 매년 10%씩 증가할 것으로 내다봤다.

35) 미국 부동산카운셀러협회는 1953년 10월 설립되었으며 이듬해 2월에 미국 리얼터협회(NAR : National Association of REALTOR)의 자매기관이 된다. 미국 부동산카운슬러협회의 회원에게는 부동산카운슬러(Counselor of Real Estate, CRE)라는 회원칭호가 부여된다. 현재 회원수는 전세계적으로 1,100명을 유지하고 있다.

명문씨티

1 부동산중개법인 대형화되나?

(1) 국내 중개법인 현황

중개업자는 '공인중개사의 업무 및 부동산거래신고에 관한 법률'에 의하여 중개업을 영위하는 사무소(중개사무소)의 개설 등록을 한자를 의미한다. 법에 근거한 중개업자의 종별에는 ① 법인인 중개업자 ② 공인중개사인 중개업자 ③ 중개인인 중개업자가 있다.

이중 법인인 중개업자는 다른 법률의 규정에 의하여 중개업을 할 수 있는 특수법인[36]을 제외하고는 부동산 중개업자의 종별로는 유일한 법인의 형태이다. 국내 부동산 중개법인은 2007년 2/4분기 현재 449사이다. 중개법인의 지역적 분포를 살펴보면 서울에 43.4%에 몰려있는 행태를 띠고 있다. 이는 전체 중개업자가 서울지역에 존재하는 비중인 29.7%에 비해 무려 13.7%포인트 높은 수치이다. 다른 중개업자에 비해 중개법인의 서울 집중도가 높은 이유는 개인회사인 공인중개사나 중개인과는 다르게 정보나 사업인프라가 좋은 서울 지역에 개업하는 것이 사업을 영위하는데 유리하기 때문으로 추정된다. 중개법인은 상대적으로 비용이 많이 들며 시스템을 갖춰야 하는 부담감이 있기 때문에 정보획득과 사업수행에 유리한 지역을 선호하게 된다.

36) 현재 특수법인으로는 신탁업법에 의한 신탁회사(동법 제13조), 농업협동조합법에 의한 지역농업협동조합 및 농업협동조합중앙회(동법 제12조, 제57조, 제134조), 산림조합법에 의한 지역산림조합(동법 제11조, 제46조), 산업집적활성화 및 공장설립에 관한 법률에 의한 산업단지관리기관(동법 제30조), 금융기관부실자산 등의 효율적 처리 및 한국자산관리공사의 설립에 관한 법률에 의한 한국자산관리공사(동법 제26조) 등이 있다.

〈지역별 중개업자 현황〉

(단위 : 개, 사, %)

구 분	계		공인중개사	중개인	중개법인	
	숫자	비중			숫자	비중
계	81,090	100.0%	69,088	11,553	449	100.0%
서 울	24,103	29.7%	19,368	4,540	195	43.4%
부 산	3,860	4.8%	3,309	524	27	6.0%
대 구	3,195	3.9%	2,777	390	28	6.2%
인 천	5,233	6.5%	4,683	540	10	2.2%
광 주	1,681	2.1%	1,333	340	8	1.8%
대 전	2,418	3.0%	2,099	304	15	3.3%
울 산	1,205	1.5%	1,030	173	2	0.4%
경 기	24,483	30.2%	21,969	2,413	101	22.5%
강 원	1,562	1.9%	1,340	221	1	0.2%
충 북	1,661	2.0%	1,356	296	9	2.0%
충 남	2,788	3.4%	2,334	451	3	0.7%
전 북	1,634	2.0%	1,344	268	22	4.9%
전 남	979	1.2%	714	261	4	0.9%
경 북	2,231	2.8%	1,889	337	5	1.1%
경 남	3,473	4.3%	3,014	444	15	3.3%
제 주	584	0.7%	529	51	4	0.9%

* 건설교통부, 2007. 8

지역별 편중현상과 함께 중개법인이 전체 중개업자에서 차지하는 비중은 갈수록 줄어들고 있다. 부동산 비즈니스의 전문화, 종합화를 위해서는 부동산 비즈니스의 첨병이라고 할 수 있는 중개업자가 전문화, 대형화되어야 하는데 전체 중개업자 중에서 중개법인이 차지하는 비중이 줄어들고 있다는 것은 국내 부동산 비즈니스의 발전을 위해서는 바람직한 현상은 아닌 것으로 보여 진다.

그나마 2000년도에는 전체 중개업자 중에서 중개법인의 비중이 1.3%를 차지하였으나 중개업자 숫자가 2000년 이후 급속히 증가하였음에도 불구하고 중개법인의 숫자는 오히려 줄어들어 2007년 2/4분기에는 전체 중개업자 중 중개법인이 차지하는 비중이 0.6%로 떨어졌다. 부동산 비즈니스의 선진화를 위해서는 대형화된 중개법인이 많이 창업할 수 있도록 정책적 배려가 필요할 것이다.

〈년도별 중개업자 현황〉

(단위 : 개, 사, %)

구분	계	공인중개사	중개인	중개법인	
				숫자	비중
2007년 2/4	81,090	69,088	11,553	449	0.6%
2007년 1/4	80,117	67,988	11,708	421	0.5%
2006년	78,611	66,276	11,910	425	0.5%
2005년	76,164	62,432	13,203	529	0.7%
2004년	72,247	57,362	14,331	554	0.8%
2003년	67,384	51,354	15,490	540	0.8%
2002년	58,920	41,663	16,673	584	1.0%
2001년	49,680	31,458	17,566	656	1.3%
2000년	45,845	26,452	18,776	617	1.3%

* 건교부, 2007. 8

(2) 국내 중개법인의 영업실태

이러한 중개법인의 영업현황에 대해 통계청에서 2005년에 조사한 자료는 총 1,479개의 회사를 대상으로 하였으며 총 종사자수는 12,912명이었다. 사업체당 종사자수는 8.7명으로 나타났으며 매출액은 1사당 평균 5억2천만 원이었다. 이를 2001년과 비교하면 조사대상 사업체수 총 632사였으며 총 종사자수는 5,334명이었다. 1사당 종사자수는 8.4명으로 2005년과 큰 차이는 없었으나 1사당 매출액은 6억8천만 원으로 2005년 보다 오히려 많았다.

〈부동산중개법인 영업현황〉

시기별	사업체수 (개)	종사자수 (명)	1사당 종사자	매출액 (백만원)	1사당 매출액
2005년	1,479	12,912	8.7	769,081	520.0
2001년	632	5,334	8.4	427,287	676.1

* 통계청, 2007. 8

2 명문씨티의 탄생과 운영

명문씨티라는 중개법인은 3년 전 명문D&C로 부산의 동래지역에서 출범하게 된다. 2007년 6월말 현재 135명의 직원을 보유한 부산 최대의 중개법인으로서의 형태를 갖추는 데는 실제로 2년도 안 되는 기간만이 소요되었다. 개인 중개회사를 경영하던 김윤진 사장은 향후 부동산 중개시장은 대형화, 복합화가 대세일 것이라고 단언하고 과감한 투자를 단행한다. 물론 중개 비즈니스는 인건비가 많이 들지 않는 장점이 있기 때문에 타 비즈니스에 비해 창업에 유리한 특성을 보유하고 있지만 다른 많은 중개회사들이 부동산중개시장이 침체로 빠져들면서 직원 인건비는 고사하고 점포의 임대료를 낼 수 있는 형편도 안 되는 상황으로 내몰리고 있는 점 등을 고려한다면 그 당시 중개회사의 대형화를 생각한 것은 상당한 리스크를 감수한 투자였다고 볼 수 있다. 명문씨티는 과거 직원들이 80~90명 선에서 계속 늘어나 현재 135명 수준의 인력을 확보하고 있어 근무 직원이 지속적으로 늘어나면서 대형화되고 있는 현상은 계속되고 있다.

중개시장이 심각한 불황으로 접어들면서 타 중개법인에서 팀별로 이전해 오려는 직원들도 늘고 있다고 한다. 경기가 불황일 때 좋은 인재들을 많이 확보할 수 있듯이 대형 중개법인으로 직원들이 집중되고 있는 측면이 있는 것 같다. 부동산 중개회사들이 구조조정 되고 있는 현상과 함께 집중화되고 있는 현상이 동시에 일어나고 있다고 보여 진다. 규모의 경제가 부동산중개회사에도 적용되며 이러한 효과가 서서히 나타나는 것으로 여겨진다. 물론 부동산 경기가 호황으로 바뀌면 근무하는 직원들이 이직을 하는 경향도 증가할 것이다. 하지만 조직 관리를 철저히 하고 직원들에게 내 회사라는 인식을 심어준다면 호황이 되더라도 인력의 유출은 그렇게 많지 않을 것으로 기대하고 있다. 다행스러운 점은 2007년 6월 현재 근무 인력에 대한 조사에서 1년 이상 근무한 직원이 전체 직원에서 차지하는 비중이 60%, 2년 이상 근무한 직원도 30%를 넘어 장기근무자 위주로 인력구조가 형성되고 있는 것으로 보인다.

이러한 장기 근무자가 많은 것은 중개회사에는 상당한 의미를 가지는데 그 이유로는 중개회사가 창업하기는 쉬워도 월급을 받는 영업직원이 없기 때문에 결속력도 떨어질뿐더러 영업 노하우를 전수하기가 쉽지 않다. 회사 내에 어떤 매뉴얼의 형태로 영업 노하우가 전수되지도 않는 상황에서 팀장들의 내부에 체화된 영업 전략을 전수받기 위해서는 근무 년도가 상당히 중요하게 된다. 따라서 시스템으로 움직이는 것이 한계를 가지는 중개법인의 특수한 상황에서 근무년도가 오래된 직원들이 많다는 것은 시스템 경영을 대체할 수 있는 인적경영이 가능할 수 있다는 말이다.

현재 월급을 받는 직원은 6명이며 판공비를 수령하는 팀장급이 6명이다. 팀은 시내, 시외, 특별사업(교환, 경매), 공장 등으로 나누어져 있다. 특별사업이나 공장을 제외하고는 상품별로 분류하는 것이 아닌 지역별로 분류된 형태를 띄고 있으나 그 경계는 그렇게 크지 않은 것으로 보인다.

가족적인 분위기를 높이기 위해 경조사 등을 적극적으로 챙기려고 노력한다. 다른 중개법인과는 다르게 회사 내에 상조회라는 조직이 있어 직원들을 가족처럼 생각하는 회사의 이념을 실천하려고 한다. 간단한 일이지만 직원들의 생일에 케익을 사서 같이 축하해주면서 결속력을 강화하는 점도 눈에 띈다.

3 명문씨티의 비즈니스모델

명문씨티의 주요 사업모델은 부동산 중개이다. 분양대행 등 중개법인이 법적으로 수행할 수 있는 사업들도 있지만 지금까지는 중개만을 고집하고 있다. 이는 분양대행이라는 것은 아직 완전하게 주변지역이 안정화되지 않은 상품을 팔아야 하기 때문에 상품에 대한 자신을 하기에는 무리가 따르기 때문이다. 대신 기존 부동산은 일정 부분 잘 알고 있는 상품이기 때문에 거래하는데 큰 부담이 없다. 부동산 상품별로는 주거용부동산에 대한 중개는 거의 하지 않는 것으로 나타난다. 아파트의 교환거래가 기존 거래를 수행하다 보면 부수적으로 가끔씩 이루이지며 실제 본격적인 비즈니스로는 주거용 상품을 취급 하지는 않는 것으로 보인다. 상가와 토지가 중개 매출의 대부분을

차지하는데 그 비중은 상가 40%, 토지 60%를 점유하는 것으로 여겨진다. 상가와 토지의 비율은 부동산 경기의 변동 또는 트렌드에 따라 달라지는데 현재는 토지쪽의 비중이 조금 높은 상태이다.

금액대 별로는 부산이라는 지방에 위치하고 있지만 토지는 10~15억 내외의 거래가 가장 많은 것으로 보인다. 상가는 지분형 개별상가보다는 4~5억원 내외의 상가주택 거래가 많은 상황이다.

4 명문씨티의 발전

최근 명문씨티는 사업다각화를 꾀하고 있다. 과거 단순중개 위주의 사업방식에서 건설, 부동산개발, 인터넷 등의 신규 사업을 기획중이다. 이를 위해 전문 자격사 등 전문 인력을 채용하고 있으며 다양한 기업과의 제휴를 추진중이다.

그동안 중개 업무만을 추진하였던 명문씨티의 사업다각화가 성공할지는 다양한 변수들을 고려해 보아야 할 것이다. 이중 중요한 변수는 명문씨티가 보유한 자원들이 신규로 추진되는 사업에 얼마만큼 적합한지의 여부이며 또 하나는 경영자의 의지와 리더쉽일 것이다. 명문씨티가 현재 보유한 중개 전문 인력으로는 신규사업을 추진해 나가기는 어려울 것으로 보인다. 따라서 외부에서 얼마 만큼의 관련 인력들을 확보해서 이들이 사업을 추진하는데 어려움이 없도록 지원하느냐일 것이다. 또한 신규 사업을 추진하면 상당한 어려움이 예상된다. 특히 현재의 중개업무라는 것은 다른 사업에 비해 인건비의 비중이 높지 않지만 새로 추진하는 사업들은 상당한 투자가 수반되어야 한다. 이러한 투자가 수반될 때 그 수익성을 만들어 내느냐는 많은 부분 경영자의 역량과 의지에 달려있다고 보여 진다. 지금부터 명문씨티에 필요한 것은 과거와 다른 경영자의 경영능력일 것이다.

V. 부동산 컨설팅 비즈니스

1 부동산 컨설팅 비즈니스의 개요

부동산 컨설팅이란 "부동산의 매매, 임대차, 관리, 기획, 재무, 감정평가, 법정진술 등과 같은 광범위한 부동산 업무에 관련되는 제반 문제점에 대한 전문적인 지도 및 이해관계에 얽매이지 않는 편견 없는 조언을 제공하는 것"이라고 정의할 수 있다.[37] 부동산 컨설팅 비즈니스는 "조언을 주거나 전문적인 일을 수행해주고 그 대가로 수수료를 받는 전문적인 업"으로서 부동산과 관련한 광범 위한 문제 및 분야를 대상으로 전문적, 객관적, 불편부당한 자문과 전문적인 기준제공 및 실질적인 판단을 제공하는 행위이다. 이러한 부동산 활동은 복잡, 다양한 현상이기에 부동산 서비스의 한 전문분야만 담당하는 중개, 임대 관리 또는 감정평가와는 대조적으로 여러 개의 부동산 전문분야가 결합되어 있다. 선진국에서는 컨설팅 비즈니스가 생산자 서비스 차원에서 부동산 비즈니스에서 뿐만 아니라 경영, 수출 · 입, 엔지니어링, 마케팅 등 수많은 다양한 분야에서 성업중에 있다. 최근들어 부동산의 세계화, 정보화, 증권화 등의 금융기법 고도화, 부동산 서비스 시장의 개방추세에 따라 부동산업의 전문지식산업화가 빠르게 진행되고 있는 현실에서 부동산 컨설팅의 필요성은 더욱 증대되고 있으며 이에 따른 부동산 컨설팅 비즈니스의 전망은 밝다고 할 것이다.

따라서 이를 수행하기 위하여는 의뢰인의 목적에 부응하여 분석 및 연구프로그램의 전개, 의뢰업무에 대한 기본적인 자체연구를 수행, 각종 자료의 수집 · 제시, 문서화된 서면보고서를 작성할 수 있는 능력이 필요하다.

현재 국내 부동산컨설팅 비즈니스사들은 시장조사, 입지 · 지역여건 조사, 개발타당성 조사, 개발계획 등 순수한 의미의 컨설팅 비즈니스 뿐만 아니라 설계, 시공, 분양, 사후관리 등까지도 일괄 담당하는 종합컨설팅으로 업무영역을 다각화하고 있고, 동시에 상업, 유통시설, 도시재개발, 주상복합건물, 레저시설,

37) 강원철외 4인, 부동산학 개론, 부동산114, 2004.

토지매입 · 입찰에 관한 컨설팅 등 세부분야별로 특화되는 양상도 보이고 있다. 또한 일부 부동산컨설팅 비즈니스사들은 지주와의 공동사업을 추진하기도 하며, 더 나아가 독자적으로 개발을 기획하고 자금과 사업부지를 유치하여 개발을 수행하기도 하는 등 디벨로퍼로의 변신도 추구하고 있다.[38)]

2 부동산컨설팅 비즈니스의 업무내용

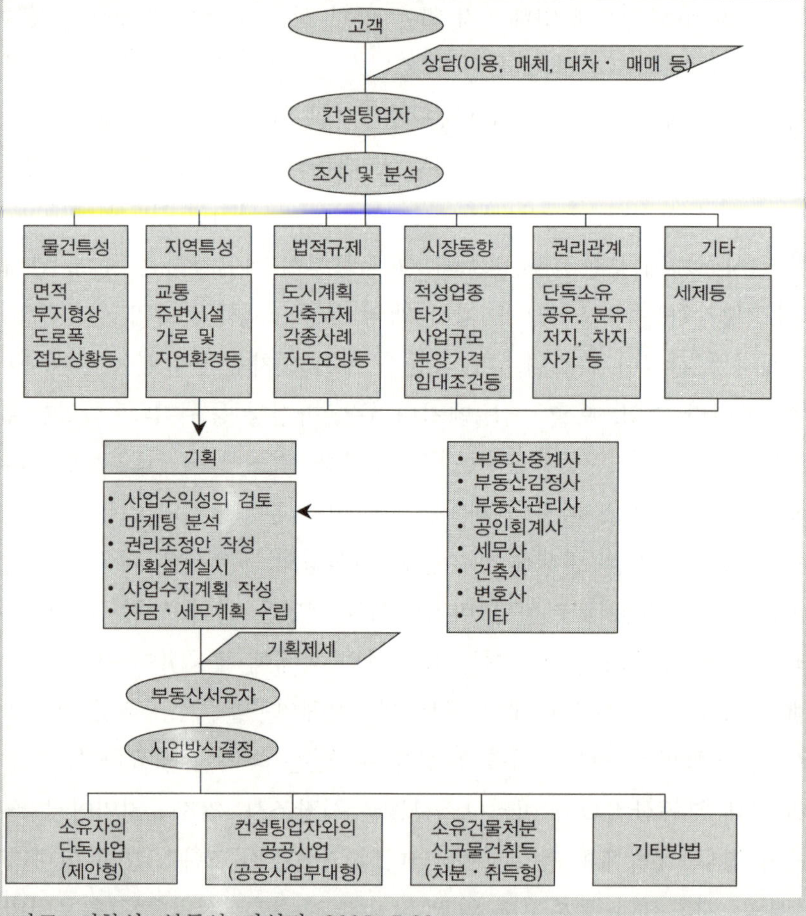

고객
상담(이용, 매체, 대차 · 매매 등)
컨설팅업자
조사 및 분석

물건특성	지역특성	법적규제	시장동향	권리관계	기타
면적 부지형상 도로폭 접도상황등	교통 주변시설 가로 및 자연환경등	도시계획 건축규제 각종사례 지도요망등	적성업종 타깃 사업규모 분양가격 임대조건등	단독소유 공유, 분유 저지, 차지 자가 등	세제등

기획
- 사업수익성의 검토
- 마케팅 분석
- 권리조정안 작성
- 기획설계실시
- 사업수지계획 작성
- 자금 · 세무계획 수립

- 부동산중계사
- 부동산감정사
- 부동산관리사
- 공인회계사
- 세무사
- 건축사
- 변호사
- 기타

기획제세
부동산서유자
사업방식결정

소유자의 단독사업 (제안형)	컨설팅업자와의 공공사업 (공공사업부대형)	소유건물처분 신규물건취득 (처분 · 취득형)	기타방법

자료 : 이창석, 부동산 컨설팅, 2005, P.33

[그림 1] 부동산 컨설팅 업무내용

38) 이창석, 부동산 컨설팅, 형설출판사, 2005.

부동산컨설팅 비즈니스사가 제공하는 서비스는 부동산의 유효이용에 관한 컨설팅과 중개 등 처분에 관한 컨설팅, 관리분야의 컨설팅, 입지조건분석 컨설팅, 신규 프로젝트 투자분석 컨설팅 등 다양하다. 부동산 컨설팅 비즈니스의 업무분야는 부동산과 관련된 모든 행위에 관련될수 있다. 업무내용은 [그림 1]과 같다.

3 부동산컨설팅 비즈니스의 현황

(1) 부동산 컨설팅 비즈니스의 도입

우리나라의 부동산컨설팅 비즈니스는 1988년 6월 대한부동산컨설팅회사가 설립된 것에서 출발하였다. 이후 1989년 2월 한국감정원이 정관을 변경하여 " 부동산에 관한 상담 및 용역제공 업무"를 할 수 있도록 하였으며 1994년 1월에는 부동산 컨설팅부를 신설하여 본격적인 영업활동을 개시하였다. 1992년 2월 한국감정평가업협회가 부동산 컨설팅 업무를 할 수 있도록 정관을 변경하였고, 중개업계도 1992년 중개업법 개정안에서 종합법인에게 부동산 상담업무를 할 수 있도록 하였다. 1995년 3월 거의 동시에 창립되었던 한국부동산카운셀러협회(한국감정평가업협회 중심)와 한국부동산컨설팅협회(한국감정원 주축)는 1997년 2월 한국부동산컨설팅업협회로 통합된 이후 2002년 건설교통부로부터 (사) 한국부동산투자자문협회로 설립인가를 받아 현재에 이르고 있다. 따라서 국내에서 부동산컨설팅 비즈니스가 본격적인 조직을 갖추고 영업을 시작한 것은 1990년대 초반이라 할 수 있으며. 그 이전까지는 관련분야의 전문연구기관이나 기술관련 용역업체, 대기업의 연구소 등이 외부용역이나 일시적인 필요에 따라 부동산 컨설팅 업무를 수행했던 초보적 수준에 지나지 않았다.

1990년대 초반 이후 부동산신탁회사와 감정평가회사의 컨설팅 비즈니스 진출과 부동산컨설팅업협회의 창립 등은 부동산 컨설팅 비즈니스가 한 단계 발전할 수 있는 계기가 되었으며, 1990년대 후반 부동산시장의 개방과 IMF 체제로 인한 외국의 종합부동산회사의 진입 등으로 부동산컨설팅업계는 새로운 전환기를 맞고 있다.

(2) 업계현황 및 수익성

현재 부동산컨설팅 비즈니스 수행에 관한 자격규제나 업무규제는 전무한 실정이며, 일부 전문 컨설팅회사를 제외하고는 대부분 중개회사, 감정평가회사, 부동산 신탁회사, 건설회사, 설계사무소 등에서 겸업의 형태로 운영중이다.

정확한 시장규모의 파악은 곤란하지만, (사) 한국부동산투자자문협회의 회원사는 감정평가법인을 비롯하여 총 45개에 이르고 있다. 실제 회사들의 규모는 잘 알려져 있지 않으나 현재 100개 이상의 업체가 컨설팅업을 하고 있는 것으로 알려져 있다. 이러한 부동산 컨설팅업체들은 기존의 부동산 관련 서비스 업체(중개업체, 감정평가업체, 건축 설계사무소, 분양대행업체, 부동산 신탁업체, 유통연구소 등)에 의한 별도의 회사설립이나 겸업을 통해 형성되고 있다.

또한 2005년 8월 현재 한국부동산컨설팅업협회가 수여한 부동산컨설턴트[39]는 총 1,485명에 이르며, 1998년 8월부터 시작한 전문가 양성교육은 현재 제8기가 진행중에 있다. 컨설턴트 자격 인증서(평가증서)는 과거부터 자생적으로 부동산컨설팅업을 영위해 왔거나 사회적으로 공인을 받고 있는 부동산 관련 업체(감정평가회사, 부동산신탁회사 등)를 대상으로 일정한 교육과 연수과정을 이수한 자를 대상으로 부여하고 있다. 이밖에도 현재 부동산 컨설팅 교육을 실시하는 기관으로는 한국감정평가협회, 한국능률협회 등 20여개가 있으며, 사업성 분석 및 개발, 경매 등 전문분야에 대한 독자적인 과정을 운영하고 있다. 한편 IMF를 계기로 1998년 이후 외국계 부동산 컨설팅 비즈니스사들이 집중적으로 국내시장에 진출한 바 이는 국내 부실채권처리시장의 성장 및 투자의 세계화 경향과 관련이 있으며 이들은 부동산 컨설팅 외 부동산 투자, 투자유치, 부동산 금융분야등 종합적인 부동산서비스를 제공하고 있다.

(3) 컨설팅의 수준

우리나라의 컨설팅 비즈니스사는 아무런 규제도 받지 않고 자유롭게 업무를 수행하고 있으며, 이에 따라 이론 및 실무 전문가가 아닌 일반인도 컨설팅 서

39) 7기부터 부동산 컨설턴트를 부동산투자자문사로 명칭변경하여 자격증 수여.

비스를 제공할 수 있다. 따라서 전문지식을 겸비하지 못한 업체들이 컨설팅비즈니스를 수행하고 있음으로 인해 서비스의 질에 문제가 발생하는 경우도 종종 발생하고 있다. 현재 다양한 업체들의 참여와 규제의 미비로 부동산 컨설팅 비즈니스는 업무영역의 전문화 미흡, 자료/정보의 부족과 기법의 낙후, 전문인력의 부족, 컨설팅 비즈니스의 활성화를 위한 법규 및 제도의 미비 등의 문제점이 지적되고 있다.

이러한 문제점은 결국 컨설팅의 신뢰도를 떨어뜨리며, 용역비용의 저하를 초래하고 있는 것이다. 결국 낮은 용역비용과 진지한 전문성이 결여된 컨설팅 보고서는 결국 시장규모자체를 축소시키는 악순환의 단초를 제공하고 있는 것이다.

4 외국계 부동산컨설팅 비즈니스사 국내진출현황

외국계 부동산 컨설팅 비즈니스사란 현재 우리나라에 진출하여 부동산 관련 컨설팅 비즈니스를 수행하는 외국계 회사를 말하는 것으로 통상 다국적 기업으로 분류된다. 1998년 5월 이후에 정부는 부동산 경기부양을 위해서 부동산 개발공급업, 부동산 운영공급업, 부동산 임대업 등을 전면 개방하였으며, 부동산유동화제도의 도입 등으로 외국계회사의 진출을 허용하였다. 이에 따라 현재 국내에는 대략 10~20여개의 부동산 관련 외국계회사가 진출한 것으로 여겨지지만 실제로 외국계회사의 부동산 관련 부서까지 포함하면 상당수의 외국계회사가 국내에 진출하여 부동산 관련 업무를 수행하고 있다고 볼 수 있다. 외국계회사는 주요 업무영역에 따라 크게 부동산 컨설팅, 부동산 투자로 구분할 수 있는데, 부동산 컨설팅에는 부동산의 중개 등 부동산의 유통서비스를 포함하고 있다.

국내에 진출해 있는 주요 외국계 부동산 비즈니스사의 현황을 살펴보면 <표 1>과 같다.

〈표 1〉 국내 진출 외국계 부동산 비즈니스사의 진출현황

회 사	국적	설립	주요 업무영역
Colliers Jardin Korea	홍콩	1995 설립	• 부동산 중개 및 개발컨설팅 • 투자유치 및 직접투자
Kearny Buck Company Korea	미국	1999. 05 설립	• 부동산 컨설팅 및 감정평가 • 부동산개발, 투자유치 및 부동산 금융
Hudson Kamco Advisors Inc	미국	1999.02 설립	• 자산관리 및 매각대행
Cushman & Wakefield. Inc.	미국	1999. 09 설립	• 부동산 중개 및 컨설팅 • 부동산 투자 및 투자유치
CB Richard Ellis Korea	미국	1999. 07 설립	• 부동산 컨설팅 및 자산평가 • 투자 및 자산관리 • 투자유치 및 REITs 상품기획
Brooke Hillier Parker Korea	홍콩	1994. 01 설립	• 부동산 개발컨설팅 및 자산평가 • 자산관리 및 투자유치
Vigers Korea	홍콩	1998. 09 설립	• 부동산중개 및 컨설팅 • 투자유치
Jones Long Lassale	영국	1999. 05	• 부동산 컨설팅 및 중개 • 투자유치 및 부동산 금융
Total Companies	미국	1999.02 설립	• 투자자문 및 자산관리 • 부동산 금융
Lone Star Korea	미국	1999.2	부동산 투자 및 금융
Rodamco	네델란드	1999.12	부동산 직접투자
Morgan Stanley	미국	1992.10	부동산 투자 및 금융
Goldman Sachs	미국	1998.11	부동산 투자 및 자산관리
Contiko	프랑스	-	부동산 투자 및 개발
Arthur Anderson Korea	미국	1986.9	• 투자자문 및 컨설팅 • 부동산 금융 및 투자유치
GIC(싱가폴 투자청)	싱가포르	-	• 부동산 직접투자

자료 : 부동산 업종별 전문인력 육성방안 연구, 구동회외, 2002, 건설교통부

5 부동산 컨설팅 비즈니스의 분야

대부분의 나라에서 부동산컨설팅 비즈니스의 업무영역을 법제적으로 보장하는 공인부동산컨설턴트 자격제도를 유지하지는 않으며, 민간부문에서 시장경쟁을 통한 서비스 제공이 이루어지는 경우가 많다. 미국의 경우에는 부동산카운셀러협회의 회원인 카운슬러가 대표적인 부동산컨설팅 서비스 제공 전문가이며 이들 소속회원들은 부동산개발회사, 회계회사, 감정평가회사, 투자은행, 보험회사, 정부기관, 중개회사, 학계 등에서 상당한 지식과 경험을 쌓은 사람들이다. 일본에는 "부동산 컨설팅기능등록제도"를 도입하였으나 이는 자격제도라기 보다는 능력검정의 역할을 수행하며 일본에서도 부동산컨설팅 담당 전문가들은 여러분야에 걸쳐 있다.

한편 우리나라의 경우에도 공인중개사, 감정평가사가 부동산컨설팅 관련업무를 수행할수 있으나 이들만이 배타적으로 부동산컨설팅 업무를 수행하도록 법제화된 것은 아니다. 즉 국가공인자격별로 고유업무에 대해 독점적 업무영역을 보장해주는 방식을 취하고 있으나 빌딩관리, 부동산 투자분석 등 새로이 등장하고 있는 서비스 영역을 포괄하지는 못하는 바 구체적으로 부동산 생애주기별(개발 및 기획, 생산, 이용 및 관리, 유통으로 구분) 부동산 컨설팅 비즈니스 관련 분야를 정리하면 아래의 <표 2>와 같다.

〈표 2〉 부동산생애주기별부동산컨설팅비즈니스분야

생애주기	부동산서비스	서비스공급자	내용
개발 및 기획	컨설팅	컨설팅 업체, 건설회사, 다국적 부동산 서비스 회사, 중개업자, 감정평가업자, 신탁업자, 부동산 투자자문회사	토지 취득 및 개발과 관련된 기획컨설팅 과정을 통하여 최적의 개발대안을 모색
	평가	감정평가법인, 다국적 부동산 서비스 회사	토지 취득과 관련한 가치측정을 목적으로 서비스 제공

생애 주기	부동산 서비스	서비스공급자	내용
	부동산 정보	인터넷 업체, 중개업자, 투자정보제공자	부동산 투자 관련 시장 정보를 제공함
	부동산 세무	세무사, 공인회계사	부동산 개발 기획시 세무/회계 관련 자문서비스 제공
	부동산 법무	변호사	부동산 개발과 관련된 법적 자문 서비스 제공
	부동산 투자	부동산 투자신탁, 부동산 투자회사, 자산관리회사(AMC)	신탁방식, 주식시장에서 자금조달, 차입 등의 방식으로 부동산에 투자
	부동산 금융수신	개발업자, 컨설팅 회사, 투자자문회사	민간자금을 모집하여 부동산 개발에 투자
생산	건축 및 토목설계	건축사, 토목기사	건축 및 토목설계
	시공	건설회사	시공
	감리	감리업자	시공의 결과를 감리
이용 및 관리	컨설팅	컨설팅 업체, 건설회사, 다국적 부동산 서비스 회사, 중개업자, 감정평가업자, 신탁업자, 부동산 투자자문회사	컨설팅 과정을 통하여 최유효이용에 관한 자문서비스
	부동산 마케팅	건설회사, 광고업자	임대와 우수 임차인 획득을 위한 마케팅 활동
	부동산 정보	인터넷 부동산정보 업체	부동산 이용과 자산관리를 위한 시장정보 제공
	자산관리	자산관리업체, 감정평가사, 회계사, 도시계획전문가, 변호사, 건축사, 법무사, 금융전문가, 보험회사	부동산 매입/관리/매각에 대한 전략적인 의사결정 투자성과관찰 및 통제 임대유지 및 개보수 등
	공동주택 관리	주택관리사, 주택관리사보	공동주택의 부대시설 및 복지시설 유지보수와 안전관리, 관리비 및 사용료 징수와 공과금의 납부대행 등
	시설관리	시설관리업자	설비관리, 위생관리, 경비 등 모든 고정자산에 대해 최적의 활용을 추구하는 경영활동 부동산 관련 하자 등에 대한 보수 등 시설의 사후관리가 요구

생애주기	부동산서비스	서비스공급자	내용
	아웃소싱	용역회사	시설관리 중 청소, 경비, 광고 등을 외부 아웃소싱업체에 위탁
	부동산 세무 및 회계	세무사, 공인회계사	부동산 보유에 따른 재산세, 소득세 등 업무
	부동산 금융	금융기관, 투자자문회사, 리츠	부동산 이용 및 관리에 소요되는 자금의 조달 및 재무에 대한 서비스
유통	부동산 중개	중개업자, 공인중개사	거래당사자의 소유권 투명성 보장, 토지. 건물 기타 토지정착물 등에 대한 거래당사자간의 매매, 교환, 임대차 기타 권리의 득실 변경에 관한 행위의 알선
	감정평가	감정평가사	거래가액의 적정성 평가
	컨설팅	컨설팅 업체, 건설회사, 다국적 부동산 서비스 회사, 중개업자, 감정평가업자, 신탁업자, 부동산 투자자문회사	매각, 매입에 관한 의사결정시 자문서비스 제공
	부동산 금융	은행, 보험회사 등	주택금융, MBS, ABS, REITs
	부동산 세무	세무사, 공인회계사	납세의무의 청산 등
	부동산 분쟁	변호사	부동산 관련 소송에 관한 행위, 행정처분의 청구에 관한 대리 수행
	부동산 등기 및 계약서 검인신청	법무사, 변호사	소유권 보존, 이전, 근저당, 전세권, 임차권 설정, 변경, 가등기 등 부동산 등기 등록신청에 필요한 서류작성

자료 : 부동산 업종별 전문인력 육성방안 연구, 구동회 외, 건설교통부, 2002.

이하에서는 부동산 컨설팅 비즈니스 업무내용에 비추어 각 분야별로 비즈니스 현황을 살펴보기로 한다.

(1) 부동산 개발 컨설팅 비즈니스

① 개요

부동산 개발이란 협의의 개념으로서 택지나 공장부지 등을 조성하고 건축활동이 이루어 지기전의 사전적 준비활동 단계이며 광의의 개념으로서 토지와 개량물의 결합을 통한 실제 운영 부동산을 생산하는 것이다.

부동산 개발은 인구규모, 소득과 기호, 경제성장률, 교통수단, 생산 및 배분기법의 변화에 따른 토지수요의 변화 그리고 부동산 개발에 대한 수요와 공급조건의 변화에 기인하여 일어난다. 이러한 부동산 개발은 최고최선의 이용이라는 경제적 원리에 따라 택지 혹은 주택을 대량으로 공급하기 위함이다.

부동산개발컨설팅 비즈니스는 부동산 개발에 있어서 개발을 대행하거나 일부 과정에서 참여하여 컨설팅을 제공하는 형태의 비즈니스 및 개발신탁에 의한 개발[40]에 있어서 컨설팅 비즈니스를 수행하는 것이라고 할 수 있다.[41] 즉 부동산개발컨설팅 비즈니스는 부동산 관련 정책과 법제, 부동산 경제 등에 대한 광범위한 이해를 바탕으로 구체적인 자료와 선진화된 기법을 통해 부동산 개발과 투자, 관리, 매각 등 일련의 부동산활동에 필요한 체계화된 자료와 전문적인 분석정보, 대안 등을 제시하는 종합화된 부동산활동을 수행하는 업이라고 할 수 있다. 구체적으로 개발기획, 개발방식의 선정, 사업계획서 작성 등과 같은 부동산개발과 관련한 컨설팅, 시장분석, 지역분석, 시장성분석, 부지분석 등 부동산 시장에 대한 분석, 재무분석, 위험분석 및 사업타당성 분석과 같은 부동산 투자분석 등의 영역을 다루며 부동산 상품개발 및 분양임대와 관련한 부동산마케팅에 이르기까지 업무영역이 포괄적이다고 할 수 있다.

② 현황

부동산 개발 컨설팅 비즈니스를 수행하는 기관으로 건설회사, 다국적 부동산

---

40) 개발신탁이란 지주가 자신소유 부동산의 개발권한을 신탁회사에 위임하고 지주는 개발이익만을 소유하는 사업방식이다.

41) 컨설팅의 개념에 비추어 부동산 개발에 있어 사업의 진행주체가 지주의 경우에 해당하는 경우로 한정할 수 있다.

서비스 회사, 중개업자, 감정평가업자, 신탁업자, 부동산 투자자문회사를 들 수 있다. 본 장에서는 부동산 신탁사에 대하여 살펴보고자 한다. 부동산 신탁은 고객의 부동산을 맡아서 고객의 뜻에 따라 부동산을 개발, 관리, 처분해주고 그 이익을 고객에게 돌려주는 제도이다. 현재 부동산 신탁사는 신탁업무로서 토지(개발)신탁, 관리신탁, 처분신탁, 담보신탁의 업무를 수행하며 부수업무로서 대리사무, 컨설팅, 중개 등의 업무를 수행한다. 이러한 부동산 신탁사의 업무중 부동산 개발업무와 관련있는 신탁의 내용이 토지(개발)신탁이다.

기존 국내 영업중인 신탁사는 한국토지신탁, KB부동산신탁, 생보부동산신탁, 한국자산신탁, 다올부동산신탁, 대한토지신탁의 6개사에서 2006년 4월에 코람코자산신탁이 영업개시함으로써 부동산신탁업의 시장확대와 경쟁심화가 확대되고 있는 실정이다.

특히 정부의 강력한 부동산 규제정책 여파로 부동산 개발시장의 위축 등으로 인하여 2007년 3월말 기준 부동산 신탁 전업사들의 신규 수주액은 453억원으로 지난해 같은 기간의 654억원에 비해 30.7%나 감소한 것으로 나타나고 있다. 2007년 3월말 현재 6개 부동산 신탁사의 현황 및 1분기 수주 현황은 아래의 <표 3>, <표 4>와 같다.

〈표 3〉 부동산신탁사 현황(2006.6.30 기준)

(단위 : 억원)

구분		한국토지신탁	KB부동산신탁	대한토지신탁	생보부동산신탁	한국자산신탁	다올부동산신탁
설립인가		96.3.5	96.7.12	97.12.1	98.11.4	01.4.4	04.2.27
자본금	수권	5,000	3,000	1,500	400	400	400
	납입	1,942	800	750	100	261	100
주요주주 현황		한국토지공사 51.5% 소액주주 48.5%	국민은행 100%	군인공제회 100%	교보생명 50%, 삼성생명 50%,	KAMCO 74.7% 동양종금 외 25.3%	우리은행15% 하나은행15% 신한은행7% 이병철33.9% 기타개인 29.1%

〈표 4〉 6개 부동산 신탁사 2007년 1분기 신규수주 현황

(단위 : 백만원)

구분	토지신탁	담보신탁	관리신탁	처분신탁	분양관리	대리사무	합계
2007년 3월말	14,575	12,557	581	3,664	6,348	7,639	45,363
2006년 3월말	19,622	17,555	1,265	3,845	5,032	18,137	65,456
증감	-5,047	-4,998	-685	-181	1,316	-10,498	-20,093
증감률	-25.7%	-28.5%	-54.1%	-4.7%	26.2%	-57.9%	-30.7%

③ 과정

<table>
<tr><td rowspan="4">기획단계</td><td>용도 분석</td><td>대상 부지가 어떤 용도로 사용이 가능한지에 대한 분석</td><td>토지이용계획 확인원</td></tr>
<tr><td>권리 분석</td><td>부동산의 소유 및 그 이외의 권리 분석</td><td>등기부등본</td></tr>
<tr><td>인허가 분석</td><td>토지개발, 건축행위, 사업승인 인허가</td><td></td></tr>
<tr><td>입지 분석</td><td>일반적 SWOT 분석기법 사용</td><td></td></tr>
<tr><td rowspan="5">계획단계</td><td>상품의 결정</td><td></td><td></td></tr>
<tr><td>규모의 확정</td><td>건축법의 건폐율과 용적률에 따라 결정</td><td></td></tr>
<tr><td>사업구도의 결정</td><td>개발방식의 결정</td><td></td></tr>
<tr><td>자금조달계획의 수립</td><td>개발관련 금융의 이해</td><td></td></tr>
<tr><td>마케팅 계획 설정</td><td></td><td></td></tr>
<tr><td rowspan="3">사업성 검토단계</td><td>시장성</td><td rowspan="2">사업성 분석</td><td rowspan="2">사업성 분석기법</td></tr>
<tr><td>수익성</td></tr>
<tr><td>입지성</td><td></td><td></td></tr>
<tr><td colspan="2">협상, 계약단계</td><td>부동산 마케팅, 부동산 광고</td><td></td></tr>
<tr><td colspan="2">공사단계</td><td>설계, 인허가, 시공, 완공의 단계</td><td></td></tr>
<tr><td colspan="2">완공 및 입주단계</td><td></td><td></td></tr>
<tr><td colspan="2">정산 및 자산관리단계</td><td>부동산 관리</td><td></td></tr>
</table>

부동산개발은 기획단계, 계획단계, 사업성 검토단계 등 실제적인 개발 이전 단계에서 협상・계약 단계, 공사・완공・입주 단계, 그리고 정산 및 자산관리 단계까지 수많은 단계를 거쳐 이루어진다.

(2) 부동산 감정평가 컨설팅 비즈니스

① 개요

우리나라의 "지가공시 및 토지 등의 평가에 관한 법률" 제2조에는 '감정평가'[42]라 함은 토지 등의 경제적 가치를 판정하여 그 결과를 가액으로 표시하는 것을 말한다고 하였으며, '감정평가 비즈니스'라 함은 타인의 의뢰에 의하여 일정한 보수를 받고 토지 등의 감정평가 등을 업으로 행하는 것을 말한다고 할 수 있다.

여기서 "감정평가 컨설팅 비즈니스"라 함은 감정평가를 활용한 컨설팅 업으로서 가치와 관련된 다양한 이론을 접목한 컨설팅 비즈니스라고 할 것이다.

감정평가 컨설팅과 관련하여 부동산 생애주기상 개발 및 기획단계의 토지 취득 및 개발과 관련된 기획, 최적의 개발대안을 모색, 토지 취득과 관련한 가치측정을 목적으로 서비스 제공의 업무를 수행하며 이용 및 관리단계의 최유효이용에 관한 자문서비스, 유통단계상 거래가액의 적정성 평가 및 매각・매입에 관한 의사결정시 자문 서비스 제공 업무를 수행한다. 현재 우리 부동산시장은 외국인의 부동산투자 증가 및 이에 따른 외국 부동산서비스 회사의 진출확대라는 시장상황에서 감정평가업계의 현황의 파악 및 감정평가 업무전반에 대한 내용의 검토를 하고자 한다.

---

42) 부동산의 감정평가는 합리적인 시장에서 형성된 시장가치를 표시하는 가격을 구하는 것인데, 대상 부동산이 존재하는 지역에서의 표준적 사용에 기반을 둔 가장 유효한 사용을 전제로 하고 있다. 여기서 가장 유효한 사용이라는 것은 지역분석, 개별분석 등에 의해서 일반적으로 타당성이 있다고 인정되는 사용방법으로 객관적으로 보아 양식을 가지고 있으며 통상의 사용능력을 가진 사람에 의해서 합리적으로 최고-최선의 방법으로 사용되는 것을 전제로 하는 가격이다.

② 현황

우리나라에서 감정평가전문인제도가 처음 등장한 때는 1972년도 국토이용관리법의 제정으로 토지평가사가 탄생했으며, 1974년에는 감정평가에 관한 법률이 시행됨에 따라 공인감정사가 배출되었다. 이로써 공기관에서 동질적인 전문인을 각각 달리 배출하는 이원화가 존재하게 되었다. 이후 1989년4월 1일에 지가공시 및 토지 등의 평가에 관한 법률이 제정되었으며 이러한 통합에 의해 탄생된 평가전문인이 감정평가사이다. 현재 감정평가사수는 약 2,500명에 달하며, 시장규모는 약 5,000억원정도로 파악되고 있다.[43)]

우리나라 감정평가업계는 한국감정원과 27개의 감정평가법인, 213개의 개인사무소로 구성되어 있으며, 한국감정원과 평가법인에 약 80%가 소속되어져 있다. 기업형태는 대부분 주식회사인 법인(26개)이고, 일부는 합명회사인 법인(1개)이다. 그리고 한국감정원을 제외한 평가법인의 평균 자격자수는 약 65명 정도로서 감정평가업계의 구조는 아래의 <표 5>와 같다.

〈표 5〉 감정평가업계 구조

형태	업체수	소속 평가사수	비고
50명 미만 법인	5	104명	주식회사
50명 이상 법인	22	1,647명	주식회사
한국감정원	1	219명	주식회사
개인평가사 사무소	213	226명	

자료 : 이창석, 부동산창업실무, 형설출판사 재인용, 2006.

감정평가 시장은 2005년 표준주택가격조사평가업무의 신설, 지가변동률 조사, 평가업무의 분기별 조사에서 월별조사로의 전환, 2007년부터 정부가 표준상가가격 공시제도의 도입 결정등 공적평가의 비중확대와 함께 시장은 지속적으로 증가하고 있는 실정으로서 2002년부터 2004년까지의 감정평가시장 구조는 아래의 <표 6>과 같다.

이러한 시장의 환경속에서 감정평가업계는 향후 다음과 같은 환경의 변화에 직면할 것으로 판단하고 있다.[44)]

43) 감정평가, 2007, pp 6-8.

〈표 6〉 감정평가 시장구조

(단위 : 백만원)

구분	2002(비율)		2003(비율)		2004(비율)	
공시지가	51,419	(18.2)	55,966	(16.7)	56,642	(14.9)
보상	37,002	(13.1)	45,706	(13.6)	57,534	(15.1)
국·공유지	9,538	(3.4)	10,064	(3.0)	18,352	(4.8)
담보	118,492	(42.0)	130,851	(38.9)	136,013	(35.7)
경매쟁송	28,414	(10.0)	39,769	(11.8)	46,675	(12.2)
개발 부담금 등	1,685	(0.6)	1,692	(0.5)	4,942	(1.3)
투자분석 등	32	(0.0)	108	(0.0)	162	(0.0)
일반거래 기타	35,517	(12.6)	51,896	(15.4)	60,834	(16.0)
계	282,099	(100.0)	336,052	(100.0)	381,154	(100.0)

자료 : 이창석, 부동산창업실무, 2006, 형설출판사 재인용

가. 감정평가업무영역의 확대

사회 여러분야가 다양화됨에 따라 평가객체도 다양화 되고 있다. 전통적인 부동산평가업무 외에 컨설팅이나 부동산정보제공에 대한 서비스 업무가 증가하고, "특허권", "기업가치", "지적재산권"의 평가 등 새로운 평가 영역이 개척될 것이다. 또한, 부동산 시장과 자본시장의 융합도 새로운 평가수요를 창출할 것이다.

나. 경쟁의 치열

한정된 시장에서 자격자 수의 증가에 따른 동업자간의 경쟁이 심화될 것이다.

다. 감정평가기법의 다양화

외환위기 이후 관행적으로 의존해오던 비교방식에 대한 전반적인 재검토가 요구되면서 수익방식의 평가기법이 중시되고 있다. 비교방식의 적용에 있어서도 정확한 분석력을 요구하는 "회귀분석법"등 객관적인 방식을 필요로 하고 있으며, 수익방식의 적용에 있어서도 직접환원법외에 할인현금수지분석법(DCF 방식)등 다양한 평가기법의 적용이 요구되고 있는 실정이다.

44) 감정평가, 2007, pp 6-8.

라. 감정평가업자 조직이 소규모에서 대형화, 조직화 되고 있다.

1989년 토지평가사와 공인감정사가 통합 초기에는 합동 및 개인사무소 형태로 운영되었으나, 1991년부터는 법인 형태로 변화하기 시작하였다. 2~3년전 까지 평가사수 100명 이상인 감정평가법인이 3개정도 였으나, 최근에는 14개로 증가하였으며 이러한 양적인 증가외에도 법인의 내부운영시스템을 정비하는 등의 질적인 변화가 이루어지고 있다.

마. 부동산 공시가격의 사회적 역할이 증대됨에 따라 직업윤리가 더욱 강조되고 있다.

토지에 이어 주택부문 공시제도까지 도입되면서 부동산가격 공시제도에 대한 국민의 관심이 더욱 증대되고, 국가 부동산정책의 사회적 파급효과가 커짐에 따라 감정평가업자에 대한 직업윤리도 더욱 강하게 요구되고 있다. 이는 사회가 많은 정보를 공유하고 사회가 투명해지면서 나타나는 일반적인 추세로 볼 수 있다. 특히 감정평가사에 대하여는 그 업무의 공공성, 사회성이 강하다는 이유로 고도의 직업윤리가 강조되고 있다.

바. 부동산시장의 개방으로 국제화가 가속화 되고 있다.

외환위기 이후 부동산시장 및 자본시장의 개방으로 외국계 투자기관의 진출이 자유롭게 되었다. 더욱이 세계경제 시장의 통합은 이를 가속화 시키고 있다. 최근에는 모건스탠리, 골드만삭스, 론스타 등의 단기성 투자자금이 이탈하고 맥쿼리 슈로더, 도이치 뱅크, 싱가폴 투자청 등 장기성 투자자금이 지속적으로 유입되고 있다. 또한 한국인의 해외 부동산 취득도 증가추세에 있으며, 한국의 주택사업자들이 러시아, 중국, 인도, 베트남, 몽골, 카자흐스탄, 우즈베키스탄 등 아시아 지역의 주택사업에 진출하고 있다.

이상과 같은 감정평가비즈니스의 상황에서 경쟁력을 갖추기 위하여서는 부동산 개발 프로젝트의 타당성 검토, 부동산 관리, 부동산 개발계획 수립, 부동산 시장분석 등 기존의 평가업무외 부동산 컨설팅 부문에서의 능력을 개발할 필요성이 더욱 더 요구되고 있다.

③ **내용**

〈표 7〉 부동산 감정평가비즈니스의 업무범위

구분	내용
공시지가	표준지 공시지가의 조사, 평가
표준주택	표준주택가격의 조사, 평가
보상	공공용지의 매수, 수용 등 각종 공공사업과 관련된 보상감정평가
조세	국세, 지방세 등의 부과기준 가격산정을 위한 감정평가
	개발부담금 부과기준 가격산정을 위한 감정평가
조성용지 분양	'국토의 계획 및 이용에 관한 법률'등 관계법령에 의하여 조성된 주거용지, 공업용지, 관광용지 등의 가격산정을 위한 감정평가
	토지구획정리, 경지정리지구 등의 환지청산 또는 체비지 매각을 위한 토지의 감정평가
관리처분	재개발을 위한 관리처분계획수립에 필요한 가격 미 분양가격 산정을 위한 감정평가
자산관리	금융기관, 정부투자 또는 출자기관 기타 공공단체의 자산매입, 매각, 담보, 관리를 위한 감정평가
	사립학교법, 사회복지사업법 등의 법률에 의한 자산매입, 매각 등을 위한 감정평가
경매 및 소송	법원에 계류중인 경매, 민·형사 및 행정소송 등을 위한 재산의 감정평가
담보	금융기관, 보험회사, 신탁회사, 농·수협, 시설대여회사, 창업투자회사 등의 담보물 감정평가
	기업체의 대리점 개설 및 관리를 위한 담보물의 감정평가
일반거래	법인설립, 합병에 따른 자산감정평가
	각종 인,허가, 이민수속등을 위한 재산감정평가
	기타 일반거래 및 재산관리를 위한 부동산 및 공장 등의 감정평가
부동산컨설팅	재개발, 재건축등 공공사업의 채산성 분석과 권리변환 및 권리조정에 관한 조사
	부동산의 최유효이용방안에 관한 조사
	부동산 의사결정에 관한 조사
	부동산 입지선정에 관한 조사
	부동산 투자분석, 개발사업 등의 타당성에 관한 조사
	지가수준에 관한 조사
	자산의 운용, 관리에 관한 조사
	부동산의 가격 또는 임료산정에 관한 조사

현재 "부동산가격공시 및 감정평가에 관한 법률" 제29조에서 규정하고 있는 부동산감정평가 비즈니스의 업무범위는 다음의 <표 7>과 같다.

이상과 같은 감정평가 컨설팅 비즈니스 업무수행에 있어서 <표 6>에서 살펴본바 주 수입원의 구조가 평가업무에 의한 수입구조를 나타내는바 추후에는 부동산컨설팅 부문으로의 사업구조의 다변화가 필요하다.

(3) 부동산 권리분석 컨설팅 비즈니스

① 개요

부동산 권리분석이란 "보존등기를 기초로 하여 연속되어 있는 부동산에 관련된 다양한 권리의 실체적 진실을 파악하고 부동산거래활동의 안정성을 보장하기 위하여 목적부동산의 이해관계의 진위 및 하자유무를 확인·조사·판단하는 것"이라고 할 수 있으며 부동산 권리분석 비즈니스란 "대상 부동산에 관련된 각종 이해관계의 진위 또는 하자유무를 확인·조사·판단하여 의뢰인에게 제출하는 업"으로 정의할 수 있다. 즉 부동산 거래에 있어 복잡한 권리 관계에 대해 해당 부동산에 대해 다양한 권리관계를 조사해 줌으로서 거래사고를 예방해 주는 부동산 거래의 보조업무라고 할 수 있다. 부동산 권리분석활동의 특성에 따른 부동산 권리분석 비즈니스의 성격을 살펴보면 첫째, 대상부동산에 관련된 각종 이해 관계에 관련된 정보를 조사,분석하여 의뢰인에게 제공함으로써 부동산에 관련된 정보를 제공하는 "부동산 정보 제공업"으로의 성격 둘째, 의뢰인의 요구에 따라 각종 부동산에 관련된 이해관계를 조사, 분석, 평가하는 "부동산 이해관계에 관련된 평가업"으로의 성격 셋째, "부동산에 대한 컨설팅업"으로의 성격 넷째, "부동산에 대한 서비스업"으로의 성격 다섯째, "부동산에 대한 대행업"으로의 성격을 가지고 있다고 할 것이다.

그러나 부동산 시장에 있어서 부동산권리분석활동은 매우 활발하게 진행되고 있지만 현재 우리나라에는 부동산 권리분석만을 전문적으로 실시하는 독립적인 업체가 존재하지 않고 있는 실정이다. 부동산 권리분석 비즈니스는 변호사, 법무사, 감정평가사, 공인중개사의 업무와 혼동이 되는 경우도 있지만 그 영역이 확실히 구분된다고 할 수 있으며 따라서 그 자체로 독립적인 비즈니스

영역이라고 할 수 있다. 현재 에스크로우 제도와 권원보험의 실시로 부동산 사기 방지대책의 첫발을 내딛었다고 할수 있으며 이의 자격제도를 국가공인화 시키기 위해 지속적인 노력이 이루어지고 있는 실정이다.

② 현황

현재 우리나라에는 부동산 권리분석만을 전문적으로 실시하는 독립적인 업체가 존재하지 않고 있는 실정이다. 현재 부동산 권리분석과 관련되는 자격제도는 국가공인자격제도는 없으며 한국부동산협회 또는 한국지식재단이 운영하는 "부동산 권리분석사"라는 민간자격증이 있으나 이 자격증을 취득하였다고 하여 독립적으로 부동산 권리분석업을 이행하기에는 어려움이 있으며 별도의 사업자 등록증을 받을 수가 없다.

이처럼 부동산시장에서 부동산권리분석활동이 활발하게 진행되고 있으면서도 부동산 권리분석분야가 전문업으로 정착하지 못한데는 부동산 시장의 관행, 부동산 관련 전문가들의 배타적인 자세에 기인한다고 할 것이다. 본 내용에서는 부동산 권리분석 관련 컨설팅 업무를 수행하고 있는 전문자격사들에 대한 실태를 살펴보고자 한다.

가. 공인중개사

공인중개사 제도가 도입되면서 중개법인은 경매 또는 공매대상 부동산에 대한 권리분석 및 취득의 알선을 할 수 있으며, 중개업자는 중개의뢰를 받은 부동산에 한해 중개대상물의 상태 · 입지 · 권리관계 등을 확인하여 중개의뢰인에게 서면으로 제시하고 성실, 정확하게 설명하도록 되어 있다. 즉 중개의뢰 대상부동산에 한정하여 권리분석을 할 수 있다.

나. 금융업 종사자

금융업계에서 담보대출을 전문적으로 담당하는 직원은 금융관련 업무(권리적 현황과 가치적 현황)를 목적으로 제한된 권리분석을 실시하고 있다.

다. 변호사 및 법무사

변호사는 부동산에 관련된 소송 및 행정처분의 청구에 관한 대리행위를 직무로 하기에 부동산 권리분석에 대한 전문가는 아니며, 부동산권리분석과 관련하여 볼 때 대상 부동산에 대한 권리적 현황 분석만을 수행하고 있다.

라. 감정평가사

감정평가사는 지가공시 및 토지 등의 평가에 관한 법률에 의해 토지 등의 경제적 가치를 판정하여 그 결과를 가액으로 표시하는 것을 직무로 하고 있으며 평가활동 수행에 있어 가치적 현황에 대한 분석만을 수행하고 있다.

마. 지적전문가

지적기사는 지적법을 근거로 1필지에 대한 물리적 현황을 결정하는 전문가로서 물리적 현황에 대한 단편적인 부동산권리분석만을 수행하고 있다.

바. 권리분석사

현재 우리나라는 민간자격으로서 한국자격고시평가원과 (재)한국산업교육원에 의해 이원적으로 부동산권리분석사를 배출하고 있는 상황이다. 한국자격고시평가원은 우리나라 최초로 2001년 11월 25일 부동산권리분석사 시험을 주관하여 1,029명의 부동산권리분석사를 배출하였으며, 이들 회원을 토대로 2002년 1월 6일 대한부동산권리분석사협회가 창립되었다. 또한 한국산업교육원은 2002년 3월 24일 제1회 시험을 주관하여 517명의 부동산 권리분석사를 배출하였으며, 이를 토대로 2002년 7월 13일 한국부동산권리분석협회를 창립하였다.

사. 부동산권원보험회사45)

부동산 권원보험회사는 부동산 등기부 등 공부를 면밀하게 분석해도 발견되지 않은 하자로 인한 손실을 일정한 약정에 의하여 대상권리의 안전성을 보증하는 것을 전문으로 하는 회사이다. 현재 미국의 권원보험회사인 First American Title Insurance Company 한국지점이 1999년 설립되어 2001년6월

45) 부동산권원분석제도의 현황 및 개선방향에 관한연구, 염시은(경기대 석사논문)2005.

부동산 권원보험에 대한 사업허가를 받아서 영업중에 있으며 국내 보험사로서는 화재보험회사의 겸업형태로 2001년 10월 삼성화재, LG화재, 동부화재가 권원보험업의 허가를 얻었으며 2002년 3월에는 동양화재가 2004년 5월에는 현대해상이 권원보험업의 사업허가를 받아서 영업중에 있다. 국내에서 처음으로 권원보험에 가입한 사례는 2001년 11월초 외국계 금융회사인 리만브라더스가 종로구에 위치한 600억원 규모의 한효빌딩을 매수하는 과정에서 퍼스트아메리칸 권원보험주식회사 한국지점의 소유권용 권원보험에 가입한 것이 최초의 사례이다. 그후 퍼스트아메리칸권원보험주식회사는 2002년 4월 HSBC 서울지점과 주택담보대출을 위한 첫 보험계약인 저당권용 권원보험계약을 맺었다.

국내 보험회사들도 상품을 개발하여 꾸준히 판매중에 있으나 2003년 기준 5개보험회사(삼성, 엘지, 동부, 동양, 현대해상)의 실적을 살펴보면 부동산권원보험 수요가 없어 연간계약 20건 정도에 원수보험료 42억원 정도로 아직은 미미한 실적이다.

③ 부동산 권리분석 컨설팅 비즈니스 활성화 방안

현재 부동산시장에서 부동산권리분석활동이 활발하게 진행되고 있으면서도 부동산 권리분석분야가 전문업으로 정착하지 못한데는 부동산 시장의 관행, 부동산 관련 전문가들의 배타적인 자세에 기인한다고 할 것이다. 부동산거래가 활발해 짐으로 인한 부동산거래사고의 예방을 위하여서는 부동산 권리분석 컨설팅 비즈니스가 하나의 독자적인 비즈니스 영역으로의 구축됨이 필요할 것이며 이를 위한 발전방안은 다음과 같다.

가. 부동산 권리분석 컨설팅사의 전문성 향상

현재 우리나라에서 행해지고 있는 권리분석은 거래당사자에 의한 권리분석과 부동산 서비스업과 관련된 감정평가사, 공인중개사, 변호사 등에 의해 부수적 활동으로 이루어지고 있다. 이로 인하여 권리분석의 전문성이 확보되지 못하고 있는 실정이다. 결국 현재 이루어지고 있는 부동산서비스업관련 부수적 권리분석활동과 비교하여 보다 더 정밀하고 정확한 권리분석활동이 이루어져야 하나의 독자적인 컨설팅 영역으로 확보될 수 있을 것이다.

나. 부동산권리분석 관련이론과 기법의 개발

부동산은 학문적으로도 경제학, 경영학, 법학, 사회학, 도시학, 부동산학 등 다양한 학문적 영역과 관련되고 있으며, 부동산권리분석은 부동산에 관한 권리의 이해관계, 공・사법상의 규제, 부동산 투자 및 재테크, 부동산 입지 등 다양한 영역에서의 전문적인 지식과 풍부한 경험을 요구하고 있다. 이러한 전문성 향상을 위하여서는 부동산 권리분석사 협회-학회-산업체-대학간의 협력적 네트워크 구축을 통해 전무성, 실무지식과 경험을 높일 수 있는 교육 및 관리기법의 개발이 요구된다.

다. 부동산궈리분석업법의 제정

부동산권리분석업법의 제정목적은 부동산에 관한 권리관계나 정당한 가격형성의 저해요인을 조사・분석하여 재산권의 보호 및 부동산거래질서 확립을 기여하는데 있다고 할 수 있다. 이러한 권리분석업법의 제정은 부동산 권리분석활동을 건전하게 지도・육성하고 부동산 권리분석업무를 적절히 규율함으로써 부동산권리분석활동의 공신력을 높일수 있는 부동산권리분석업법을 제정할 수 있도록 노력하여야 한다.

라. 부동산권리분석사의 자격 공인화

현재 민간자격증 제도로 이루어지고 있는 부동산권리분석사 제도의 공인화를 통한 전문화를 통하여 부동산 권리분석 컨설팅 비즈니스가 독자적인 비즈니스 영역으로 구축될 수 있을 것이다.

(4) 부동산 경・공매 컨설팅 비즈니스

① 개요

일반적으로 "경매"라 함은 민사집행법에 의하여 실행되는 강제경매, 담보권 실행을 위한 경매 등 부동산의 법원경매를 말할 수 있다. 또한 "공매"[46]라 함

46) 한국자산관리공사에서 사용하는 공매의 개념에는 국세징수법에 의한 압류재산 중 부동산의 매각외 비업무용 재산에 대한 위탁매각을 포함하는 개념이다.

은 국세징수법에 의한 압류재산 중 부동산의 매각을 말할 수 있다.

부동산 경 · 공매 컨설팅 비즈니스란 "부동산 경 · 공매 활동을 원활하게 수행할 수 있도록 의뢰인을 돕는 업"이라고 할 수 있으며 현재 우리나라의 경우 국가의 공인된 자격제도로서 부동산 경.공매 컨설팅을 다루는 장치는 없다. 다만 한국지식재단에서 운용하고 있는 부동산 경 · 공매사 자격증에 의하여 그 업무를 다루고 있는 실정이다. 부동산 경 · 공매 컨설팅 비즈니스 수행을 위한 업무 내용을 살펴보면 경 · 공매 목적물에 대한 투자정보를 수집 및 분석, 물건분석 및 권리분석, 투자 목적물에 대한 시장조사 · 분석, 경 · 공매 포트폴리오 분석, 최유효이용분석, 투자실행 가능성 조사, 비용 · 수익 분석, 투자 개발 등, 경 · 공매의 입찰업무 등이다. 현재 경 · 공매 컨설팅 비즈니스 활동 중 국가 자격제도에 의한 부분은 법원 경 · 공매서류작성 및 제출업무 등과 같은 입찰대리업무에 관해서는 변호사, 법무사, 공인중개사가 수행 하도록 되어져 있으며, 타 부문에 있어서는 국가 자격제도로 규정하고 있는 바는 없는 실정이다.

〈서울서부지방법원 입찰법정 입구〉

향후 현행법률 환경이 허락하는 범위와 법무업계와의 마찰이나 충돌이 아닌 상호보완관계에서 공 · 경매의 전문 서비스 강화를 통하여 공.경매사 자격시험 제도를 연구하여 민간자격이 아닌 국가자격시험화 하는 방안에 대한 검토가 필요하다.

② 시장현황

최근 법원의 부동산 경매와 한국자산관리공사의 공매 등 이른바 공·경매는 일반인, 기업할 것 없이 매우 높은 관심의 대상이 되고 있다. 이는 부동산이 다른 재화와 달리 상품가격이 높고 특히 공·경매 물건은 일반적으로 차액이 큰 투자 대상이 되기 때문으로 분석된다. 일반적으로 경매시장은 실물경기와 비교해 볼때 통상 6개월정도 후행하는 것으로 일컬어지고 있다. 또한 정부의 부동산 정책에 따라 선호 부동산의 종류, 낙찰률, 낙찰가율, 응찰자수가 틀려진다고 할 수 있다.

2003년 이후 경매 시장은 경매 물량이나 금액적으로 상당히 큰 시장이 되고 있다. <표 8>은 2003년 이후 경매시장의 규모를 나타내는바 낙찰가가 지속적으로 증대되고 있음을 알 수 있다.

〈표 8〉 부동산 경매시장 규모

년도	접수건수	최초감정가	실행건수	낙찰가
2003		51조 1015억원		8조 9천761억여원
2004	454,517	69조 2197억원	125,235	10조 6천367억원
2005	486,370	85조 6421억여원		13조 8847억여원
2006	428,667	81조 1706억여원		14조 1591억원

자료 : 디지털 태인

현재의 부동산 경·공매 컨설팅 비즈니스는 주로 인터넷상의 경매정보 사이트를 통하여 활발하게 이루어지고 있다. 이들 경매정보 회사들은 유료로 운용되고 있으며 대표적인 회사로는 디지털 태인, 경공매가이드, 경매뱅크, 인포케어, 지지옥션 등이 있으며 대법원에서도 인터넷을 통한 각 종 경매정보를 제공하고 있다.

이러한 인터넷 경매정보 사이트의 핵심 경쟁력은 각종 물건에 대한 정확성에 있다. 또한 이들 사이트에는 부동산 경매와 관련하여 많은 자료가 저장되어 있다.

지난 시간의 경매물건 검색을 통한 그 당시와 현재의 가격을 비교하고 낙찰가율의 추이를 파악할 수 있으며, 소재지별 · 물건용도별 · 사건번호 · 종합검색 등 여러 가지를 활용하면 쉽게 정보를 얻을 수 있으며 통계의 활용으로서 지역별 용도별로 평균낙찰가를 알 수 있으므로 낙찰예상가를 결정할 수 있도록 정보를 제공하고 있다. 이처럼 경매정보 사이트를 통한 지도, 인접물건낙찰사례, 등기부등본, 감정평가서 토지이용계획확인원, 지적도, 권리분석 임차인조사 등을 이용하면 현장답사하지 않고도 물건의 전반적인 내용을 파악할 수 있다. 또한 대법원의 자료는 경매정보의 가장 기본이 되는 것으로 이도 인터넷을 통하여 확인할 수 있다.

③ 공 · 경매 입찰대리업무

현행 법률에서는 변호사, 법무사, 교육과정을 이수한 공인중개사에 대하여서만 타인을 대리하여 경 · 공매 입찰대리 업무에 따른 보수나 수수료 청구를 할 수 있도록 하고 있다. 따라서 부동산 경 · 공매 컨설팅 비즈니스 업무수행에 있어서 경 · 공매 목적물에 대한 투자정보를 수집 및 분석, 물건분석 및 권리분석, 투자 목적물에 대한 시장조사 · 분석, 경 · 공매 포트폴리오 분석, 최유효이용분석, 투자실행 가능성 조사, 비용 · 수익 분석, 투자 개발 등은 전문적인 부동산 경 · 공매 컨설팅 회사가 수행 하고 입찰대리행위 등은 현 제도에 따라 변호사, 법무사, 공인중개사들이 수행하도록 하는 협업활동이 필요하다.

(5) 부동산 관리(시설관리, 빌딩관리) 컨설팅 비즈니스

① 개요

부동산 관리 비즈니스는 가장 기본적이며 기술적인 시설관리(Facility Management), 경영의 개념이 도입된 빌딩관리(Building Management), 그리고 부동산을 하나의 자산으로 구분하여 포트폴리오로서의 접근을 추구하는 자산관리(Asset Management) 3분야로 구분될 수 있다. 본 장에서는 시설관리 및 빌딩관리에 대하여 살펴보기로 하며 자산관리는 별도의 장에서 살펴보기로 한다.

먼저 시설관리(Facility Management)는 부동산 관리의 분류시 부동산관리에

서 가장 기본적인 분야로서, 부동산의 기술적인 문제를 해결하여 운영효율을 향상시킴으로써 운영비용의 절감과 생산성을 향상 시킬 수 있도록 서비스를 제공하는 것이다. 주요 업무로는 시설운영 및 관리, 청소 및 위생관리, 경비·주차 관리, 입주사 관리, 총괄 운영 및 관리, 에너지 관리 등으로 구분된다. 이러한 시설관리를 통하여 효율적인 빌딩 운영 기반 마련, 관리비 최소화, 입주자 만족도 증대, 다양한 형태의 효율화 기법으로 운영 비용 절감, 입주자 서비스 증대, 임대 경쟁력 향상을 통한 자산가치의 증대를 추구한다.

다음으로 빌딩관리(Building Management)는 경영의 개념이 도입된 관리분야로서 주목적은 관리대상의 수익을 극대화하는데 있다. 즉 부동산 자산을 증식시키고 효율화를 통해 재산의 가치를 상승시키는 것이다. 수수료를 받고 부동산소유주를 대신해 수익성 부동산의 운영을 감독, 관리하는 업무이며, 이 업무를 수행하는 회사를 재산관리회사라 한다. 재산관리회사는 일상적인 관리와 운영의 책임을 가지고 개별자산이나 특정 지역의 자산을 직접 관리한다. 업무내용으로는 연간 예산 수립 및 실행, 주기적 현금흐름 예측, 빌딩별 관리실적 보고서 작성, 기본 재무제표 작성 및 관리, 운영수익과 빌딩 가치 극대화를 위한 아이디어 제안 등의 회계관리 및 기술관리로는 빌딩 유지 보수관리, 예방적 안전관리, 설비 및 시설관리, 운영비용 관리, 에너지 관리, 용역사 관리, 자재 및 비품정리, 공사관리 등을 포함한다. 프로젝트 매니저로서 리모델링과 인테리어 감독 등의 업무 또한 관리자의 의무이다.

② 현황

현재 국내 부동산관리시장에서는 외국계 회사의 시장점유율이 앞서고 있다. 그러나 국내 빌딩관리(Building Management)시장이 커지면서 재벌계열 자회사가 독립해 활동 영역을 넓히고 있으며 투자대상도 빌딩에서 상가, 물류창고 등 다양해지고 있다.

최근 부동산 빌딩관리 비즈니스 시장이 확대되는 이유에는 첫째, 부동산펀드 등 부동산에 투자하는 자금의 증대 둘째, 기업이나 금융기관이 구조조정 차원에서 불필요한 부동산을 매각하는 추세 셋째, 기업이나 금융기관이 자체 소유 건물의 운영을 부동산관리업체에 위탁사례의 증대 등 부동산관리회사의 필요성은

더욱 더 커지고 있다. 현재 국내 부동산관리시장에서는 외국계 회사의 시장점유율이 앞서는 바, 국내기업으로는 서울 태평로의 서울파이낸스센터를 운영하는 KAA가 앞서있다. KAA는 부동산컨설팅회사인 BHP코리아의 자회사로서 최초 외국회사와 협력체제로 출발했으나 현재는 외국회사와 관계가 끊어진 상태이다. 본 회사는 싱가포르투자청이 인수해 유명해진 서울파이낸스센터 외에도 스타타워, 코오롱빌딩 등을 관리하고 있다. 삼성생명 계열회사였던 샘스와 전문시행사 신영의 계열사인 신영에셋도 대표적 기업이라고 할 수 있다. 샘스는 삼성생명 소유 빌딩, 극동빌딩 등 총 32만여평을 관리하고 있으며 신영에셋은 분당 서현신영빌딩 등 20여개의 빌딩을 관리하고 있다. 두 회사는 모기업과 관련 있는 빌딩을 주요 고객으로 삼았으나 시장 전망이 밝아지면서 점차 모기업과 관련 없는 부동산으로 활동 영역을 넓히고 있다. 이러한 시장확대 추세에 맞춰 M&K 등 새로운 회사도 생겨나고 있다. 이밖에 부동산관리회사의 하청을 받아 대형 빌딩의 청소나 전기설비 등 시설관리(FM)를 주업무로 하는 FM업체도 단순한 시설관리 서비스만으로는 보다 전문화되어 가는 부동산 자산관리시장에서 살아남기 힘들다는 판단 아래 빌딩관리쪽으로 업무를 확대하고 있다.

현재 외국계 부동산관리회사로는 CBRE(CB Richard Ellis)가 제일은행 본점과 전국지점, 푸르덴셜타워, KTB네트워크빌딩, 대우증권빌딩 등을 관리하고 있으며 JLL, C&W 등도 서울 도심의 주요빌딩들을 관리하고 있다.

③ 빌딩관리 시장의 핵심역량

오피스빌딩 관리업무를 수행하는 회사가 관리업무를 성공적으로 수행하기 위해서 필수적으로 구축해야 할 핵심역량으로 첫째, 빌딩의 임대료와 공실 같은 시세정보 등 빌딩 소유주들이 보유한 빌딩의 전반적 내용 파악을 위한 오피스빌딩 시장의 동향 파악체계 확립 둘째, 빌딩 시설관리 및 빌딩 임대차관리에 있어서의 빌딩 투자성과 측정시스템 구비 셋째, 오피스 시장에서의 빌딩의 위상 파악과 빌딩별 성과측정이 이루어지도록 할 수 있는 빌딩 투자의사결정 시스템 구축 넷째, 빌딩 리스크관리 시스템 등을 들 수가 있다.

이상의 시스템은 빌딩별로 구축되어야 하고 이를 토대로 통합 관리 시스템으로 확대되어야 한다. 이러한 역량이 구비되어져야만 다량의 빌딩을 보유하고

있는 기관투자자들이 전체 포트폴리오의 성과와 현금흐름을 통합 관리할 수 있고 성과가 미진한 빌딩은 그 요인을 분석하고 반대로 우수한 성과를 보이는 빌딩을 벤치마킹하여 빌딩가치를 증진시키거나 아니면 처분할수 있는 의사결정을 내릴 수 있는 것이다.

(6) 부동산 관리(자산관리) 컨설팅 비즈니스

① 개요

외환위기 이후 급격한 부동산 시장환경의 변화로 인하여 일반적인 부동산관리(시설관리, 빌딩관리)기능보다 상위의 관리개념으로서 전문적이고 기술적인 자산관리의 필요성이 대두되었다. 자산관리라 함은 "부동산의 최유효이용을 달성함으로써 투자가에게 세후 수익을 최대로 제공하기 위하여 부동산의 여러가지 재정적 대안들을 조작하는 것"이라고 Gary Langendoen은 개념지었다.

이러한 자산관리분야의 도입배경에는 첫째, 부동산증권화 제도의 도입으로 소규모투자자들의 자본이 부동산 투자 및 개발에 유입되었으며 둘째, 부동산시장 개방화로 인한 외국투자가의 부동산투자 확대 셋째, 소유구조의 복잡화로 인한 부동산자산의 운용, 관리에 대하여 포트폴리오적인 관점에서 보다 전문적이고 기술적인 기법으로서 자산관리에 대한 관심의 증대로 인하여 일반적인 부동산 관리기능보다 상위의 관리개념으로서 전문적이고 기술적인 자산관리의 필요성이 되두되었다.

의뢰인의 자산을 관리하여 최대한의 운영이익을 추구하며 향후 매각시에는 자산의 가치를 극대화하고자 하는 자산관리가 추구하는 목적의 달성을 위하여는 전문적인 기술과 지식이 요구된다. 자산관리에 요구되는 그러한 기술은 부동산관리, 법적 문제의 해결, 시장분석, 엔지니어링, 보험 및 위험관리, 재무분석, 세무, 회계, 중개, 감정평가, 환경분석 등으로 매우 광범위하다고 할 수 있다. 또한 자산관리 컨설팅 비즈니스를 수행하기 위하여서는 효율적인 관리시스템을 조직화하여야 하는바 효율적인 자산관리 시스템을 위한 자산관리조직은 [그림 2]와 같다.

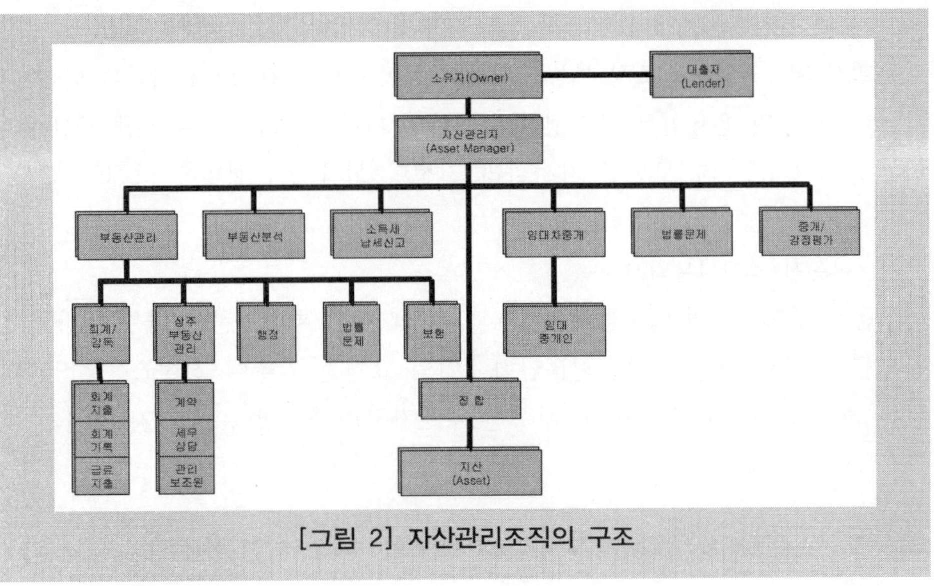

[그림 2] 자산관리조직의 구조

[그림 2]에서 보는 바와 같이 부동산관리, 부동산분석, 세무, 임대차중개, 법적 문제의 해결과 중개 및 감정평가 등을 위임하고 통제, 기획, 조정하는 것이다.

이러한 부동산자산관리는 그 기능에 있어서 취득단계, 보유단계, 매각단계로 구분할 수 있다. 취득단계에서는 부동산을 매입하기 전에 지역 및 근린분석, 부동산분석, 시장분석 등으로부터 산출한 정보에 의하여 자산관리계획과 현금흐름 관리전략을 수립하며, 나아가 투자이행계획서의 검토, 장래 재임대 및 재건축의 가능성 평가 등의 업무를 수행하여야 한다. 보유단계에서 자산관리 컨설팅 회사는 부동산공간의 임대를 위한 임대활동, 부동산관리자의 선정 및 감독과 물리적 유지관리 및 자본적 개량과 같은 부동산 관리, 그리고 투자성과에 대한 감시 및 통제, 소유자에 대한 정보전달, 납세신고 및 외부전문가의 고용 및 교체 등의 역할을 하여야 한다. 매각단계에서는 시장분석 등을 통하여 당해 부동산의 시장성을 분석해야 하며, 매각의 적절한 시기를 결정하고, 대체 취득하는 경우 대체취득 부동산에 대한 경제적 타당성 등을 검토하여야 한다.

② 현황

부동산 자산관리회사는 일반 부동산 투자회사의 위탁을 받아 부동산 투자회

사 자산의 투자, 운용에 관한 자문 및 평가 등의 업무를 수행하는 부동산 투자자문회사 및 기업구조조정 부동산투자회사(이하 CR-REIT)의 위탁을 받아 그 자산의 투자 및 운용업무를 수행하는 회사인 자산관리회사가 부동산 자산관리 업무를 수행하는 바 부동산 자산관리 컨설팅 회사로서 현황은 아래와 같다.

가. 부동산 투자자문회사

부동산 투자회사의 업무를 위탁받아 자산에 대한 투자자문을 하는 회사로서, 자본금 10억원 이상과 자산전문인력 3인의 요건을 갖추어 건설교통부장관의 등록 허가를 받아서 설립한다. 부동산 투자자문회사의 업무는 단지 자산의 투

〈표 9〉 부동산 투자자문회사 현황(2007. 5.31 현재)

일련번호	회사명	등록일	대표자	자산운용전문인력수
1	(주) 한국감정원	'01. 9.11	장동규	11명
2	(주) 하나글로벌 감정평가법인	'01. 9.11	김태환외1인	4명
3	(주) SAMS	'01. 9.11	김무현	7명
4	(주) 디지털 태인	'01.10. 5	이동중	3명
5	알투코리아부동산투자자문(주)	'01.10.25	이현	3명
6	(주) 나라감정평가법인	'01.12.12	정균	5명
7	(주) 프라임감정평가법인	'02.01.25	신종웅	3명
8	코리아에셋인베스트먼트(주)	'02.02.14	유재은	3명
9	휘닉스개발투자(주)	'02. 2.23	박문수외 1인	3명
10	(주) 신영에셋	'02. 5. 4	정춘보	6명
11	포유부동산투자자문(주)	'02. 5.13	강길상	3명
12	(주)가온감정평가법인	'02. 7.26	노태중	4명
13	저스트알(주)	'04. 4.30	홍성진	4명
14	유니에셋(주)	'04.11.25	이만호	3명
15	(주)램코부동산투자자문	'06. 5.29	황영채	5명
16	삼성에버랜드(주)	'06. 9. 4	박노빈	3명

자료 : 건설교통부

자, 운용에 관한 자문 및 평가등의 컨설팅 업무만 수행할 수 있으며 부동산투자회사의 자산에 대한 투자, 운용에 대한 업무를 위탁 수행할 수 없다. 현행 부동산투자회사법에서는 부동산투자회사의 자산투자, 운용에 관한 자문업무를 부동산투자자문에게만 위탁하도록 규정하고 있으므로 일반상법에 의하여 설립된 부동산 컨설팅 회사와는 엄밀히 구분된다. 현재 16개의 등록회사가 있으며 그 현황은 위의 <표 9>와 같다.

나. 자산관리회사

부동산투자자문회사와 유사한 서비스를 제공하는 회사지만, 기업구조조정 부동산투자회사(이하 CR-REIT)의 위탁을 받기 때문에 등록요건, 업무의 성격 등에서 차별성을 가진다. 투자회사법 제49조의 3에서는 자산관리회사의 자본금을 70억, 자산운용전문인력을 5인이상으로 규정하고 있어 부동산 투자자문 회사에 비해 매우 엄격한 요건을 적용하고 있다. 이는 자산관리회사가 도관체

〈표 10〉 자산관리회사 현황(2007. 5.31 현재)

일련번호	회사명	CR-REITs	인가일	자산운용전문인력수	비고
1	(주) 한국토지신탁	케이원	'01. 9.28	11명	겸업
2	(주) 코람코자산신탁	코크랩 제1호-제6호	'01.11.17	5명	겸업
3	(주) 리얼티어드 바이저스 코리아	리얼티코리아 제1호	'02. 1. 9	5명	
4	(주) 코리츠	① 교보-메리츠 퍼스트 ② 유레스메리츠 제1호	'02. 6. 27	5명	
5	맥쿠러프로퍼티 어드바이저스코리아(주)	맥쿼리센트럴오피스	'03. 6.30	5명	
6	씨나인 자산관리(주)	씨나인인피니티	'05. 9.30	6명	
7	KB 부동산신탁(주)		'06.05. 1	10명	
8	(주) 케이리츠엔파트너스		'07.05. 2	5명	

자료 : 건설교통부

인 기업구조조정 부동산투자회사의 자산운용에 관한 업무를 일괄적으로 위탁받아 모든 업무를 실질적으로 수행하는 회사이기 때문이다. 현재 8개의 등록회사가 있으며 그 현황은 위의 <표 10>과 같다.

다. 부동산 신탁회사의 관리신탁

부동산 관리 자산비즈니스를 수행하는 또 다른 기관으로서 부동산 신탁사를 들수 있다. 부동산 신탁은 고객의 부동산을 맡아서 고객의 뜻에 따라 부동산을 개발, 관리, 처분해주고 그 이익을 고객에게 돌려주는 제도이다. 즉 부동산 신탁사의 신탁업무로서 관리신탁의 업무 수행이 부동산 관리 컨설팅 비즈니스라고 할 수 있다.

관리신탁이라 함은 임대차관리, 시설의 유지관리, 소유권의 법률. 세무관리, 수입금의 수익관리 등 일체의 부동산 관리업무를 말한다. 현재 국내 영업중인 신탁사는 한국토지신탁, KB부동산신탁, 생보부동산신탁, 한국자산신탁, 다올부동산신탁, 대한토지신탁, 코람코자산신탁의 7개사로서 신탁사의 수입구조에 있어서의 관리신탁의 업무실적은 대체적으로 가장 미약한 편이라고 할 수 있다. 그 현황은 앞에서 살펴본 <표 3>과 같다.

(7) 부동산 금융 컨설팅 비즈니스

① **부동산 금융의 개요**

부동산 금융이란 부동산 거래를 원활히 하기 위하여 흑자지출단위(자금의 공급자)로부터 적자지출단위(자금의 수요자)로 저축분을 이전시키는 기능을 말한다.

부동산 금융의 특징은 자금의 수요자들이 부동산 관련 기업으로서 부동산이 동반되며 직접 금융보다는 간접금융[47]이 발달되어 있다는 것이다.

부동산 금융수단의 분류에 있어서 부동산 금융 수단을 부동산의 라이프 사

47) 금융기관이 개입되는 경우를 간접금융이라 한다. 직접금융에는 부동산관련기업들의 주식이나 채권발행, 부동산 투자회사의 부동산펀드의 지분발행 등이 예이며 간접금융에는 개발관련 대출, 부동산 담보대출 등이다.

이클에 맞추어 분류시 개발단계, 보유단계, 매각단계로 나눌 수 있는 바 이를 나타내면 <표 11>과 같다.

〈표 11〉 부동산 금융수단의 분류

구분	1차(발행)시장	2차(유통)시장
개발단계	프로젝트 대출금융	은행 부동산 투자신탁, 부동산 펀드
보유단계	주택저당대출 상업용 담보대출	부동산 투자회사(리츠) 자산담보부증권(ABS) - 주택담보증권(MBS) (한국주택저당채권유동화주식회사) - 상업용부동산담보증권(CMBS)
매각단계	매각 후 재임대 방식	

부동산 금융 컨설팅 비즈니스의 주체가 될 수 있는 부동산 금융을 담당하는 금융기관으로는 부동산 개발 단계에서의 금융을 담당하는 금융기관으로서 신탁업법에 의거해서 설립된 부동산 신탁사, 은행.보험사.저축은행, 연기금, 공제회 등의 프로젝트 파이낸싱, 주택사업자들에게 국민주택 규모의 분양 또는 임대 아파트의 건설자금을 대출하는 국민주택기금 등이 있다. 보유단계의 금융기관으로는 부동산 담보대출을 취급하는 은행, 보험 등 주요 금융기관과 국민주택기금이 있다.

외환위기 이전의 부동산 금융은 개발단계에서는 시공자 금융과 부동산 신탁사의 개발신탁 자금과 같은 기업금융, 선분양제도로 인한 수요자 금융으로 필요한 자금을 조달하였으며 보유단계의 부동산 금융으로는 부동산담보대출이 있었다.

그러나 외환위기로 인한 부동산 금융시스템의 붕괴[48]로 인하여 금융기관들은 부동산 사업의 도미노식 붕괴를 막기 위한 프로젝트 금융의 도입 및 부동산의 현금흐름의 중시 방향으로 전환하는 계기가 되었다. 부동산 금융 컨설팅 비

48) 신용경색과 고금리, 분양시장의 마비로 인한 부동산 개발금융의 붕괴 및 부동산 담보대출의 부실화를 일컫는다.

즈니스의 수행주체들은 주로 금융기관이며 업무 수행을 위한 부동산 금융의 유형 및 시장현황은 아래와 같다.

② 부동산 금융의 유형(1차(발행) 시장)

가. 프로젝트 파이낸싱

프로젝트 파이낸싱 이란 특정한 프로젝트로부터 미래에 발생하는 현금흐름을 담보로 하여 당해 프로젝트를 수행하는 데 필요한 자금을 조달하는 금융기법을 총칭하는 것으로서 발전소나 조선소의 건설, 도로, 항만공사 등과 같은 대규모 사업에서 주로 사용되어져 왔다. 우리나라에서 프로젝트 파이낸싱을 본격적으로 활용하게 된 것은 "사회간접자본에 대한 민자유치촉진법"의 제정이후로 볼 수 있으며 이에 따라 국내 프로젝트 금융은 주로 사회간접자본시설(SOC)에 대한 자금지원에서 주로 이루어져 왔다. 이러한 프로젝트 파이낸싱은 프로젝트만의 사업성과 자산만을 담보로 자금을 공여하여야 하나 현재는 사업성에 대한 평가가 부재한 현실을 반영하여 대부분의 민간 프로젝트 파이낸싱은 시공사의 완공보증 등 추가적인 보증이나 담보를 요구하고 있는 실정이다. 현재 많은 금융기관들이 개발프로젝트에 지분참여 또는 대출 등 다양한 금융방식으로 부동산 사업에 참여하고 있다.

나. 주택담보대출

일반시중은행의 주택담보대출 및 한국주택금융공사의 주택담보대출(일명 보금자리론)이 있다.

다. 상업용 부동산 담보대출

상업용 부동산 담보대출이란 오피스 빌딩, 호텔, 도소매 시설 등 상업용도로 쓰이는 부동산을 담보로 하는 대출상품을 말한다. 외환위기 이전에는 은행과 같은 통화권 금융기관을 통한 임대목적의 상업용 부동산 대출이 제한되었으나 외환위기 이후 부동산시장의 개방에 따른 외국계 펀드의 유입으로 상업용 부동산 담보대출 시장이 급격히 늘어나기 시작하였다.

③ 부동산 금융의 유형(2차(유통)시장)

가. 부동산 유동화

부동산의 유동화란 부동산 자산을 현금화 하는 모든 행위를 말하는 것으로서 부동산의 직접 매각, 일부 지분의 매각, 임대를 하거나 또는 이를 담보로 하여 자금을 조달하는 일체의 행위를 모두 포함한다. 특히 이러한 과정에서 SPC 설립을 통한 증권화의 방법이 동원될 경우 이를 부동산 증권화라고 한다. 부동산 라이프 싸이클상의 유동화 대상자산을 살펴보면 첫째, 부동산 개발단계에서 금융기관이 시행사에게 대출한 초기 사업비 및 토지 매입비는 은행 부동산 신탁을 통해서, 주택저당대출, 상업용 부동산 담보대출과 같은 부동산 담보대출채권은 자산담보부증권(ABS)인 주택담보증권(MBS), 상업용 부동산 담보증권(CMBS)을 통하여 증권화 되었다.

현재 국내의 한국주택 저당채권 유동화주식회사는 국민주택기금이 보유한 주택담보채권을 유동화 대상자산으로 하여서 주택담보증권(MBS) 을 발행하였으며 상업용 부동산 담보증권(CMBS)시장은 현재 거의 불모지인 상황이나 추후 성장 잠재력은 클것으로 예상하고 있다.

나. 은행 부동산 투자신탁(부동산 간접투자상품)

정부가 1998년 4월에 신탁업법 시행령을 개정하면서 신탁겸영은행에게 부동산투자신탁업무를 허용하면서부터 도입된 은행 부동산 투자신탁은 불특정 다수의 위탁자로부터 수탁받은 신탁자금으로 펀드를 설정하여 부동산의 매입 또는 개발, 부동산의 매입 또는 개발을 위한 대출, MBS(Mortgage Backed Securities)와 같은 부동산관련 유가증권 등에 70% 이상 운용하고 신탁기간 종료시 해당 펀드를 청산하여 실적 배당하는 합동운용 불특정금전신탁을 말한다. 2000년 7월 국민은행의 빅맨부동산투자신탁1호가 발매 개시됨으로써 최초로 선을 보이게 되었다. 부동산투자신탁은 투자대상, 사업구조 등에 따라 다양한 형태의 구조가 만들어지나, 주로 은행, 시행사(개발회사), 시공사, 부동산신탁사가 주요한 사업주체들이다. 이들간에 부동산 개발사업을 위한 업무협약이 체결되고, 은행은 모집된 펀드자금으로 시행사가 수행하는 개발사업에 대출을 하고, 당해 사업의 개발수익을 대출금이자율 등에 반영하여 투자수익을 수취하는 것이다.

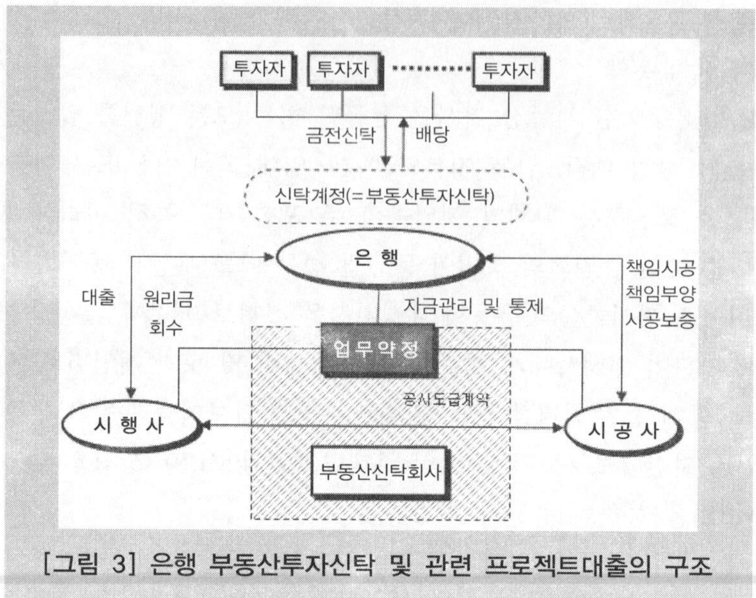

[그림 3] 은행 부동산투자신탁 및 관련 프로젝트대출의 구조

주요 투자대상사업은 아파트 및 주상복합 개발사업, 오피스용 빌딩의 개발사업 등이다. 이러한 부동산투자신탁(금전신탁방식)은 과거 간접투자자산운용업법의 시행전 부동산 간접투자 상품으로서 간접투자자산운용업법에 의한 부동산펀드 상품이 출시되면서 부터는 간접투자자산운용업법에 흡수되어 현재는 판매되지 않고 있다. 은행 부동산투자신탁 및 관련 프로젝트 대출의 구조는 [그림 3]과 같다.

다. 부동산 투자회사(REITs)

리츠(REITs : Real Estate Investment Trusts)란 다수의 투자자들로부터 자금을 모집하여 부동산이나 부동산 관련 대출, 유가증권 등에 투자하고 발생하는 수익을 투자자들에게 배당하는 부동산투자회사법상의 주식회사 또는 투자 신탁으로 증권의 뮤추얼펀드와 유사하여 "부동산 뮤추얼펀드"라고도 한다. 주로 부동산 개발사업, 임대, 주택저당채권 등에 투자하여 수익을 올리며, 만기는 3년 이상이 대부분이다.

〈해외부동산펀드 박람회 현장〉

리츠는 설립형태에 따라 회사형과 신탁형으로 구분된다. 회사형은 뮤추얼펀드와 마찬가지로 주식을 발행하여 투자자를 모으는 형태로 투자자에게 일정기간을 단위로 배당을 하며 증권시장에 상장하여 주식을 사고 팔 수 있다. 신탁형은 수익증권을 발행하여 투자자를 모으는 형태로 상장이 금지되어 있다.

리츠의 특징은 주식처럼 100만원, 200만원의 소액으로도 부동산에 투자할 수 있어 일반인들도 쉽게 참여할 수 있으며, 증권화가 가능하여 증권시장에 상장하여 언제든지 팔 수 있다. 또한 부동산이라는 실물자산에 투자하여 가격이 안정적이고 리스크가 적은 편이다. 가치상승에 의한 이익을 목적으로 하기보다는 가격상승에 따른 수입증가분의 분배를 목적으로 하는 경우가 많다.

REITs는 안정적인 간접투자상품과 자산유동화의 성격을 가지고 있으며 우리나라에서는 부동산 투자회사법상 일반부동산투자회사(일반 REITs)와 기업 구조조정 부동산투자회사(CR-REITs, Corporate Restructuring REITs)로 분류된다. 일반 REITs는 상법상 주식회사로 자기관리 REITs와 위탁관리 REITs로 구분되며 부동산 간접투자기관으로서의 성격을 가지고 있다면 CR-REITs는 서류상의 회사(Paper Company)로 기업의 구조조정용 부동산을 투자대상으로 함으로써 자산유동화를 통한 기업의 구조조정을 지원하는데 초점을 맞추고 있다.

부동산투자회사(REITs)의 구조는 아래의 [그림 4]와 같다.

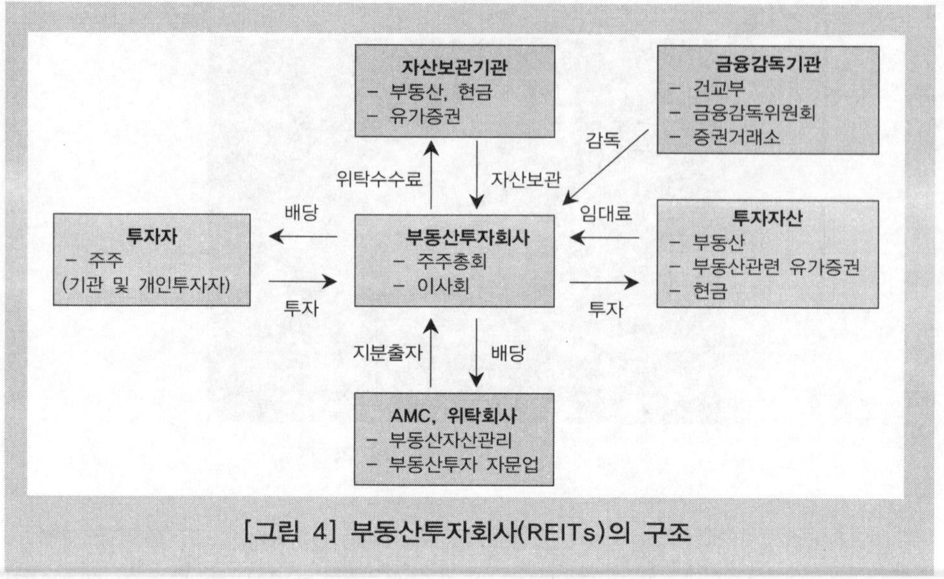

[그림 4] 부동산투자회사(REITs)의 구조

라. 부동산 펀드

부동산 펀드란 간접 투자자산 운용업법의 규정에 따라 설립된 자산운용회사가 설정한 부동산간접투자기구를 의미한다. 즉 다수 투자자로부터 부동산투자를 위해 모은 공동자금을 전문적인 투자기관(자산운용회사 또는 자산관리회사)에 부동산, 부동산 관련대출 또는 관련 유가증권 등에 투자운용토록 하여 운용성과에 따른 수익을 분배하여 주는 회사. 투자신탁, 혹은 간접투자상품을 총칭한다. 우리나라 부동산 펀드의 종류에는 부동산투자회사, 은행부동산투자신탁, 부동산간접투자기구, 부동산신탁회사의 금전신탁, 외국계투자펀드 등이다. 이러한 부동산펀드의 투자유형에는 주로 부동산 개발사업에 대출해 주는 '프로젝트 파이낸싱형', 오피스 빌딩과 상가 수익을 기반으로 하는 '임대형', 경·공매에 투자하는 '경매·공매형' 또는 '직접개발형', 해외 리츠상품에 투자하는 '해외투자형'의 5가지로 분류된다.

④ 부동산 금융의 시장현황

가. 주택담보대출

정부의 각종 부동산 안정대책에도 불구하고 2006년 12월말 현재 주택담보대출잔액은 240.9조원으로 전년 동월보다 32.5조원 증대하였으며 총부채상환비율(DTI)규제 강화 등 정부의 규제 강화 추가대책을 내놓음으로서 2007년 들어 증가폭이 줄어들고 있으며 5월중에는 감소로 돌아섰다. 은행권 주택담보대출의 현황은 <표 12>와 같다.

〈표 12〉 은행권 주택담보대출 증가 추이

(단위 : 십억원)

	2004. 12말	2005. 12말	2006. 12말	2007년			
				2말	3말	4말	5말
가계대출	276,326.6	305,513.9	346,222.3	347,940.5	348,640.1	349,946.7	350,100.5
주택관련대출[1)]	184,766.0	208,422.0	240,951.4	242,810.7	243,568.7	243,687.2	242,448.4

주 : 1) 주택담보대출(주택관련 집단대출중 주택담보분도 포함),
주택관련일반자금대출

자료 : 한국은행

나. 보금자리론

최근 CD금리 상승으로 시중은행의 주택담보대출금리가 지속적으로 상승하자 주택담보대출 수요자들이 이자율 변동위험이 없는 고정금리상품을 선호하여, 2007년 상반기 중 한국주택금융공사의 보금자리론 판매실적(1.5조원)이 2006년 전체 판매실적(1.4조원)을 이미 초과하였다. 한국주택금융공사의 보금자리론 공급실적 및 주택담보대출금리 비교내용은 <표 13>, <표 14>와 같다.

〈표 13〉 한국주택금융공사의 보금자리론 공급실적

(단위 : 억원)

구 분	2004년 합계	2005년 합계	2006년 합계	'07년 1/4	'07년 2/4	'07.6월 합계
금액	33,320	42,192	13,867	7,718	7,682	15,399

자료 : 한국주택금융공사

〈표 14〉 보금자리론과 은행의 주택담보대출금리 비교

구 분	2006.9월	2006.12월	2007.2월	2007.3월	2007.5월
보금자리론 (e-모기지론)	6.40% (6.10%)	6.25% (5.95%)	6.25% (5.95%)	6.25% (6.05%)	6.25% (6.05%)
주택담보대출	5.77%	6.13%	6.18%	6.20%	6.17%
금리차이	0.63%	0.12%	0.07%	0.05%	0.08%

자료 : 한국주택금융공사

다. 프로젝트 파이낸싱

2006년 시중은행들의 부동산 프로젝트 파이낸싱(PF)대출이 2005년보다 2배 가까이 급증하여서 국민·신한·우리·하나은행과 농협 등 5개 은행의 2006년말 PF대출잔액은 20조3천594억원으로 전년보다 77%나 급증한 것으로 파악되고 있다.

은행별로는 우리은행과 국민은행의 증가세가 두드러졌다.

이와 같이 PF대출이 급증한 것은 부동산PF시장이 은행의 주요 수익원으로 떠오르면서 영업에 발벗고 나섰기 때문이다. 은행들은 현재 사업전망이 좋은 아파트 개발에 대해선 5%대 후반의 저금리로 개발업체에 대출을 해주고 있다. 5개 시중은행의 프로젝트 파이낸싱 현황은 <표 15>와 같다.

〈표 15〉 5개 시중은행 프로젝트 파이낸싱 현황

(단위 : 억원)

	우리은행	국민은행	신한은행	농협	하나은행
2006년	67,923	50,678	32,176	35,669	17,148
2005년	28,788	22,323	18,927	26,421	13,396

자료 : 연합뉴스, 2007.01.22.

한편 저축은행들의 부동산개발 프로젝트 파이낸싱(이하 “PF”) 규모도 계속 확대추세에 있으며 총대출에 대한 비중도 26.7% 수준에 이르고 있다. 저축은

행의 프로젝트파이낸싱은 아파트 · 상가등에 대한 분양형 부동산개발과 관련하여, 시행사에게 토지매입자금(계약금 또는 잔금)등을 대출하고, 시행사가 관련 관청의 인허가 및 사업승인 후 저축은행의 대출금리보다 낮은 대출을 받아 이전 대출을 상환하는 단기 브릿지 론이 주를 이루고 있다. 실무적으로 토지잔금 대출의 경우 대출금리는 9~12%, 취급수수료는 1~3%정도 되며, 토지 계약금 대출의 경우 대출금리 및 취급수수료 등을 합한 총비용은 약 25%선을 상회하는 것으로 파악된다. 저축은행의 PF 취급규모는 [그림 5]와 같다.

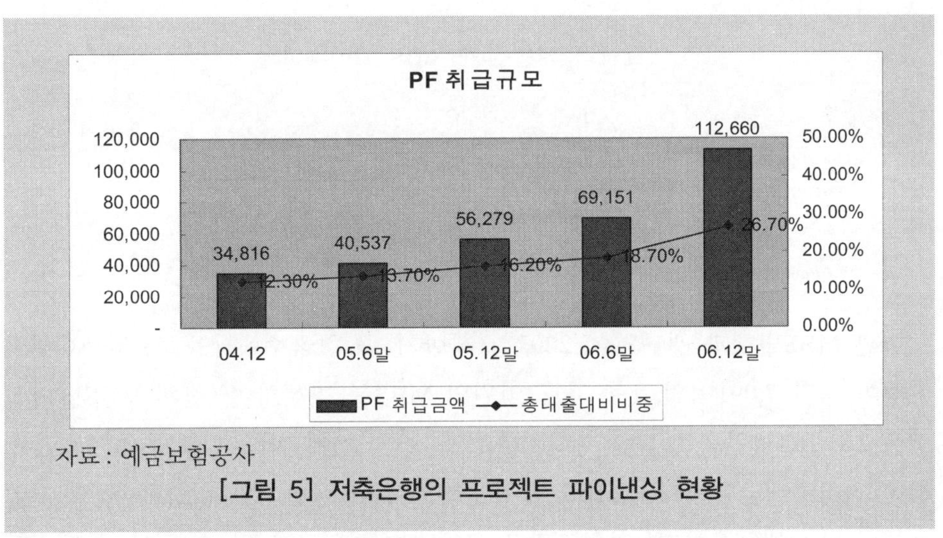

자료 : 예금보험공사

[그림 5] 저축은행의 프로젝트 파이낸싱 현황

라. 자산유동화증권(ABS) 발행 현황

2007년 상반기 ABS발행총액은 9.1조원(54건)으로 전년 상반기 발행총액 10.9조원(105건)에 비하여 16.5% 감소하였다. 이러한 현상은 부동산 관련 규제 강화에 따라 부동산PF ABS의 발행이 전년 상반기에 비하여 크게 감소함에 기인한다고 할 수 있다. 년도별 ABS 발행추이 및 부동산PF ABS 발행추이는 <표 16>, <표 17>과 같다.

〈표 16〉 ABS 발행추이

(단위 : 조원, %, 건)

구 분	2004년	2005년	2006년	2006년 상반기	2007년 상반기
총발행금액	27.0	28.6	23.2	10.9	9.1
(증감율)	(△32.3)	(5.9)	(△18.8)	(△23.4)	(△16.5)
발행건수	170	236	183	105	54

자료 : 금융감독원

〈표 17〉 부동산PF ABS 발행추이

구 분	2005년	2006년	2006년 상반기	2007년 상반기
발행금액(억원)	48,760	58,978	41,741	10,126
(발행비중)	(17.0%)	(25.4%)	(38.3%)	(11.1%)

자료 : 금융감독원

한편 MBS발행과 관련하여 2007년 상반기 중 한국주택금융공사와 SC제일은행이 각각 7,091억원, 1조 3,072억원의 MBS를 발행하여, 전체 MBS발행실적은 2조 163억원으로 전년 상반기(1조 4,483억원)에 비하여 크게 증가하였다. 특히 한국주택금융공사의 MBS 발행실적은 전년 상반기와 비슷하나, SC제일은행이 MBS발행을 통한 자금조달을 크게 확대하였음을 알 수 있다. 주택저당증권(MBS) 발행실적은 <표 18>과 같다.

〈표 18〉 주택저당증권(MBS) 발행실적

(단위 : 억원)

구 분	2005년	2006년	2006년 상반기	2007년 상반기
한국주택금융공사	38,611	17,531	7,215	7,091
은행1)	7,695	20,135	7,268	13,072
합 계	46,306	37,666	14,483	20,163

주 : 1) 한국SC제일은행의 발행실적, 변동금리 주택담보대출채권이 대부분을 차지하고 있음

자료 : 금융감독원

마. 부동산 투자회사의 현황

2002년 1월 9일 국내 REITs 시장에서 첫 인가을 받은 교보-메리츠퍼스트를 시작으로 2007년 4월에 인가받은 코크렙 제11호까지 총 17개 상품이 운용중이다. 이중 코크렙제7호는 최초의 위탁관리-REITs로서 총자산이 1,360억원이고 LG화재 다동빌딩과 코오롱빌딩에 투자되어있다. 부동산 투자회사의 현황은 <표 19>와 같다.

〈표 19〉 부동산 투자회사 현황(2007. 5.31 현재)

(단위 : 억원)

회사명(인가일)	자산관리회사	자본금	총자산
교보-메리츠퍼스트(2002.01.09)	코리츠	840	924
코크랩 1호(2002.05.23)	코람코	1,330	2,338
케이원(2002.10.07)	한국토지신탁	309	545
코크랩2호(2002.10.30)	코람코	-	-
리얼티 코리아1호(2003.04.29)	리얼티 어드바이저스코리아	660	1,442
유레스 메리츠1호(2003.08.20)	코리츠	500	1,190
코크랩3호(2003.08.20)	코람코	680	1,575
맥쿼리센트럴오피스 (2003.12.23)	맥쿼리프로퍼티어드바이저스	763	1,703
코크랩4호(2004.04.08)	코람코	760	1,866
코크랩5호(2004.12.25)	코람코	500	1,088
코크랩6호(2005.07.26)	코람코	1,310	3,165
코크랩7호(2005.09.23)	코람코	600	1,360
씨나인 Infinity	씨나인	356.64	608
코크렙8호(2006.05.17)	코람코	460	1,224
코크렙NPS 제1호(2006.9.20)	코람코	837	879
코크렙NPS 제2호(2006.12.21)	코람코	2,255	6,407
코크렙 제11호(2007.04.23)	코람코	250	2,200

자료 : 건설교통부

바. 부동산 펀드

2004년 1월 간접투자자산운용업법이 시행됨에 따라 2004년 6월4일 최초의 부동산 펀드가 출시되었고, 출시 6개월만에 수탁액 1조원, 1년만에 2조원을 돌

파하는등 급속한 성장세를 보이며 국내 펀드시장의 한 축을 형성하고 있다. 이러한 부동산 펀드의 유형은 2007년 1월 29일 현재 396개 13조 8천억원 중 PF형이 압도적 다수를 차지하고 있으며 다음으로 해외 부동산펀드등의 순으로 집계되고 있다. 펀드 유형별 펀드 설정액은 <표 20>과 같다.

〈표 20〉 부동산 펀드의 현황

	PF형	해외부동산 펀드 투자형	개발형	임대형	특별자산PF형
건수	306	40	3	47	163
금액	8조 764억원	4조 3,694억원	448억원	1조 3,408억원	3조 7,770억원

자료 : 제로인

(8) 부동산 광고 컨설팅 비즈니스

① 개요

광고란 광고주가 소비자의 태도나 행동에 영향을 줄 목적으로 광고매체를 통해 시행하는 정보전달활동이다. 기업이 제품이나 서비스를 소비자들에게 구매하도록 유도할 목적으로 제품 소개나 서비스 성능 등의 정보를 제공하고 설득하는 마케팅 촉진활동이라 할 수 있다. 부동산 광고란 부동산 상품을 판매하기 위해 대중에게 영향을 미치는 행위로서 효율적인 부동산 마케팅을 위한 기법으로 부동산활동의 시작방향을 제시해주는 나침반의 역할을 수행하는 것이라 할 수 있다.

부동산 광고는 부동산만이 가지고 있는 고유의 특성으로 인하여 일반광고와는 다음과 같은 차이가 있다. 첫째, 모든 제품 중 유일하게 부동성의 특성을 가진 제품의 광고이다. 둘째, 모든 제품 광고는 완제품 상태에서 광고하지만 부동산 광고만이 유일하게 완제품이 나오기 전 광고하는 특성을 가진다. 즉 광고대상 물건의 분양과 준공 시차에서 오는 특성을 가진다. 셋째, 부동산 제품은 제품 수명주기가 가장 짧은 제품 이기도 하다. 일반 제품의 도입기- 성장기- 성숙기- 쇠퇴기의 제품수명주기를 거치지 않는 다고 할 수 있다. 예를 들어, 아파

트의 경우 분양이 끝나면 더 이상의 광고활동이 필요치 않은 특성을 가진다. 넷째, 부동산 광고는 정부의 정책적 요인의 영향을 가장 많이 받는다. 즉 부동산이 가지는 고유의 특성에 대하여 부동산 광고를 통하여 부동산이 가지는 특성인 법적, 지역적, 관념적 범위를 벗어나 부동산 시장의 확대기능을 가지고 있으며, 상품 또는 부동산기업의 인지도를 높여 판매경로를 쉽게 확보시켜 주는 기능, 부동산이 가지는 위치의 고정성과 부동성이라는 특성으로 인하여 고객이 직접 현장에 가서 실물을 확인해야 하는 어려움을 해소시켜 주는 기능을 가진다. 현재 부동산 광고시장은 전문화의 바람에 따라 대형 종합광고 대행사가 주도하고 있는 전체 광고시장에서 전문분야를 파고들며 탄탄한 입지를 굳히고 있는 중소형 광고대행사가 속속 등장하고 있는 실정이다.

② 부동산 광고 컨설팅 비즈니스의 현황

가. 부동산 광고의 매체

광고 매체는 기술의 발달에 따라, 정치와 사회의 변화에 따라 바뀌어 왔다. 부동산 광고에 이용되는 매체로는 신문광고, 잡지, D.M(direct mail), 라디오·TV 광고, 점두광고[49], 교통광고, 옥외광고, 노벨티(novelty) 광고, 인터넷 광고 등이 있다.

부동산 광고와 관련하여 광고매체 중 가장 비중이 큰 매체는 신문으로 나타나고 있으며 인터넷 광고의 비중이 점차적으로 높아지고 있는 실정이다. 부동산 광고의 매체별 지출현황은 <표 21>와 같다.

〈표 21〉 부동산 광고의 매체별 지출액 현황

(단위 : 백만원, %)

구분	합계	TV	라디오	신문	잡지
금액	504,835	196,860	31,346	245,316	31,313
비율(%)	100	39	6.2	48.6	6.2

자료 : 광고정보센터(KADD)

49) 부동산업자가 직접 점포 유리문에 매물정보를 게시하여 고객의 시선을 끄는 광고를 말한다.

나. 부동산 광고 비즈니스 현황

현재 우리나라의 전체 광고시장규모는 7조 5,000억원대로 분석되고 있다. 이 가운데 부동산 광고의 비중은 전체시장의 8%선으로서 3,400억원대에 달하는 것으로 파악되고 있다. 현재 부동산 광고시장은 철저히 양분되어져 있는 상태이다.

대형 건설사들의 아파트 브랜드 광고는 대형, 종합광고 대행사에서 취급하고 있으며 중,소형 건설사, 상가, 토지분양 광고는 부동산 전문 광고대행사가 시장을 주도하고 있다. 지난 2002년부터 지속되어져 온 부동산 시장 급등을 계기로 급격히 시장이 확대된 부동산광고시장은 전문 광고대행사들이 시장을 주도하고 있다.[50]

〈아파트 분양광고〉

대형 건설사들의 경우 계열관계에 있는 "인하우스"대행사[51]를 이용하는 것이 관례로 되어져 있으며 중소형 건설사와 시행사가 광고주인 경우에는 부동산 광고에 특화한 대행사의 활약이 두드러지고 있다. 특히 지면광고, 분양광고일수록 부동산 전문 광고대행사의 활약이 두드러 지고 있는 것이다.

현재 부동산 광고대행사로 가장 두각을 나타내고 있는 곳은 (주) 애드라인으

---

50) 매경이코노미, 2007. 1.6 "광고 아파트는 빅모델, 자동차는 무명모델 대세" 참조.

51) 그룹내의 계열사로 기능하는 광고대행사로서 삼성물산은 제일기획, 두산산업개발은 오리콤이 광고대행을 맡는 형태이다.

로서 1992년 설립이후 70여명에 육박하는 임직원을 두고 있으며 2006년 매출액이 460억원을 넘어섰다. 또한 유퍼스트, 제일다이렉트, 위너스 등도 부동산 광고시장에 특화해 사세를 키워가고 있는 실정이다. 특히 유퍼스트는 지방 동시 분양광고 등 틈새시장을 적극 공략하고 있다. 부동산 광고대행시장은 중소형 대행사들의 난립으로 인하여 광고주 유치경쟁도 점차 치열해지고 있는 실정이다.

③ **아파트 분양광고의 경향**

부동산 광고 특히 아파트 광고는 소비자들이 실생활에서 가장 자주 접하게 되는 광고일 뿐 아니라 관심도 높은 광고이다. 현재 건설 및 부동산 광고는 자동차, IT, 유통서비스, 금융업 등과 함께 5대 광고시장으로 꼽히고 있다. 현재 아파트 분양광고에 경향은 크게 세가지로 파악할 수 있다. 첫째, 브랜드 이미지 광고이다. 각 건설사들은 자사의 브랜드를 차별화시키기 위해 다양한 소비자 니즈(needs)를 브랜드에 반영하는 시도들을 진행하고 있다. 유비쿼터스로 대표되는 첨단기능을 강조한 '레미안', 생태연못, 산책로 등 친환경/건강아파트를 강조한 'e-편한세상', 프리미엄을 강조한 '푸르지오', 건설에 남다른 철학을 보여준 '아이파크' 등 전통적인 메이저 브랜드들은 자신의 아이덴티티를 강조한 2-3개의 소재를 멀티, 또는 시리즈로 집행하여 브랜드 차별화 및 자산 쌓기에 집중한 전략을 선보이고 있다.

둘째, 광고컨셉의 측면에서 주요 이슈라 할수 있는 "웰빙", "첨단", "프리미엄" 컨셉이 지속적으로 선호되고 있으며, 차별화를 위한 다양한 시도들이 계속되고 있다.

셋째, 빅모델을 활용한 신뢰와 친근감 있는 광고를 진행하는 것이다.

아파트는 모두 고가에 내구재이며 소비자가 광고 자체에 갖는 관심(관여도)이 높은 제품이다. 아파트 광고에 등장하는 모델은 소위 말하는 '빅모델'이다. 청주에 대규모 복합단지를 개발하는 신영은 미셸 위를 모델로 기용하며 2년간 28억원이라는 거액을 모델료로 책정하였으며 '퀸덤' 브랜드 알리기에 나선 영조주택은 탤런트 고현정을 모델로 내세우며 1년간 15억원이라는 거액을 지불하기도 하였다. 또한 현대건설의 탤런트 고소영, 삼성물산의 탤런트 장서희 등은 모두 고가의 모델료를 지불하는 여배우들을 모델로 활용한다. 이는 아파트

등이 고가로서 구매에 따른 불확실성이 크고 판단이 어려운 제품일수록 광고에 등장하는 모델을 통해 신뢰와 친근감을 갖게 되기 때문이다.

(9) 전문자격사의 부동산컨설팅 비즈니스

① 개요

부동산과 관련된 행위에는 부동산 생애주기 각 단계마다 의사결정을 할 수 있도록 자문할 수 있는 능력을 가진 많은 전문서비스를 필요로 한다. 이러한 전문 서비스 업무 수행을 위하여 우리나라의 경우 전문 자격사들이 부동산 컨설팅 비즈니스를 수행하고 있다. 국내의 자격증체계는 국가자격과 민간자격으로 나뉘며, 전자는 국가기술자격과 기술외 개별법령에 근거한 국가자격, 후자는 공인민간자격과 순수민간자격으로 구분된다. 부동산 컨설팅 비즈니스를 수행할 수 있는 국가공인자격증의 경우 감정평가사, 공인중개사, 변호사, 공인회계사, 세무사 등이 있다. 이외에도 부동산 컨설팅, 부동산증권화와 관련한 각종 전문서비스, 부동산투자분석, 지리정보시스템(GSI), 부동산경매컨설팅, 건물리모델링, 부동산(빌딩)관리 등의 전문분야가 있으며, 민간차원에서 전문자격증을 수여하고 있다. 이들은 부동산의 개발 및 기획, 생산, 이용 및 관리, 유통이라는 각 단계마다 수요자와 공급자라는 직접 의사결정자의 의사결정의 합리성과 효율성을 높이기 위해 많은 활동이 요구된다.

여기서는 이들 서비스를 제공하는 주요 전문자격사들의 부동산 컨설팅 비즈니스 수행에 대해 살펴본다.

② 관련 전문자격사 컨설팅 비즈니스 현황

가. 국가공인자격사

우리나라는 국가공인자격별로 고유업무에 대해 독점적으로 업무영역을 보장해주는 방식을 채택하고 있다. 즉 부동산 관련 국가공인 자격증의 경우 전문자격자별 고유업무와 겸업금지 및 예외적 허용이라는 네거티브 원칙을 지키고 있다. 이로 인하여 부동산 컨설팅, 부동산 경매 영역을 제외하고는 전문서비스 제공에서 분쟁의 소지가 큰 편은 아니지만, 대신 빌딩관리, 부동산 투자분석 등

새로이 등장하고 있는 서비스 영역을 포괄하지 못하며, 종합서비스를 제공하는데 장애로 적용하고 있다.

국가공인자격의 현황 및 관련 주요업무내용은 아래의 <표 22>과 같다.

〈표 22〉 부동산 및 자산관련 국가자격 현황

국가공인자격	담당 및 관계기관	관계법령	주요업무
감정평가사	건설교통부 지가제도과/ 한국감정평가협회	지가고시 및 토지 등의 평가에 관한 법률	공공사업보상평가 , 부동산 감정평가 등
건축사	건설교통부 건축과/ 대한건축사협회	건축사법	건축물의 설계와 공사감리업무 등
도시계획 기술사 (도시계획기사)	한국산업인력공단	국가기술자격법	도시계획업무, 도시계획 관련 토지이용 및 집행관리
공인중개사	건설교통부 토지관리과	공인중개사의 업무 및 부동산 거래신고에 관한 법률	거래 부동산의 알선 및 중개 경,공매 부동산의 권리분석과 입찰대리
주택관리사	건설교통부 주택관리과/ 대한주택관리사협회/ 한국표준협회/ 한국능률협회	주택건설촉진법	공동주택의 시설, 환경관리, 입주관리, 공동주택의 운영·관리 및 유지
공인회계사	금융감독원/ 한국공인회계사회/ 재경부	공인회계사법	회계에 대한 감사, 감정, 증명 법인설립 등 회계 및 세무대리
세무사	국세청/한국세무사회/ 재경부	세무사법	납세자의 대리, 세무관련 상담
변호사	법무부/ 대한변호사 협회	변호사법	소송당사자등을 대리, 변호
법무사	법원행정처/ 대한법무사 협회	법무사법	법원과 검찰청의 업무와 관련서류작성
변리사	특허청/대한변리사회	변리사법	특허권, 의장권 등의 산업재산권 업무와 권리보호

나. 민간자격사

현재 순수민간자격으로는 부동산 공·경매사, 부동산 컨설턴트, 빌딩관리사 등을 포함하여 20종 이상이 있는 것으로 추정된다. 이러한 순수 민간자격은 기본적으로 관련 자격증을 취득하는 경우 시장의 평가가 높지 않다는 점, 유사 자격증의 난립에 따른 시장혼란, 자격증 취득의 검정절차의 격차 및 비체계성 등의 문제를 안고 있다. 그러나 부동산 부문의 변화에 따른 시장수요를 고려시 국가공인자격으로는 포괄할 수 없는 영역을 담당하고 있고, 부동산 부문에 새로운 전문기법을 도입하는 계기를 형성하고 있다는 장점이 있다. 그러나 취업난 등의 이유로 각종 민간자격증이 남발되고 있으며 실재 업계에선 자격증을 신뢰할 수 없으며 업무에 사용하기에도 미흡하다고 판단하고 있는 실정이다. 순수민간자격의 현황 및 관련 주요 업무내용은 아래의 <표 23>과 같다.

〈표 23〉 순수민간자격의 현황 및 관련 주요 업무내용

민간자격	담당 및 관계기관	주요업무
부동산경매 컨설턴트	강남대, 건국대학교 사회교육원, 한미법률경제연구원	• 경매분야에 대한 전문적 컨설팅 상담
부동산컨설턴트	한국능률협회	• 부동산 이용개발의 타당성 조사분석, 부동산개발분양 대행 및 자금조달, 부동산상품개발 및 마케팅, 정보조사
부동산컨설턴트	한국부동산 컨설팅업협회	상동
부동산 컨설턴트사	대한공인중개사협회	상동
빌딩관리사	한국부동산교육협회	• 임대빌딩의 시장조사, 임차인 구성 등 빌딩경영관리
건설관리전문가	한국기술사회부설 기술사 CM교육원	• 건설사업관리업무(기획, 타당성조사, 분석, 설계, 조달, 계약, 평가 등)
주택상담사	한국주거학회	• 주택관련 상담 및 주거관련 삶의 질 향상을 위한 업무
경영컨설턴트	한국능률협회	• 기업의 경영개선과 기술혁신을 통한 기업생산성과 수익성 향상 관련 업무

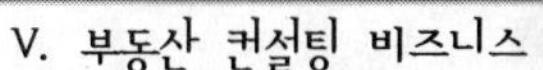

민간자격	담당 및 관계기관	주요업무
금융상담사	한국금융연수원	• 금융과 관련된 고객의 모든 자산관련 상담
신용분석사	한국금융연수원	• 회계 및 비회계분석 지식을 바탕으로 기업의 신용 상황분석, 평가, 경영상태 파악업무
증권분석사	(사) 한국증권분석사회	• 유가증권의 가격변동과 수익률, 추세분석, 기업의 재무상태분석, 투자정보제공 및 상담
세무회계관리사	두풍회계정보	• 세무조정계산의 작성업무
부동산권리분석사	대한부동산권리분석사 협회	• 부동산권리분석 업무
부동산권리분석사	한국자격고시평가원	• 부동산권리분석 업무
부동산 공・경매사	(사) 한국전문자격협회	• 부동산 경・공매 업무

부동산 전문광고회사 애드라인(주)

1 부동산 광고

(1) 부동산 광고의 특징

광고란 광고주가 소비자의 태도나 행동에 영향을 줄 목적으로 광고매체를 통해 시행하는 정보전달 활동이다. 부동산 광고는 부동산이라는 특수한 상품으로 인해 다음과 같은 특징을 보유하고 있다.

- 부동산시장이 제한된다.
- 일반상품과 판매기법이 다르다.
- 제조업에서는 고정자산이지만, 부동산업에서는 그것이 판매목적으로 하는 상품이라는 점이다.
- 지역적 시간적으로 제한되어 있다.
- 수요자와 공급자가 동시에 광고주체가 되는 양면성을 가진다.
- 부동산 종별에 따른 상품의 개별성을 갖는다.

(2) 부동산광고의 종류[52)]

부동산광고를 하는 목적에 따라 기업광고, 물건광고, 계몽광고로 분류할 수 있다.

① 기업광고

기업광고 혹은 이미지 광고란 부동산업자가 일반인에게 그들의 호의적인

52) 김상현, 부동산광고의 특징과 종류, 2007.1을 참조하였음.

이미지를 부각시키고 업자 명을 기억시키기 위해서 하는 광고이다. 기업광고의 내용은 업자의 주소・성명이나 기업명칭, 영업종목, 전화번호, 업자의 경력 등이 주된 것이다. 기업광고에 대비해서 개인업자의 광고를 인명광고라고 부르는 경우도 있다.

② **물건광고**

물건광고 또는 (상품)판매광고란 매매나 임대차 대상인 물건의 거래를 촉진하기 위하여 내는 광고로써 부동산업자 광고의 대부분은 이 광고가 차지한다.

③ **계몽광고**

계몽광고란 부동산과 업자에 대한 일반인의 오해를 없애고 그 중요성을 인식시키거나 부동산의 지식을 제공하고자 내는 광고이다.

또한 부동산광고는 매체에 따라 안내광고, 전시광고, 다이렉트메일(DM)광고, 업계출판물 광고, 교통광고, 라디오TV광고, 점두광고, 노벨티광고 등이 있다.

① **안내광고**

안내광고는 한정된 공간에 많은 정보를 넣어야 하므로 약어를 이용하는 경우가 많으며, 일체 삽화가 들어가지 않아서 광고주는 각각의 광고에 이용하는 활자의 크기와 공간을 조정하여 개성을 창출한다.

② **전시광고**

전시광고는 안내광고보다 공간이 크기 때문에 캐치프레이즈나 사진, 상세한 설명문 등을 자유로이 이용할 수 있을 뿐만 아니고, 우리나라의 전시광고는 앞서 말한 바와 같이 중・대규모 부동산업자들과 공기업이 많이 이용하고 있다.

③ **다이렉트메일(DM)광고**

다이렉트 메일(direct mail)이란 우송에 의한 직접광고를 말한다. 부동산을 개업할 때 우선 친구, 아는 사람, 교제하고 있는 모든 사람에게 신규개업을 알리는 수단으로 중요한 역할을 한다.

④ **교통광고**

교통광고란 전철, 버스 등의 차내광고, 역 구내의 간판광고, 기업이 운용하는 차체에 기업명을 써 알리는 광고 등을 말한다.

⑤ **라디오, TV광고**

라디오・TV광고의 장점은 많은 고객에게 순간적으로 알릴 수 있으며 또 신용이 큰 점을 들 수 있다. 이들 광고는 타매체에 비해 요금이 비싸기 때문에 대규모 분양아파트 광고나 기업광고의 매체로서 이용되는 경우가 많다.

⑥ **점두(店頭)광고**

점포의 간판, 유리창 등에 의한 광고를 말한다.

⑦ **노벨티광고**

노벨티(Novelty)란 개인 또는 가정에서 이용되는 실용적이며 장식적인 조그만 물건(판촉물)으로 그것을 광고매체로 이용하는 것을 노벨티 광고라 한다.

(3) 부동산 광고 절차

부동산 광고는 계획-실행-측정-평가 순으로 다음과 같이 이루어진다.

① **계획단계**

광고캠페인 효과를 극대화 할 수 있게 산전조사를 체계적이고 종합적으로 진단하여야 한다. 그 첫 번째 단계로 정책과 지역시장조사를 통하여 환경분석을 진행하고 분양 니즈를 가지 구매자의 특성을 파악하기 위하여 성별, 연

령별, 계층별 지역 트렌드를 파악해야 한다. 또한 과거 그 지역에서 분양한 실적자료를 수집・분석하여 차별적인 솔루션을 제시하여야 한다.

지역특성＋구매층 선정＋사업특성 반영＋정책반영을 고려한 사업시기 선정＋브랜드 아이덴티티 생성

② 실행단계

적정예산과 효율적인 광고믹스를 통하여 최상의 광고효과를 얻을 수 있게 캠페인 실행프랜을 수립하여야 한다. 지역내 매체파워를 분석하고 차별적인 광고 마케팅 기법을 창출할 수 있게 전략을 수립하여야 한다.

- Creative : 보도기사, 기획기사, 프레스킷, 사진・데이터자료 구축
- Media Mix : TV, Radio, 신문, 전단, 현수막, 버스광고, 전광판, 게릴라 광고, 전단, ...
- Communication : 인터뷰, 간담회, 취재지원, 사업설명회, 현장투어, ...

이러한 고려요소를 과학적인 분석자료를 통하여 최소비용을 최대효과를 얻을 수 있게 실행 플랜을 수립안다

③ 측정단계

광고에 대한 모니터링 단계로 광고 후 결과 모니터링과 함께 경쟁사 모니터링, 청약률, 계약률 등을 분석하여야 한다. 청약률의 경우는 성별, 연령별, 세부지역별 청약자를 구분하여 분석하여야 하며 추가적으로 얻을 수 있는 기회요소들을 찾아내는 것이 중요하다. 또한 계약률에서도 가수요 청약자와 실수요 청약자의 특성을 찾아내어 차기 캠페인에 전략자료로 활용하여야 한다.

④ 평가단계

광고 캠페인이 모두 종료되고 나면 단계별 홍보결과에 대하여 평가하고 분석자료를 만들어 후속 홍보전략 수립시 반영할 수 있게 진행하며 향 후 인근지역 분양광고에 활용할 수 있게 데이터베이스로 구축하여야 한다.

2 에드라인 소개

1992년에 설립한 전문 매체 대행사 애드라인은 광고업계에서 건설・부동산분야 전문 광고업체이다. 1997년 1월 서울시 동시분양을 시작으로 2005년 동시분양이 없어질 때까지 65회를 집행하였다. 이는 전체 93회 서울시・인천시 동시분양 중 70%에 해당하는 수치이다. 또한 2007년 3월 한국광고계 동향보고서에 의하면 광고업체 전체 빌링 순위(Billing Ranking)에서 31위이지만 건설・부동산만으로 달성하기에는 대단히 높은 순위이다. 신문매체로만 보면 애드라인 빌링 순위는 10권에 있을 정도이다. 1997년 광고 취급고가 127억이었으나 2006년 517억으로 건설・부동산 광고계에서는 독점적 위치에 있다. 애드라인은 동시분양이 폐지되면서 큰 위기를 맞이하였지만 택지지구 광고를 합동으로 묶으면서 시장을 돌파했다. 대표적인 사례로 2006년 3월 10개 건설업체가 참여한 판교신도시 분양을 합동광고로 수주하였다. 애드라인 2010년 광고빌링 순위 10를 목표로 지속적으로 성장하고 있다.

이렇게 애드라인을 성장시킬 수 있었던 것은 광고업계에서 유일하게 건설・부동산 전문 광고업체로 틈새를 공략한 점과 체계적인 시스템을 구축하고 있다는 것이다. 광고주의 니즈를 만족시키기 위해서 전문 부띠크 회사인 '애드지프'와 매체대행사 '애드클릭'을 자회사로 설립하여 최상의 맞춤 서비스를 제공하고 있으며 15년간 축적한 방대한 데이터와 노하우 축적으로 업계 선두를 굳건히 지켜가고 있다.

"다들 몸집을 키우려고 종합광고대행사란 간판을 내걸었죠. 하지만, 우리는 부동산 하나만 보고 여태껏 뛰었어요. 이젠 부동산 만큼은 '넘버 원'이라고 감히 자신합니다."

올해 창립 10주년을 맞은 광고대행사 애드라인의 류석(柳錫・47) 사장은 의외로 자신감이 넘쳤다. 그는 "다들 부동산 시장이 어렵다고 하는 데, 오히려 지금이 기회라고 봅니다. 경쟁력있는 기업은 불황일때 빛을 발하는 것 아닙니까."

실제로, 애드라인은 지난 98년 외환위기 여파로 경쟁 업체들이 속속 쓰러지

는 가운데도 성장을 멈추지 않는 저력을 발휘했다. 97년 127억원이던 광고 수주액은 98년 162억원, 99년 183억원으로 매년 10% 이상 증가했다. 2003년엔 520억원으로 사상 최고액을 기록했고, 2004년에도 485억원을 올려 업계 1위를 지켰다.

한국신문협회가 집계한 신문 광고 대행 순위에서도 애드라인은 코래드, 오리콤 등을 제치고 전체 8위권에 올라 있다. 그는 "10년간 한우물만 파면서 광고주에게 신뢰를 쌓고, 전문성을 인정받은 게 주효했다"고 말했다.

부동산 광고 분야에서 애드라인의 위상은 독보적이란 평가이다. 지난 4월 초. 광고 업계에 깜짝 놀랄 일이 벌어졌다. 애드라인이 대홍기획을 제치고 롯데건설의 아파트 광고를 수주한 것.

"롯데는 원래 광고 발주 때 경쟁 PT(프리젠테이션)를 하지 않았어요. 우리의 시장 파악 능력과 카피의 우수성을 인정받은 셈이었죠."

애드라인은 지난 97년부터 2005년까지 총 93회에 걸쳐 실시된 서울 아파트 동시분양 광고도 65회(70%)나 도맡았다.

류 사장은 부동산 광고의 특성에 대해 "상품 광고는 소비자의 감정을 자극해야 하지만, 부동산 광고는 고객을 설득시키고 이해시키는 작업"이라고 말했다. 그만큼 전문성이 중요하다는 것. 애드라인은 전 직원 50여명 중 80%가 부동산 분야에서 6년 이상 잔뼈가 굵었다. 전문성에서 경쟁 업체가 따라잡기 힘든 부분이다. 류 사장은 매년 전 직원들에게 두 번씩 1주일 단기 해외 연수 기회도 준다. 류 사장은 "앞으로도 한 눈 팔지 않고 부동산 광고에만 전념해 업계 1위 자리를 지켜내겠다"고 말했다.

국제도시 송도에서 분양한 코오롱 더 프라우 신문광고로 당시 4,855대 1의 청약률을 기록함

2006년 중앙일보 광고대상을 수록한 신문광고

3 에드라인의 미래

일반적으로 광고활동은 광고주가 광고대행사에게 광고제작을 비롯한 광고 관련 업무의 종합적 대행을 의뢰함으로써 시작되며, 광고대행사가 광고제작을 완료하여 매체사에게 광고의 집행을 의뢰하고 매체사가 제작된 광고를 집행함으로써 광고활동은 완료된다. 따라서 광고대행사는 광고주를 위하여 광고 제작과 관련된 업무 전반에 걸쳐 종합적인 양질의 서비스를 제공할 뿐만 아니라 마케팅 커뮤니케이션에 관한 종합적인 서비스를 제공하게 된다.

그러나 최근에는 광고대행사의 기능이 크게 달라지고 있다. 광고주의 광고 업무를 단순히 대행하는 수준에서 광고주에 대한 컨설팅으로 그 성격이 달라지고 있으며 매체 업무도 단순 구매에서 기획 기능이 강화되는 경향을 보이고 있다. 따라서 소비자와의 관계에서도 광고를 단순히 전달하는 수준에서 벗어나 소비자와의 커뮤니케이션을 어떻게 하느냐로 바뀌고 있다.

따라서 전문화된 영역에서 사업을 수행하는 에드라인은 광고대행사의 업무영역 중 광고전략의 기반이 되는 시장과 소비자조사, 기업 및 제품이미지 조사, 광고효과 조사 등 광고전략의 수립에 기본이 되는 '마케팅부분'에 대한 투자가 필요할 것이다.

VI. 부동산 종합 비즈니스

1 부동산 종합 비즈니스의 개념

부동산 종합 비즈니스란 부동산 서비스를 제공받는 수요자의 목적을 달성하기 위한 부동산 관련 행위를 한 업체가 일괄적으로 제공하는 것을 의미한다.

부동산 관련 행위는 부동산의 라이프사이클에서 발생하는 수요자의 니즈를 충족하기 위한 행위로서 다음과 같은 단계로 구성되어 있다.

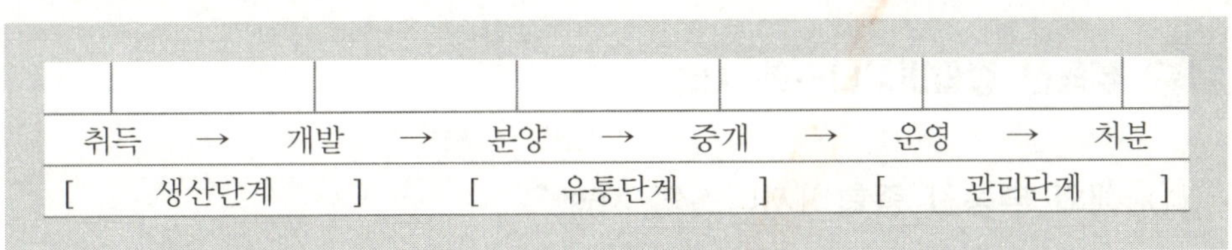

부동산 라이프사이클에서 발생하는 행위는 건설업, 금융업, 부동산업으로 나눌 수 있다. 이러한 특성으로 인하여 단일 업종에서 종합적인 서비스를 제공하기에는 자격요건이나 전문성에서 어려움이 있기 때문에 업종간의 제휴를 통하여 종합서비스를 제공하거나 각 업종을 통합한 법인형태의 회사를 통하여 동일 공간 내에서 수요자의 니즈에 맞는 서비스를 종합적으로 제공할 수 있다.

부동산 관련 행위를 수행하는 전문 업종에 대해서 먼저 살펴보자.

부동산을 취득하고 개발하기 위해서는 감정평가업, 부동산개발업, 부동산컨설팅업, 공급자 관점의 부동산금융업 등이 존재하며 분양과 중개단계에서는 분양업, 부동산광고업, 소비자 관점의 금융업, 중개업 등이 존재한다. 마지막으로 운영과 처분단계에서는 임대관리업, FM업, 부동산금융업, 부동산 자산관리업 등이 존재한다. 이러한 행위를 지원하는 보험업, 세무업, 법무업 등의 제반 서비스도 함께 발생한다.

지금까지 거론한 업종에서 발생하는 서비스는 더욱 다양한 형태와 전문성을

요하기 때문에 전략적인 접근이 필요하며 부동산 구조를 효율적으로 활용하고 시너지가 날 수 있게 서비스를 통합하여 종합 비즈니스로 제공되고 있다. 부동산 종합서비스를 제공하고 있는 대표적인 회사는 CBRE, Century21, ERA 등이 있으며 현재 국내에 모두 진출한 상태이다.

국내에는 대기업이 기업 활동을 위하여 부동산 취득, 임대, 처분 등의 업무를 수행하는 자회사를 설립하는 경우가 있으며 교보리얼코, 삼성에버랜드 등이 있으며 컨설팅, FM 등의 업무를 확장하여 제공하고 있다.

부동산 종합서비스는 부동산 서비스를 제공받는 수요자의 목적을 충족하기 위해 발전된 비즈니스의 형태이므로 관련 업종에서 보유한 수요자에게 원-스탑 서비스를 제공하기 위해서 서비스 확장 및 제휴 관계를 넓혀가고 있다.

2 부동산 종합비지니스의 사례

(1) 해외 부동산 종합비지니스의 사례

① 센츄리21(Century21)

센츄리21은 42개국 8,000개 가맹점과 147,000의 중개 에이젼시를 보유한 부동산 종합서비스회사이다. 2004년도 Ad Tracking Study 설문조사에 따르면 2년 내에 미국에서 주택을 매도 또는 매수할 25세에서 54세의 성인을 대상으로 1,560명을 무작위로 추출하여 부동산회사 브랜드인지도조사를 수행한 결과 인지도 1위의 기업으로 센츄리21이 선정되었다. 센츄리21의 사업모델은 부동산중개, 모기지, 컨설팅 업무를 종합적으로 서비스 하고 있다. 또한 센츄리21은 전세계 가맹점의 교육과 믈건정보를 교류하기 위한 시스템을 갖추고 있다. CGRIN(Century21 Global Referral Network)는 인터넷환경의 가맹점간 매물교류 시스템으로 센츄리21에 가맹한 에이젼시의 경우는 언제든지 이용할 수 있다.

② 국내 부동산 종합비지니스의 사례

국내 부동산 종합비지니스의 경우는 부동산정보, 부동산금융, 부동산자산관리 회사에서 각 회사의 고객 만족도를 위하여 비즈니스를 확대하고 있다.

부동산 정보회사의 경우는 중개업소 회원사 네트워크를 활용한 종합서비스 제공과 금융업과의 제휴를 통한 금융서비스 제공을 원-스탑으로 할 수 있도록 사업 모델을 다각화 하고 있다. 과거 부동산 정보자의 역할을 벗어나 부동산 임대관리, 담보대출, 보험 등 다양한 방안으로 접근하고 있지만 독자적으로 수행하기에는 규모나 제도적 장치의 부재로 현실적인 어려움이 있다. 예를 들어 부동산 중개 시에 발생하는 담보대출의 경우는 부동산 정보업체와 금융권이 제휴를 통하여 원-스탑으로 제공할 경우 부동산 거래에서 발생할 수 있는 사고를 방지하기 위한 에스크로 제도가 필요하여 에스크로를 수행하기 위한 권원보험 등의 역할이 발생하여 현실적으로 비용이 높아지는 문제를 야기한다. 이러한 문제로 인하여 현재는 단순히 양사의 제휴를 통하여 고객이 원할 경우에 한하여 정보를 넘겨주고 지원받는 수준에 머물고 있다.

부동산금융의 경우는 VIP고객을 위한 PB업무에서 고객의 부동산자산에 대한 컨설팅을 제공하기 위하여 부동산전문가 집단에 대한 요구가 발생하였다. 또한 부동산파이낸싱을 위하여 과거는 부동산 컨설팅업체와 연구기관에 의뢰하여 용역비를 제공하는 형태였으나 부동산금융팀 등의 형태로 부동산 관련 업무를 전문화시키고 있다.

부동산자산관리의 경우는 2000 년대 이후 금융과 부동산 두 업종에서 동시에 시장 선점을 위해서 발 빠르게 움직이는 새로운 시장이다. 중개법인의 경우는 해외기업의 벤치마킹을 통하여 고객의 부동산 운영 및 주택금융지원이 가능하도록 지원하는 방안을 모색하고 있으며 보험을 중심으로 한 금융자산관리 회사의 경우도 부동산 전문가를 영입하여 부동산자산의 운영 및 거래에 대한 상담 창구를 만들어 가고 있다.

부동산 종합 비즈니스를 제공하는 해외 기업들의 국내 진출 후 상업용 부동산에 대한 종합 서비스를 제공하는 CBRE와 같은 기업들은 자금능력과 전문능력을 활용한 네트워크를 구축하여 잘 정착하고 있으나 주거용부동산에 대해서는 뚜렷한 결과를 보여 주지 못하는 실정이다. Century21, ERA등은 세계적인 부동산 종합서비스를 제공하는 회사이지만 국내 부동산 거래종류의 하나인 전세제도의 하자보수 개념 부재와 전속중개의 제도적 뒷받침이 없어 국내시장에서 부동산 서비스 시스템을 활용하지 못하기 때문에 뚜렷한 차별성을 소비자

에게 제공하지 못하고 있다. 외국의 경우는 부동산 거래에 대한 전문적인 컨설팅과 임대관리에서 발생하는 부수적인 서비스(예컨대 주택하자관리 업무 및 금융지원업무 등)가 경쟁력으로 작용하는데 국내 실정은 중개업자를 통한 기초적인 중개거래 단계에 머물려 있고 금융서비스를 제공하기에는 에스크로, 권원보험 등의 추가적인 제도가 필요하지만 소비자의 비용 부담이 늘어나는 한계를 극복하지 못하고 있다. 만약 국내 주거용 부동산 5억원 물건을 거래하기 위해서는 소비자는 중개수수료 0.4%에 해당하는 200만원의 비용과 부족분에 대한 대출서비스를 금융회사에 의해 제공받게 된다. 그러나 외국의 경우는 부동산 거래 시에는 권원보험에 가입하여야 하며 중개 거래상에 발생할 수 있는 위험요소를 제거하게 되는데 국내 시장에서 5억원의 물건 거래의 경우는 197.5만원이라는 부가적인 비용이 추가적으로 발생하게 된다. 현실적으로 국내 소비자의 마인드는 중개위험을 없애기 위해 중개업소를 통하여 거래한다는 사회통념과 중개업 손해배상제도인 공제회의 보증보험으로 사고에 대한 배상을 전액 받을 수 있다고 생각하기 때문이다.

그러나 이러한 국내 현실과 제도적으로 문제들로 인하여 시장규모나 전문성을 확대되지 못하고 있는 것도 사실이며 서비스를 받고자하는 수요자의 입장에서도 개별 서비스를 제공받고 있어 불편한 시장구조를 가지고 있다. 디지털 정보화 시대에서는 소비자가 시간적, 공간적 효율성을 갖춘 종합 비즈니스 회사에 대한 수요가 늘어날 것이며 해외투자 전면개방으로 국내 종합서비스 회사를 통한 해외 투자 수요를 고려할 경우 현재의 국내 부동산 구조는 개선점을 가지고 있으며 나아가 세계 기준에 맞은 부동산 행위를 하기 위한 준비를 할 때이다. 기업과 국가가 국제 경쟁력을 갖출 수 있게 맡은 위치에서 표준화된 기준을 만들 수 있도록 노력해야 하는 숙제를 가지고 있다.

3 국내 부동산 종합서비스의 제도적 한계

국내 부동산 관련 업종의 경우는 해당 전문업법에 의해 제한이 되고 있다. 이러한 전문업법은 해당 업종의 영업활동을 보호하기 위해 만들어졌으며 각

업종간의 이해관계를 해결하지 못하고 있는 상태이다. 전문업법에서 업무의 제한, 겸업제한 등의 조항을 두고 있다.

부동산 전문업 구분	내용	상세내용	근거법
공인 중개사	겸업 제한	법인인 중개업자는 다른 법률에 규정된 경우를 제외하고는 중개업 및 다음 각 호에 규정된 업무와 제2항에 규정된 업무 외에 다른 업무를 함께 할 수 없다. 1. 상업용 건축물 및 주택의 임대관리 등 부동산의 관리대행 2. 부동산의 이용·개발 및 거래에 관한 상담 3. 중개업자를 대상으로 한 중개업의 경영기법 및 경영정보의 제공 4. 대통령령이 정하는 주택 및 상가의 분양대행 5. 그 밖에 중개업에 부수되는 업무로서 대통령령이 정하는 업무	공인중개사의 업무 및 부동산 거래신고에 관한 법률 제 3장 13조
법무사	사무원	「공인중개사의 업무 및 부동산 거래신고에 관한 법률」 제9조의 규정에 따른 중개사무소의 개설등록을 한 자를 사무원으로 둘 수 없다	법무사법 제 3장 23조
세무사	업무의 제한	제6조의 규정에 의한 등록을 한 자가 아니면 세무대리의 업무를 할 수 없다.	세무사법 제 6장 20조
감정 평가사	사무소 개설 신고	감정평가사는 감정평가업을 영위하기 위하여 1개의 사무소만을 설치할 수 있다.	부동산 가격공시 및 감정평가에 관한 법률 제 2장 27조

이러한 전문업법을 극복하기 위해서는 각 전문업의 통합을 통하여 대형법인화를 해야 하지만 중개를 하기위한 법인회사의 경우 중개사 자격을 가진 자가 법인의 대표로 한정하고 있다. 현재 부동산 관련 업종에서 가장 영세한 업종이 부동산중개업이기 때문에 법무업, 세무업, 감정평가업과의 통합 법인을 설립하기가 어려운 요인으로 작용하고 있다.

하지만 부동산중개 서비스를 제공 받기를 희망하는 수요자의 경우는 부동산 중개서비스를 받는 동안 한 장소에서 서비스가 이루어지지 않는 불편함과 각

전문업종의 서비스를 받으면서 발생하는 수수료에 대한 부담을 동시에 발생하기 때문에 점점 공간적, 비용적 효율을 위한 원스탑 서비스를 희망하고 있다.

부동산 서비스시장의 발전단계는 다음과 같이 3단계로 나눌 수 있다.

개념	목표	수단	결과
1단계 (재래시장)	부동산관련 서비스 제공 부동산 개발	부동산 중개 부동산 임대	부동산 중개 및 임대를 통한 수수료 수익
2단계 (신 시장)	고객과 투자가를 위한 종합 부동산관련 서비스	부동산 관련 서비스의 종합화	종합부동산 서비스제공에 다른 수수료 수익
3단계 (전략적 시장)	고객과 투자가를 위한 종합 부동산관련 서비스 및 부동산증권발행	전략적 종합부동산 서비스 시장화 부동산 투자은행 부동산 투자관리	부동산 증권소유 및 투자가들의 종합적 수익

* 김원희, 종합부동산서비스업 육성방향에 관한 연구, 국토연구원, 1998, p.74

국내시장이 완전히 개방되는 시기에 제도적 장치를 마련하지 못하면 국내 부동산 서비스 시장이 외국계 회사에 의해 지배될 우려가 있다. 특히 중개거래상 발생할 수 있는 거래위험요소에 대한 안전장치가 없는 현실에서는 더욱 외국투자자들이 국내 부동산서비스 회사를 이용하기가 어렵다. 거래위험요소는 거래과정에서 발생할 수 있는 위험요소로서 등기 오류 및 확인소홀, 부동산 확인소홀로 발생하는 분쟁위험, 거래계약이행의 위험, 대금결제의 위험 등이 있다. 현재 국내시장은 단순히 중개계약상에 발생하는 계약내용 확인상의 위험요소를 일부 방지하는 정도에 머물고 있으며 중개업소가 공제조합에 가입하는 보험에만 의존하고 있어서 더욱 위험하다. 수요자가 거래하고자 하는 중개업소의 거래사고 내용조차 확인이 불가능하며 단순히 가입한 보험증서 복사본을 수요자에게 제공하는 것이 마치 거래 안정성을 모두 보장하는 것처럼 인식되고 있다. 하지만 외국의 경우는 거래상 발생할 수 있는 모든 위험요소를 권원보험과 에스크로 제도로 방지하고 있다.

에스크로 제도란 판매자와 구매자 사이에서 발생할 수 있는 사고를 미연에 방지하기 위한 제도로 구매자가 구매확인을 하기 전까지 대금을 신용있는 제

3기관에 위탁하여 보관하게 하는 거래 안전제도이다.

에스크로 제도가 국내 중개실정과의 가장 큰 차이는 위험요소에 대한 사전적 방지제도란 점이다. 국내에서 부동산 중개 계약 시에는 계약금, 중도금, 잔금의 형태로 진행되는 과정에서 고의적 계약 불이행이 발생하는 경우에 법적인 대응을 하게 되지만 에스크로 제도의 경우는 부동산의 권리가 매수자에게 완전히 이전되지 않으면 매수자에게 어떠한 대금도 지불되지 않는 사전적 제도이다. 외국에서는 에스크로 제도를 권원보험을 통하여 시행되고 있다.

권원보험은 부동산 물권취득과 관련해 등기부와 실제 물권 관계가 일치하지 않을 경우, 또는 이중매매나 공문서 위조, 기타의 사유로 인해 소유권을 취득하지 못하는 경우 그 손실을 돈으로 보상해 주는 보험으로 보험 가입시 에스크로에 의해 지급대금이 보호되는 형태를 취한다. 즉 부동산 취득 및 변동에 따른 하자로 인한 손해로부터 피보험자를 보호하고 법률상의 문제해결을 포괄적으로 제공하며 부가적으로 등기관련 세금 및 비용에 대해서도 신뢰할 수 있는 정보를 지원한다. 국내에서 권원보험은 소유권용과 임차권용 2가지 있으며 권원보험의 특징은 다음과 같다. 첫째 보험계약 이전의 하자에 대해서도 보장을 받는다. 둘째 보험기간은 보험가입자가 부동산 소유권을 양도할 시점까지 보험의 효력은 유효하다. 등기제도에 대한 공신력이 인정되지 않은 국내 부동산 거래의 현실을 감안한다면 빠른 도입이 필요하다고 판단된다.

마지막으로 부동산 종합서비스의 선진화를 위해서는 지식기반의 종합적인 정보시스템에 대한 구축방안도 모색하여야 한다. 2006년도부터 건설교통부에 의해 실거래가에 대한 데이터가 구축되고 있으며 향후에는 실거래가를 기반으로 한 거래량, 지수 등과 같은 다양한 정보를 생산할 수 있을 것으로 전망한다.

4 국내 부동산 종합비지니스 발전을 위한 과제

우선 제도적 한계를 극복하는 것이 필요하다. 부동산 전문업종별 전문업 법을 통합한 법 요건과 겸업에 대한 제한을 삭제하여 서비스 수요자에게 컨설팅, 평가, 중개, 세무, 법률적 서비스를 한 장소에서 원-스탑으로 받을 수 있게 제

공하는 것이 필요하다. 또한 경제규모의 대형화가 동시에 이루어져 해외 부동산 서비스 회사의 경쟁력을 갖추어야 한다. 해외 부동산 서비스업체의 경우는 부동산중개법인이 아닌 부동산 종합컨설팅업체로 국내에서 활동하고 있어 법적 규제가 약한 점을 이용하고 있다. 또한 외국기업과의 경쟁력을 갖기 위한 설립요건 강화도 필요하다. 전문업 자격증을 소유한 직원에 대한 제도적 기반을 갖출 수 있게 해야 하며 설립요건 중 지원이 필요한 법인세율인하, 외국자본 유치혜택 등을 부여하여야 한다. 마지막으로 거래를 희망하는 수요자를 위한 보호 장치도 병행해야 하며 앞에서 거론한 권원보험 및 에스크로 제도의 의무화, 부동산 실명제 등 다양한 제도적 해결책을 모색하여야 한다. 이상과 같이 현재의 한계를 극복하고 공익적 정보를 축척한다면 국내에서도 외국 부동산 종합서비스 업체와 경쟁할 수 있는 발판을 마련하게 될 것이다.

알투코리아부동산투자자문(주)

1 부동산투자자문회사 개요

투자자문(investment advising)이란 일반적으로 투자와 관련하여 투자대상에 대한 가치판단과 선정, 투자나 매매에 대한 자문행위를 가리킨다. 투자자문업의 형태는 일반적으로 업무내용에 따라 '투자정보출판업', '투자조언업', '투자일임업'의 세 가지 형태로 크게 분류하고 있다.

부동산투자자문회사는 부동산투자회사법에 근거하여 건설교통부에 등록된 회사로서 ① 부동산투자회사로부터의 평가업무(부동산투자회사법 제26조3항) ② 부동산투자회사의 위탁업무(부동산투자회사법시행령 제25조) ③ 일반회사나 개인으로부터의 위탁업무를 수행한다. 부동산투자회사로부터의 평가업무는 부동산투자회사가 부동산개발사업에 투자하고자 하는 경우 동법 시행령 제30조에 의한 사업계획서를 작성, 부동산투자자문회사의 평가를 거쳐야 하도록 법에 규정하고 있다. 따라서 사업의 추진일정, 추진방법 및 건축계획 등이 포함된 사업계획에 관한 사항 뿐만 아니라 자금의 조달, 투자 및 회수에 관한 사항에 대한 평가를 실시하게 된다.

부동산투자회사의 위탁업무는 부동산 자산의 투자 및 운용에 관한 주총 또는 이사회 의사결정에 필요한 조사·분석 및 정보제공 업무를 수행하거나 부동산투자회사법 제21조의 규정에 의한 부동산 자산의 투자 및 운용에 관한 자문 및 평가 등의 업무를 수행하게 된다. 마지막으로 일반회사(개인)으로부터의 위탁업무는 부동산 개발이나 투자에 대한 자문 업무를 수행하는 것을 이른다.

이러한 부동산투자자문회사는 2007년 5월 현재 16개사가 등록되어 있으며 그 현황은 다음 표와 같다.

일련번호	등록번호	회 사 명	대표자	등록일	자산운용전문인력	연 락 처	
						주 소	전화번호
1	제2001-1호	(주)한국감정원	장동규	'01. 9.11	11명	서울시 강남구 삼성동171-2	(02)2189-8000
2	제2001-2호	(주)하나글로벌감정평가법인	김태환 임성규	'01. 9.11	4명	서울시 강남구 도곡동909-3 한독빌딩3층	(02)593-2000
3	제2001-3호	(주)SAMS	김무현	'01. 9.11	7명	서울시 영등포구 여의도동36-1삼성생명16층	(02)3770-4791
4	제2001-4호	(주)디지털태인	이동중	'01.10. 5	3명	서울시 서초구 서초1동1623-2송원빌딩4층	(02)3487-9996
5	제2001-6호	알투코리아부동산투자자문(주)	이 현	'01.10.25	3명	서울시 강남구 삼성동159-9도심공항1006호	(02)2016-5252
6	제2001-7호	(주)나라감정평가법인	정 균	'01.12.12	5명	서울시 종로구 적선동80적선현대빌딩808호	(02)737-8871
7	제2002-9호	프라임감정평가법인(주)	신종웅	'02. 1.25	3명	서울시 강남구대치동 1008-4 새마을빌딩5층	(02)556-8002
8	제2002-10호	코리아에셋인베스트먼트(주)	유재은	'02. 2.14	3명	서울시 강남구삼성동158-23 영진빌딩10층	(02)6202-3000
9	제2002-11호	휘닉스개발투자(주)	박문수 안명호	'02. 2.23	3명	서울시강남구대치동946-1글라스타워30층	(02)527-9496
10	제2002-14호	(주)신영에셋	정춘보	'02. 5. 4	6명	서울시강남구삼성동159-1아셈타워17층	(02)6001-2700
11	제2002-15호	포유부동산투자자문(주)	강길상	'02. 5.13	3명	서울시 영등포구여의도동13 진미파라곤빌딩533호	(02)6279-0885
12	제2002-16호	(주)가온감정평가법인	노태중	'02. 7.26	4명	서울시 강남구 도곡동 949-3 캠코양재타워 8층	(02)3460-4100
13	제2004-17호	저스트알(주)	홍성진	'04. 4.30	4명	서울시 강남구 역삼동 706-9 일상빌딩	(02)564-7132
14	제2004-18호	유니에셋(주)	정도현	'04.11.25	3명	서울시 강남구 논현동278-3 프라임은행빌딩4층	02)2124-4800
15	제2006-19호	(주)램코부동산투자자문	황영채	'06. 5.29	5명	서울시 강남구 논현1동120-1	02)541-5553
16	제2006-20호	삼성에버랜드(주)	박노빈	'06. 9. 4	3명	서울시 중구 을지로1가 87	02)728-4351

* 건설교통부, 2007. 5월현재

2 국내 부동산투자자문업의 문제점과 개선과제

부동산간접투자의 활성화와 더불어 부동산투자자문업의 중요성은 더해 갈 것으로 보이나 국내 투자자문업은 여러 문제점을 내포하고 있기 때문에 활성화에는 어려움이 예상된다.

첫째, 증권회사와 자산운용회사와는 달리 은행은 겸업규정이 없어 부동산투자자문업에 진출할 수 없다.

둘째, 부동산전문가와 관련해서 부동산투자회사법에서는 부동산투자자문회사라고 규정하고 있는데 반해 간접투자자산운용업법에서는 감정업자로 한정하고 있어 일관성이 없으며 실질적으로 부동산펀드이나 증권펀드나 특별자산펀드로 분류되어 부동산전문인력이 필요없는 것으로 인식되고 있다. 특히 전문인력 교육내용에 있어서 부동산투자회사법과 간접투자자산운용업법이 서로 상이하며 금융전문인력은 소정의 교육으로 부동산투자회사법상 전문인력이 될 수 있으나 부동산전문인력(공인중개사 등)은 간접투자자산운용업법상의 전문인력이 될 수 있는 길이 없는 실정이다.

셋째, 등록투자자문업자의 기능과 사업영역이 확장되어야 하나 현재는 부동산투자자문회사로 등록한 회사들이 간접투자자산운용업법상의 전문인력의 역할을 할 수 없으며 전업투자자문업자 역시 부동산투자자문을 할 수 없다.

이상과 같은 문제점으로 부동산투자자문업의 활성화가 이루어지지 못하고 잇으므로 다음과 같은 제도 개선방안이 필요하다.

부동산투자회사법과 간접투자자산운용업법의 부동산전문인력을 통일할 필요가 있다. 또한 부동산전문인력의 육성방안으로 미국의 CCIM, CPM같은 부동산자격을 국내에 도입할 필요가 있다. 나아가 부동산시장의 선진화와 개방화에 대응하고 국민들의 일관된 서비스에 대한 기대에 부응하고자 종합부동산회사의 설립이 요구된다.

3 알투코리아부동산투자자문(주) 회사개요

2000년 11월에 설립된 알투코리아부동산투자자문(주)는 데이터베이스를 기초로 한 부동산 시장분석 및 투자자문을 전문으로 하는 회사로 주로 상업용 부동산을 전문 영역으로 사업을 수행하고 있다. 알투코리아 부동산 투자자문 주식회사는 부동산114주식회사의 자회사로 초기 부동산114주식회사의 리서치센터에서 출범하여 독립하였으며 리서치센터일 때부터 오피스빌딩에 대한 기본정보 및 공실정보를 데이터베이스화 하여 구축하였으며 2001년 2월 국내 최초의 부동산분석 보고서인 R2 Market Report를 창간하였다.

알투마켓리포트는 알투코리아와 부동산 114(주)가 보유하고 있는 시장 데이터를 바탕으로 과학적으로 분석하였으며 기존 부동산 정보지가 제공하던 단순 가격비교 형식에서 벗어난 아파트 지수를 월별로 제공하고 있으며, 오피스 시장의 임대료 현황과 공실률을 분기별로 분석하여 보고서 형태로 제공하였다. 현재 알투마켓리포트는 해외부동산 정보를 포함한 GRE Report로 개간되어 온라인 토큐먼트 형태로 제공되고 있다. 부동산114(주)와 알투코리아가 구축한 데이터베이스는 투자분석의 기초자료로 활용되고 있으며 부동산투자수익성 분석, 부동산 자산가치 산정 등 투자자문 사업을 성공시키는 기초가 되었다.

4 알투코리아 부동산 투자자문 주식회사 주요 사업모델

알투코리아부동산투자자문(주)는 1)투자분석 2)임대차 3)자산관리 등 3가지 사업영역을 구축하고 있다. 이 3가지 사업영역의 기반은 정보화사업으로서 모든 사업을 과학적인 데이터와 분석을 통해서 진행하고 있다.

알투코리아 부동산 투자자문 주식회사는 전국적으로 2,500개의 중개업소 네트워크를 구축하고 있으며 80여개 빌딩관리회사와의 제휴를 통하여 기본적인 정보 수집과 부동산 투자관련 사업을 도모하고 있다.

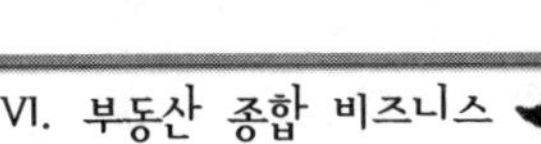

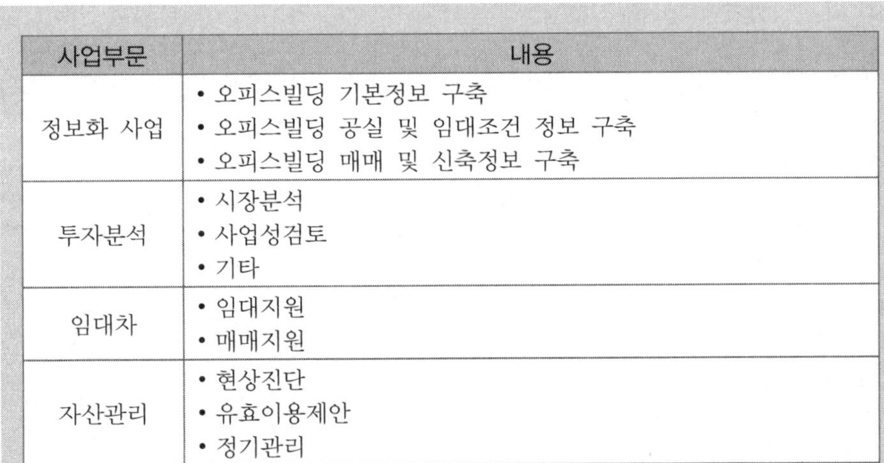

사업부문	내용
정보화 사업	• 오피스빌딩 기본정보 구축 • 오피스빌딩 공실 및 임대조건 정보 구축 • 오피스빌딩 매매 및 신축정보 구축
투자분석	• 시장분석 • 사업성검토 • 기타
임대차	• 임대지원 • 매매지원
자산관리	• 현상진단 • 유효이용제안 • 정기관리

VII. 부동산 정보 비즈니스

1 부동산 정보의 연혁과 개념

정보의 사전적 의미는 관찰이나 측정을 통하여 수집한 자료를 실제 문제에 도움이 될 수 있게 정리한 자료를 말한다. 정보에 대한 니즈는 초기에 특정 그룹에 의해서 발생하였으며 단순한 정보의 공유 차원에서 시작되었다. 예를 들어 중개업소의 경우는 지역 내의 중개업소와 협력하여 공동중개를 하기 위해서 또는 토지와 같은 특정매물을 전문으로 취급하는 업소간의 정보 교류를 위하여 업소가 보유한 물건 정보를 팩스나 우편을 이용하여 공유하는 행위가 부동산 정보의 시작이었다.

국내 부동산 정보 중 가장 오래된 정보는 과거 주택은행이 1973년도에 실시한 "융자주택실태조사"이며 현재 국민은행이 "주택금융수요실태조사"란 명칭으로 정보를 지속적으로 구축하고 있지만 초기 조사에서는 국민은행 대출고객으로 한정되어 있었다. 또한 舊 국민은행은 1986년도에 37개 도시 표본주택 2,498호에 대한 주택가격 조사결과를 일반통계로 공표한 바가 있다.[53]

민간 기업으로서는 1988년 부동산뱅크가 주간 부동산뱅크 간행물을 출간하

〈부동산 정보지 사례〉

정보지명	발행처	창간호	비고
부동산뱅크	(주)부동산뱅크	1988년 10월	주간지, 2004년 6월 이후 휴간 상태임
내집마련정보	(주)내집마련정보사	1990년 2월	월간지, 현재 격월지로 발간하고 있음.
주택저널	대한주택건설협회	1986년 9월	초기 협회지로 시작하였으며 1995년부터 일반인 판매를 시작함
부동산테크	한국감정원	1999년 5월	월간지

53) 국민은행 웹사이트(www.kbstar.com).

면서 국내에서 본격적인 부동산 정보 비즈니스가 시작되었다. 주간지 부동산뱅크는 전국 아파트 시세, 부동산 분양을 중심으로 정보를 구축하여 제공하였으나 2004년 6월 최종호 발행 이후 휴간상태이다. 1990년대에는 부동산 정보지를 중심으로 본격적인 부동산 정보 비즈니스 시장를 열었으며 다양한 정보지를 발행하기 시작하였다.

이 외에도 아파트 평면도에 대한 정보를 수집하여 책으로 출간한 아파트백과와 함께 부동산·건설 분야의 뉴스기사를 모아서 일간단위로 제공하는 일간건설[54] 등이 있었다.

2000년대에 들어서면서 국내 IT시장의 성장과 함께 부동산에 대한 정보도 전문 데이터베이스로 구축되기 시작하였으며 과거 일부 특정 분야에서 요구하는 부동산정보에서 일반인들이 요구하는 부동산 정보 중심으로 성장하였다. IT의 성장은 부동산 정보에 있어서도 큰 공헌을 하였는데 그 특징은 24시간 누구나 인터넷이 되는 장소에서는 정보를 열람할 수 있는 편리성이 추가되었다.

일반인들은 집을 구하기 위해 많은 시간을 할애 하면서 현장을 방문할 필요가 없이 인터넷을 통하여 원하는 지역의 부동산 가격 및 매물 정보를 열람할 수 있을 뿐만 아니라 해당지역의 투자가치를 파악하기 위한 뉴스, 분양, 부동산 시황, 동향 등을 모두 볼 수 있게 되었다. 또한 정보를 제공하는 업체도 과거와 달리 수집한 정보를 디지털로 구축하게 되어 공간적 측면의 효율성과 자료이용의 편리성을 갖게 되었다.

인터넷을 통하여 제공되는 부동산 정보는 부동산 시세를 중심으로 시작되었다. 부동산 시세는 아파트의 시세를 중심으로 일정한 주기로 조사하여 현재 시세와 과거 시세를 비교하여 시황을 작성하게 되고 이러한 자료를 인터넷을 통하여 제공하게 되면 일반인들은 현재 거주하는 지역의 시세 및 향 후 이동하고자 하는 지역의 시세를 동시에 습득할 수 있게 되었다. 인터넷을 통한 부동산 정보의 열람은 급속도로 성장하게 되었다. 2007년 7월 현재 부동산114 사이트의 1일 평균 방문자 수는 108,506[55] 명이다.

일반인들의 니즈도 다양해 졌다. 과거 시세정보만이 아니라 부동산 뉴스, 분

---

54) 일간건설은 2002. 6월 일간건설신문으로 제호를 변경하었음.
55) 자료 출처 : 랭키닷컴(www.rankey.com).

양정보, 부동산에 대한 이미지 등 다양한 니즈를 표출하게 되었으며 정보업체도 이러한 니즈를 만족시키기 위해서 언론사와의 제휴를 통한 뉴스정보 구축과 건설사의 협력관계를 통한 분양정보, 평면도, 단지배치도 등을 제공받아 독자적인 데이터베이스를 구축하기 위하여 노력하고 있다.

오프라인의 경우는 2000년대 이 후 부동산 매물정보를 제공하는 지역정보지와 부동산시세, 동향 등을 제공하는 주요일간지로 나누어진다. 2000년대 부동산 경기와 맞물려 이러한 정보 비즈니스도 급속도로 성장하게 되었으며 2006년 7월 31일 현재 부동산정보협회[56]에 가입된 회원사는 14개 업체가 소속되어 있다.

부동산 정보는 크게 다음과 같이 나눌 수 있다.

대분류	세부정보
컨텐츠정보	뉴스, 시황, 칼럼, 연구자료, ...
부동산 자체 데이터 정보	시세, 실거래가, 거래량, 매물, 분양물량, 입주물량. ...
부동산 관련 데이터 정보	중개업소 현황, 중개업자 현황, 관련업계현황, ...
멀티미디어 정보	평면도, 단지배치도, 조감도, 위치도, ...

이와 같은 정보를 비즈니스 상품으로 개발하여 수익구조를 만들며 앞서 설명한 것과 같은 잡지형태에서 디지털 데이터로 판매하는 시장으로 성장하였다.

2 부동산 자체데이터를 활용한 정보 비니지스

온라인 컨텐츠 상품으로 처음에 활용된 정보는 부동산 시세정보이다. 부동산 정보업체가 전국시세를 수집하여 개인사용자가 편리하게 이용할 수 있는 PC통신회사에 제공하고 콘텐츠제공비용을 사업화하였다. 이러한 시세 정보는 포털사이트의 등장과 함께 더욱 성장하게 되었으며 국내 5대 포털[57]에서는 이러한

56) 설립일 : 2004년 11월 16일.

57) 2007년 6월 말 기준랭키닷컴 순위(네이버, 네이트, 다음, 엠파스, 야후코리아).

부동산시세정보를 제공하고 있는 실정이다. 정보업체 들 간의 시장경쟁이 치열해지면서 정보 신뢰도를 높이기 위해 노력하게 되었다. 각 업체들은 아래와 같이 다양한 내부기준을 세워서 양질의 정보로 만들어가고 있다.

〈부동산114 아파트정보 현황(2007년 6월 31일 현재기준)〉

구분	세부내용
조사단지 수	19,961건
시세조사 주기	주간단위
보유정보 항목	• 소재지 : 도시, 구시군, 읍면동, 상세번지 • 세대수 : 총세대수, 타입별세대수 • 건축관련 : 시공업체, 시행업체, 분양일, 입주일 • 단지 : 동수, 타입분포, 총층, 난방방식 • 교통환경 : 주차대수, 버스노선수, 주요도로, 주변 지하철호선 • 타입별 상세 : 전용면적, 세대수, 방수, 대지지분, 분양가 추가항목 : 평면도, 지도

이러한 데이터베이스를 활용한 비즈니스는 초기에 단순히 데이터베이스 납품형태의 비즈니스로 진행되었다. 데이터베이스 정보를 필요로 하는 업체는 주로 금융기관이었으며 부동산담보대출 심사를 위하여 활용되었다. 이렇게 데이터정보가 상품이 되자 업체들 간의 경쟁이 치열해졌으며 정보업체들 중에서는 다른 상품을 판매하면서 시세정보를 저렴한 가격으로 할인하게 되었고 부동산경기가 가열되면서 2005년 정부에서 시세정보의 신뢰도 문제를 거론하기 시작하였다. 이 시점에 금융감독원에서는 금융기관에 시세자료 이용을 사기업에서 제공하는 정보보다 감정원, 국민은행 시세데이터 이용을 권하게 되어 시세정보업체들의 데이터베이스 판매가 어렵게 되었다. 즉 금융기관은 감정원, 국민은행 시세를 우선 이용하고 2차 비교자료 수준으로 사 기업체에서 제공하는 시세DB를 선택조건으로 사용하게 되었기 때문에 판매시장은 줄어들었다. 정보업체는 데이터판매시장을 넓히기 위해 건설사를 대상으로 한 판매 전략을 수립하여 건설사의 분양지역에 대한 분양가산정을 위한 데이터로 제공하게 되었다. 부동산정보제공은 시대적 흐름에 맞추어 고객이 원하는 형태로 맞춤상품으로

제공되고 있다. 현재는 아래와 같이 다양한 방법으로 제공하고 있다.

- 금융기관을 대상으로 프로젝트 파이낸싱의 기초자료로 제공
- 인테리어 업체와 같은 부동산관련 업체들에게 신규입주 단지정보 제공
- 건설사 분양을 위한 분양지역 동향 및 시세정보 제공
- DM마케팅을 위한 기초자료 제공(단지내 평형정보, 시세정보 등)

부동산정보는 더욱 다양하게 시장 활로를 찾아 갈 것이며 정보의 구축과 새로운 상품개발로 발전할 것이다. 위에서 언급한 것 외에도 정보업체는 온라인사이트를 통하여 고객이 원하는 서비스 개발에 있어서 현재까지 구축된 정보를 활용하여 고객 만족도를 높이고 있다. 부동산114(주)의 경우는 거래지원서비스를 개발하여 개인의 부동산거래를 지원하고 있으며 이 서비스를 제공받는 고객은 원하는 매물정보와 동시에 해당 구시군의 가격동향, 해당매물의 과거시세를 자동적으로 제공받고 있다. 이와 유사한 서비스는 스피드뱅크의 투자센터, 닥터아파트에서도 시행하고 있다.

더 나아가 부동산114(주) 구축된 정보를 활용할 수 있는 솔루션을 개발하여 REPS라는 상품으로 판매도 하고 있다. REPS는 증권투자프로그램과 유사하게 개발하여 이용자가 부동산114의 정보를 자신이 원하는 형태로 데이터베이스로 만들 수 있는 프로그램이다. REPS 프로그램은 부동산전문가를 위하여 개발되었으며 부동산과 연계된 업종인 은행PB 컨설턴트, 부동산학과, 중개업소를 대상으로 REPS의 LITE버전에 해당하는 I-REPS도 출시하여 신뢰있는 정보회사의 이미지도 동시에 획득하고 있다. 지금까지 언급한 데이터베이스 정보사업은 무엇보다 정보의 신뢰도가 중요하기 때문에 각 정보업체들은 자신의 데이터베이스 구축의 신뢰도를 알리는 작업도 동시에 진행하고 있다.

여기서 국민은행의 시세정보에 대해서 알아보자 국민은행은 1986년 舊 주택은행시절부터 37개 도시 표본주택 2,498호에 대한 조사를 시작으로 현재까지 주택 매매 및 전세가격 변동상황을 조사하고 있다. 2007년 6월 기준 전국 조사 표본수가 19,044개이며, 이 중 아파트 표본수는 15,672개 이다. 이러한 정보는 건설교통부 실거래가와 비교하여 신뢰도를 높이는 작업도 진행하고 있다.

3 부동산정보업체 개요

(1) 부동산정보회사의 정의

① 법률적 정의

부동산정보업에 대한 법률적 정의로는 먼저 "공인중개사의 업무 및 부동산 거래신고에 관한 법률" 제24조(부동산 거래정보망의 지정 및 이용)에 정의된 부동산거래정보사업자에 대한 정의를 들 수 있다. 즉, 부동산거래정보사업자란 "중개업자 상호간에 부동산매매 등에 관한 정보의 공개와 유통을 촉진하고 공정한 부동산거래질서를 확립하기 위하여 부동산거래정보망을 설치·운영하는 자"라고 정의하고 있다. 그러나 부동산거래정보사업자 중 아시아나항공은 2006년 12월 지정을 취소하였으며, 2007년 11월 현재 한국공인중개사협회, 감정원 등이 지정되어 있어 사실상 유명무실한 상태이다. 2007년 8월 발의한 의안번호 7248호에 규정한 부동산정보제공업이란 '전기통신사업법'에 따른 부가통신사 사업자로서 영리를 추구할 목적으로 부동산 매물, 시세, 통계, 개발, 금융, 조세에 대한 정보 제공을 업으로 행하는 것 중 중개업을 제외한 것을 말한다고 규정하고 있다.[58)]

이 두 가지 정의 중에 유의할 점은 '부동산거래정보망'이란 중개업자 상호간의 정보교환을 목적으로 설치, 운영되고 있는 것으로 부동산 수요자(소비자)가 이용하거나 활용할 수 있는 것은 아니다. 이에 반해 '부동산정보제공업'이란 정의는 소비자가 정보를 이용하거나 활용할 수 있는 것으로서 부동산정보업체에 적절한 정의는 후자라고 볼 수 있다.

② 일반적 정의

기존 연구에서는 부동산정보회사가 부동산관련 데이터를 수집, 가공하여 필요한 정보로 만든 후 인터넷을 통해 일반 수요자에게 전달하는 서비스를 하는 업체를 말하는 것으로 규정하고 있다.[59)] 하지만 부동산정보회사의 정의에는 정

58) 현재 국회에 계류 중임.

보를 수집, 가공, 전달하는 서비스와 함께 이를 활용하여 중개업소 회원을 모집하는 영업행위를 수반하는 사업까지를 포함시켜야 바람직할 것이다. 따라서 부동산정보회사는 부동산정보를 활용하여 개인회원을 유치한 후 이를 기반으로 중개회원(중개업자)을 대상으로 영업행위를 수행하는 회사를 의미한다고 볼 수 있다. 즉, 부동산정보를 기반으로 하는 영업행위가 부동산정보회사 여부를 결정하는 중요한 고려사항이 된다.

(2) 부동산정보회사의 유형

부동산정보회사는 사업방식과 수익구조 그리고 취급하는 정보 등을 기준으로 포털, 인터넷부동산정보회사, 언론부동산정보회사, 경매부동산정보회사, 지역부동산정보회사 등으로 분류할 수 있다.

① 포털사이트

부동산정보회사 뿐만 아니라 포털사이트 역시 부동산정보사업을 하고 있으며, 과거 부동산정보회사 입점구조에서 입점과 함께 직접 매물 등록업체를 모집하는 두 가지 수익구조를 병행하고 있다. 즉, 영업대행사를 지정하고 수익을 배분하는 방식으로 부동산정보사업에 진출하고 있다는 말이다.

〈포털사이트의 부동산매물사업 대행사〉

포털명	영업대행사	비고
네이버	서울 : 부동산몰 경기 : 부동산리빙	2006년 9월부터 진행
다음	리보에스티	2006년 10월부터 진행
야후코리아	부동산클래스	2006년부터 진행
네이트, 엠파스	미정	2007년 모네타에서 총괄 관리함

59) 최민섭, "인터넷부동산서비스품질이 마케팅성과에 미치는 영향에 관한 연구," 건국대학교 대학원, 2005.12.

특히 국내의 인터넷비즈니스의 경우 포털사이트의 시장지배력을 감안하고 사업방식의 유사성을 고려하면 포털사이트들도 부동산정보회사에 포함시키는 것이 바람직할 것이다. 부동산 부문에서의 포털사이트의 영향력을 살펴보면 인터넷 정보 사이트의 순위 정보를 제공하는 랭키닷컴에 의하면 포털사이트의 부동산정보 제공 카테고리에 포함된 사이트 중 1위는 네이버부동산인데 일일 평균 방문자수 204,068, 일일 평균 페이지뷰 3,757,515로 부동산종합정보 카테고리에 포함된 사이트 중 1위인 부동산114에 비해 훨씬 높은 방문자수와 페이지뷰를 기록하고 있다.

〈포털사이트와 부동산정보회사 비교〉

(단위 : 명, 페이지뷰)

사이트	일평균방문자수	일평균페이지뷰
네이버부동산	204,068	3,757,515
부동산114	125,344	2,741,465

* 랭키닷컴, 2007.11.28.

특히 인터넷 부동산정보 사이트에 접속하는 방법으로 인터넷부동산정보회사로 직접 접속하는 방법보다는 대형포탈 또는 검색서비스를 통해 접속하는 비중이 54.7%로 상대적으로 높게 나타났기 때문에 역시 포털사이트를 분석의 대상으로 포함하는 것이 필요함을 보여주고 있다.

〈인터넷 부동산정보 사이트 접속방법〉

구분	인터넷 부동산회사로 직접접속	대형포탈 또는 검색서비스를 통한 접속	합계
빈도	39	47	86
비중	45.3%	54.7%	100.0%

* 인터넷 부동산 정보사이트 실태조사보고서, 부산소비자연맹, 2007.12.

2007년 상반기를 기준으로 국내 온라인광고시장에서 4개 포털사이트가 차지하는 비중은 66.8%에 이르며 2006년 상반기 57.2%에서 지속적으로 증가하여 4개 포털사이트의 시장지배력이 갈수록 증가하고 있음을 보여주고 있다.

〈반기별 매체광고 집행 현황〉

(단위 : 천원)

구분	07년 상반기	06년 하반기	06년 상반기
총금액	227,461,242	212,340,226	201,129,226
네이버	59,358,936	57,065,639	47,055,213
다음	46,762,947	43,739,602	32,011,806
네이트	26,973,736	17,146,716	20,015,388
야후	18,923,355	15,244,424	16,037,049
4개 포털 합계	152,018,974	133,196,381	115,119,456
4개 포털 비중	66.8%	62.7%	57.2%

* 리서치에드, "007년 상반기 인터넷 노출형 광고 결산보고," 2007. 7.

② 인터넷 부동산정보회사

인터넷부동산정보회사는 PC보급률 증가와 인터넷 확산에 따라 과거 오프라인 정보에 의존하던 일반인들도 온라인으로 빠르게 전환되면서 수많은 신생사업자들이 중개업소를 대상으로 하는 부동산정보사업에 참여하게 되었다. 현재는 인터넷 종합부동산정보회사와 함께 원룸정보, 상가와 같은 틈새시장을 노린 인터넷 전문 부동산정보회사도 자리를 잡아가고 있다. 랭키닷컴의 자료에 의하면 부동산종합정보 카테고리의 순위 10위 내에는 부동산114, 닥터아파트, 스피드뱅크, 부동산뱅크, 부동산써브 등이 포함되어 있으며 부동산114가 오랫동안 업계 1위를 유지하고 있다.

〈부동산종합정보 순위〉

(단위 : 순위, %, 명, 페이지뷰)

순위	사이트명/기업명	전체 순위	분야 점유율	일평균 방문자수	일평균 페이지뷰
1	부동산114	160	19.46%	125,344	2,741,465
2	닥터아파트	198	15.43%	90,103	2,072,192
3	스피드뱅크	199	15.43%	101,744	1,427,715
4	중앙일보 조인스랜드	242	11.48%	69,586	1,114,858
5	부동산뱅크	274	9.56%	59,920	967,222
6	부동산써브	304	8.53%	40,295	802,257
7	파인드하우스	410	6.18%	35,992	836,285
8	온나라부동산정보 통합포털	1,261	1.72%	12,428	144,828
9	부동산119	1,738	1.21%	9,213	132,847
10	LBA경제연구소	2,306	0.87%	3,853	117,537

* 랭키닷컴, 2007.11.28.

③ 언론부동산정보회사

언론부동산정보회사는 언론 사이트가 가지는 자체적인 흡입력을 활용하여 부동산 메뉴를 사업화한 것을 말한다. 중앙일보의 자회사인 조인스랜드를 들 수 있으며 매일경제, 한국경제 등 경제지들도 관련 사업을 하고 있으며 한경닷컴, 매경인터넷에서 사업을 주도하고 있다.

하지만 이러한 유형의 부동산정보회사는 뉴스를 제외하고는 자체 정보를 생산하지 않으며 수익구조에 있어 회원중개업소의 회비가 매출에서 차지하는 비중이 낮기 때문에 인터넷부동산정보회사와는 다른 사업모델을 가지는 것으로 파악된다.

④ 경매부동산정보회사

경매부동산정보회사도 인터넷이나 경매지를 활용하여 회원들에게 부동산정보를 유료로 제공하여 수익을 확보하거나 오프라인 경매 컨설팅을 병행하는 방식으로 사업을 수행하고 있다. 최근 중개회원을 모집하고 있는 경매부동산정보회사도 있어 사업방식이 인터넷부동산정보회사와 유사해지고 있다.

⑤ **지역부동산정보회사**

지역부동산정보회사[60]는 지역망(폐쇄망)이라고도 불리는데 특정지역을 기반으로 소수의 회원들이 부동산정보를 공유하는 사이트를 운영하는 회사로서 공유하는 부동산정보의 대부분은 매물정보이다.

수도권의 특정 구나 지방의 경우 상당수의 지역부동산정보회사가 존재하는 것으로 파악되며 이들의 회비는 몇 백만 원에서 일천만원에 상당할 정도로 고가로서 인터넷사업모델의 일반적인 방식인 소품종 대량생산방식이 아닌 다품종 소량생산방식인 것으로 보인다.

(3) 부동산정보회사의 수익구조

(인터넷)부동산정보회사들의 수익구조는 업체마다 다소 차이는 있지만 일반적으로 중개업소를 대상으로 하는 온라인 가맹점과 오프라인 프랜차이즈 가맹점을 통한 매출이 전체 매출액의 70%를 차지하고 있으며 기업이나 분양광고로부터 20%의 수입 그리고 데이터베이스 판매, 전문가 상담, 교육 등 기타 부가서비스로부터의 수입이 10%정도 되는 것으로 파악된다.

독자적인 브랜드 파워를 가진 회사의 경우 중개업소 매출 비중이 상대적으로 낮았으나 브랜드 파워가 약한 회사의 경우 중개업소를 통한 매출 비중이 높은 것으로 나타났다. 이는 브랜드 파워가 약한 회사의 경우 부가사업을 수행하기가 어렵기 때문인 것으로 판단된다.

〈부동산정보회사의 수익구조〉

(단위 : %)

항목	온라인 가맹점	프랜차이즈 가맹점	광고	기타 부가서비스
비중	60%	10%	20%	10%

* 최민섭, "인터넷부동산서비스품질이 마케팅성과에 미치는 영향에 관한 연구," 건국대학교 대학원, 2005.12

60) 과거에는 거래정보망이라고도 불렀으나 건설교통부에 등록하지 않고 운영하고 있기 때문에 이 명칭을 사용하는 것은 적절하지 않다.

2000년대 초 급격한 성장을 보였던 부동산정보회사들은 최근 전략적 변곡점(strategic inflection point)[61]을 맞이하고 있으며 새로운 수익모델 발굴이나 시장 내 구조조정이 필요한 상황이다. 부동산정보회사들의 수익구조는 몇 년간 변화 없는 상태를 유지하고 있으며 선두업체들의 경우에도 최근 2~3년간 매출 증가 역시 미미한 것으로 보인다.

현재 부동산정보회사는 동일한 수익모델과 유사한 규모로 사업을 진행하고 있어 새로운 수익모델을 개척하거나 아니면 시장의 구조를 변경시킬 수 있는 합종연횡(M&A 등)이 필요한 것으로 판단된다.

4 온라인 부동산 정보업체의 비즈니스 현황

온라인 부동산 정보업체는 시세정보를 사업화하면서 정보 사업시장을 구축하기 시작하였으며 온라인 시장의 발전과 함께 부동산 거래를 희망하는 개인네티즌을 위한 비즈니스 모델을 개발하였다. 온라인 사이트는 개인네티즌이 방문하여 정보를 습득하는 플랫폼을 제공하는 역할을 수행하게 되면서 개인들은 자신이 거래하고자 하는 부동산매물정보에 관심을 갖게 되었다.

정보업체 중에서 매물 정보를 가장 먼저 제공한 회사는 부동산114이며 벤처붐이 불던 1999년 중개업소 홈페이지를 제작하고 홈페이지 내 매물 정보와 부동산114 사이트 내에서 매물을 제공하게 되었다. 매물정보는 과거 개인이 원하는 매물을 찾으려 해당지역의 중개업소를 방문하고 그 지역시세와 원하는 매물이 존재하는 유무를 확인하는 번거로움을 인터넷을 통하여 한 번에 해결해주는 원-스탑 서비스 개념으로 제공되었다. 중개업소들도 당시 홈페이지를 가지고 있고 홈페이지 URL을 영업도구로 업소 명함에 추가함으로써 차별적인 마케팅 도구로 활용되었다. 강남지역을 중심으로 영업적으로 도움이 되는 효과가 소문이 나고 이와 맞물려 정보업체는 새로운 수익구조를 갖게 되어 더욱 적

61) 기업 환경에서 전략적 변곡점은 기존의 경영방식과 시장경쟁 등 기존의 구조에 새로운 균형이 가해지는 시점을 의미함. 수학용어였던 변곡점을 기업 경영이론에 도입한 이가 앤디 그로브 전 인텔 사장으로 기업의 흥망을 좌우할 수도 있는 변곡점을 성공리에 보낼 수 있느냐는 순전히 타이밍 감각에 달려 있다고 강조함.

극적으로 매물홍보 업소를 모집하게 되었다. 현재 정보업체는 중개업소 회원사 상품으로 중개업소 홈페이지, 정보업체 매물홍보, 중개업소 운영관리 툴을 제공하고 있다.

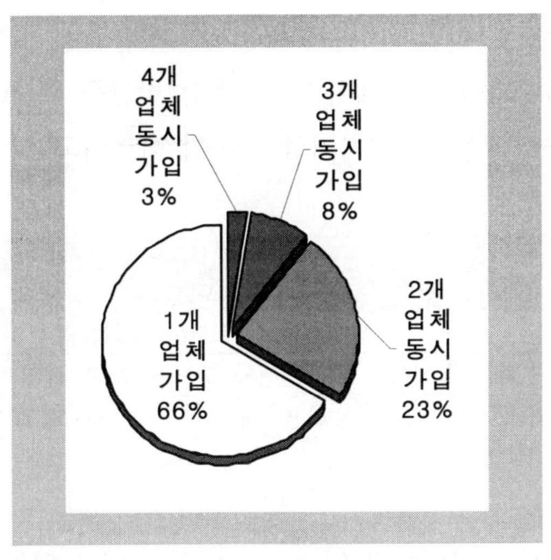

매물정보를 활용한 중개업소 회원 비즈니스의 시장 규모는 약 400억으로 추정하고 있다. 선두주자인 부동산114와 스피드뱅크가 150억 정도 매출을 발생시키고 있다. 2005년 말 기준 건설교통부기준 전국 중개업자수 현황은 78,611개이며 이 중 부동산 정보업체 가입자수는 약 30,000개 업소로 추정하고 있다[62]. 중개업소는 각 업소의 홍보 전략에 따라 2개 이상을 가입하는 경우가 있으며 정보업체 상위 4개 업체를 대상으로 조사한 결과는 2개 이상 정보업체에 가입한 중개업소의 비중이 44%이다. 서울 수도권에서 운영하고 있는 중개업소의 경우는 부동산거래경기와 맞물려 업소 운영비가 여유가 있는 경우는 2개 이상을 가입하는 경향이 있으며 부동산 거래경기가 나쁠 때는 1개만 선택하고 있다.

부동산정보업체의 비즈니스 중에서는 매출이 가장 높은 비즈니스이며 2005년 이 후 부동산정보업체 뿐만이 아니라 포털도 부동산 정보사업을 과거 정보업체 입점 구조에서 정보업체 입점과 직접 매물 등록업체를 모집하는 두 가지 수익구조를 병행하고 있다. 포털은 영업대행사를 지정하고 수익을 배분하는 사

62) 부동산114 내부 조사자료에 근거함.

업제휴를 취하고 있다.

포털과 언론사에서 발생하는 매출을 고려할 경우는 시장규모는 500억 이상으로 추정이 되며 시장경쟁구조도 과거 정보업체간의 경쟁에서 정보업체와 포털이 동시에 경쟁하는 시장으로 변화하고 있다. 매물정보를 활용한 비즈니스는 중개업소의 시장경쟁도 치열해지면서 파생적인 상품들을 만들고 있다. 정보업체들은 회원사당 수익구조를 극대화 할 수 있는 방안을 모색하였고 그 결과 온라인 중개업소 회원사 상품을 3가지로 나누어 판매하고 있다.

상품구분	내용
일반기본 상품	기본 홈페이지 제공, 매물 홍보수
일반고급 상품	고급 홈페이지 제공, 매물 홍보수 확대, 일부광고 무료지원
프렌차이즈상품	정보업체 브랜드 사용허용, 매물 홍보시 브랜드 부착, 영업도구 지원

정보업체별 차별성을 부여하고 있으며 포털과의 매물 연동을 강조하면서 중개업소 회원사 모집을 하고 있으며 시장에서 경쟁이 심화되어 가격할인 및 기간연장 등을 추가적인 혜택으로 제공하는 실정이다.

웹 2.0의 핵심 기술인 오픈 API(Application Programming Interface)를 부동산 분야에 적용한 매쉬업 서비스[63]도 시행되고 있다. 부동산 정보업체 오늘닷컴(http://www.ohnll.com)은 오픈 API를 활용하여 ‘지도 매물검색’ 기능과 부동산 정보 검색 서비스인 ‘Open i’를 출시하였다.

오늘닷컴에서 선보인 ‘지도 매물검색’은 회원들이 부동산 매물 정보를 등록시 네이버 오픈 API를 이용해서 지도상에 매물 위치를 쉽게 표시할 수 있게 만들었다. 이 정보는 오늘닷컴 DB로 가공되어 부동산 매물을 찾는 소비자들이 직관적으로 지도에서 매물 정보와 위치를 찾을 수 있다. 소비자가 매물종류, 거래형태, 가격 등 다양한 조건으로 부동산 매물 검색을 원하는 경우에는 오늘닷컴의 DB 검색 기능과 오픈 API가 연동되어 검색 조건에 적합한 매물만 지도에 표시된다.

63) 서로 다른 인터넷 서비스를 하나로 통합하여 새롭게 창조된 서비스.

〈정보업체별 상품현황[64]〉

업체	상품명	계약구분	가격(VAT포함)/년
부동산114	일반	신규	66.0 만원
		재계약	55.0 만원
	골드	신규	88.0 만원
		재계약	77.0 만원
스피드뱅크	일반	신규	59.5 만원
		재계약	49.5 만원
	프리미엄	신규	88.0 만원
		재계약	77.0 만원
부동산써브	일반	신규	49.5 만원
		재계약	39.5 만원
	프리미엄	신규	66.0 만원
		재계약	56.0 만원
닥터아파트	패밀리	신규	44.0 만원
		재계약	33.0 만원
	스페셜패밀리	신규	77.0 만원
		재계약	66.0 만원
부동산뱅크	일반	신규	55.0 만원
		재계약	44.0 만원
	고급	신규	88.0 만원
		재계약	77.0 만원

이와 같은 서비스는 오늘닷컴 자체 콘텐츠만이 아니라 인터넷에 흩어진 수많은 부동산 정보를 취합해 함께 제공함으로써 사용자들에게 광범위한 정보를 제공할 수 있는 장점이 있다.

오픈 API가 활발하게 적용되고 있는 미국의 경우에도 대표적인 매쉬업 서비스 사례에 구글맵을 이용한 부동산 분야가 손꼽히는 점을 고려하면 부동산 정보 업체 오늘닷컴의 적극적인 시도는 국내에서도 오픈 API를 활용한 서비스가 비지니스로서 성장할 수 있는 계기가 될 것으로 기대된다.

64) 2007년 7월 기준자료로 각 정보업체 사이트에서 제공하는 수도권 공식 가격임.

오늘닷컴은 2006년 8월에 설립된 부동산 정보 네트워크 회사로 1년여의 준비기간을 거쳐 2007년 5월부터 오픈베타 서비스를 시작, 2007년 11월 현재 '부동산종합정보' 분야의 78개 사이트 중 13위에 랭크된 빠르게 성장하고 있는 회사다.

5 매물정보 비즈니스의 문제 및 향후 과제

국내 부동산업의 구조적인 문제로 인하여 허위물건이 고객의 신뢰를 떨어뜨리는 문제점을 가지고 있다. 해외 중개비지니스와는 달리 전속중개 형태가 아니기 때문에 매도자는 주변에 있는 여러 중개업소에 물건을 내 놓고 있기 때문에 실제로 물건은 하나이지만 마치 여러 물건이 매물로 존재하는 것과 같은 착시 현상이 발생한다. 물건이 나오고 여러 중개업소에서 홍보하는 단계까지는 허위 매물이 아니지만 해당 매물이 한 중개업소에서 거래계약이 이루어진 후에 타 업소에서 매물을 삭제하는 후속작업이 구조적으로 이루어지기 힘들기 때문에 허위물건으로 전락하게 된다. 또한 중개업소의 영업경쟁이 치열해지고 중개업소간의 공동중개라는 중개방식이 있기 때문에 물건이 없어도 고객만 확보하면 주변업소의 물건을 공동중개를 통하여 진행할 수 있다. 이런 점을 악용하여 호객행위 물건을 허위로 만들어 홍보하는 폐단이 발생한다. 따라서 온라인에서 존재하는 매물은 실 매물보다 많은 수가 홍보되고 있다. 건설교통부에서 발표하는 아파트거래량과 비교해 볼 때 정보업체의 매물 수는 약 10배 이상의 많은 매물이 올라와 있다.[65] 이와 같이 허위매물이 증가함에 따라 온라인 매물에 대한 신뢰도 떨어지고 고객 만족도를 떨어뜨리고 있다. 정보업체는 이러한 문제를 해결하기 위한 노력을 하고 있지만 아직까지 뚜렷한 방안을 모색하지 못하고 있는 실정이며 단지 정보업체 입장에서는 고객의 만족도를 높이기 위해 허위매물을 줄이기 위하여 허위매물 신고서비스를 제공하여 고객이 허위매물이라고 알려준 매물에 대해서는 후속 조치를 취하는 수준에 머물고 있다. 각 정보업체는 매물의 가격 신뢰도를 높이기 위해 정보업체가 조사하는

65) 정보업체별 최대 매물 등록수의 차이가 있어 정확한 수치를 산정하기 힘듬.

시세를 기준으로 유효가격범위를 정하여 등록이 되도록 되어있다. 즉 예를 들어 시세조사 가격의 상한, 하한 15% 범위내의 가격만 등록하게 하여 호가 가격을 사전적으로 등록을 못하게 하고 있다.

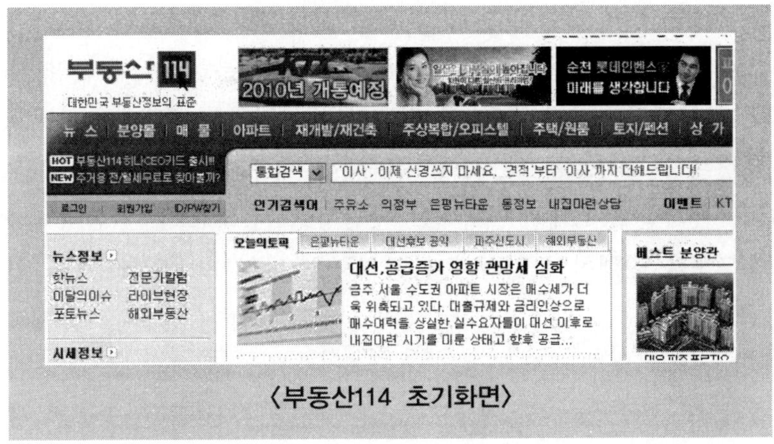

〈부동산114 초기화면〉

매물은 부동산거래를 하고자 하는 수요자에게는 가장 필수적인 정보이기 때문에 정보업체도 매물정보를 수요자가 이용하게 하는 것은 비즈니스를 성공시키는 중요 요소가 된다. 매물정보 이용을 활성화하기 위해서, 과거는 매물정보를 지역별, 역세권별, 규모별로 분리하여 데이터베이스의 정리방법의 편리성을 중점을 두었다.

정보업체는 매물정보를 활용한 비즈니스의 경우는 매물 진성화가 성공열쇠가 될 가능성이 많지만 국내 부동산 중개가 전속중개를 하지 않기 때문에 진성매물을 찾아내는 것이 힘들다. 선두 정보업체의 경우는 이런 문제를 해결하기 위해 진성매물만 등록할 수 있기 서비스 혜택을 모색하고 오프라인을 통하여 매물정보를 직접 수집하여 제공하는 방안도 추진하고 있다.[66)]

중개업소를 대상으로 하는 매물정보를 활용한 비즈니스 다음으로 큰 수익구조는 분양과 연관된 분양광고이다. 분양광고는 분양에 대한 기본정보인 분양가격, 청약일정, 투자성을 제공하는 광고모델로 과거 오프라인 신문매체를 중심

---

66) 부동산114의 경우는 거래지원서비스, 스피드뱅크의 경우는 투자자문, 부동산클리닉 서비스를 제공하고 있음.

으로 이루어지던 지면광고를 정보와 광고로 묶어 제공하게 되는 형태이다. 온라인 분양광고의 효과는 가격대비 저렴한 홍보비용과 24시간 노출된다는 점이다. 종합일간지 전면광고의 1일 비용이 약 3,000만원에 비해 온라인 배너광고는 1개월 1,000만원 정도이다. 또한 광고를 통하여 브랜드 이미지를 1개월 동안 홍보를 할 수 있는 장점이 있다. 온라인 분양광고는 단순한 광고홍보가 아니라 정보로서의 역할도 동시에 하고 있다. 분양 전 분양계획에 분양정보를 제공하여 고객이 분양물건에 대한 정보를 사전에 접할 수 있게 진행하고 있다. 분양과 관련된 보도자료를 각 사이트를 통해 제공하여 주기적인 프로모션을 할 수 있다. 온라인 정보에서 제공하는 분양정보 비즈니스는 다음과 같은 서비스로 프로모션을 진행하여 건설사 분양성공을 지원하고 있다.

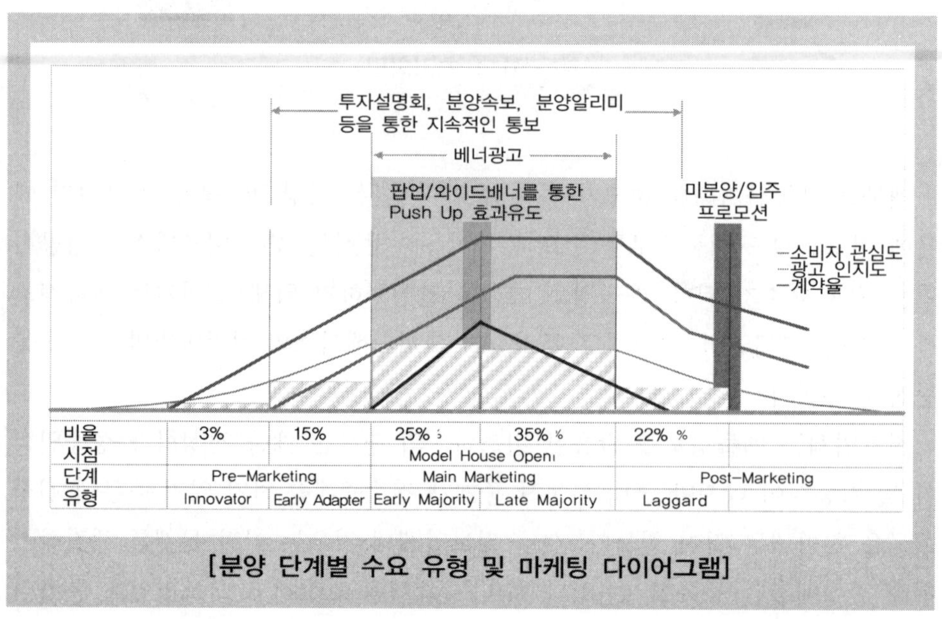

비율	3%	15%	25%	35%	22%	
시점			Model House Open			
단계	Pre-Marketing		Main Marketing		Post-Marketing	
유형	Innovator	Early Adapter	Early Majority	Late Majority	Laggard	

[분양 단계별 수요 유형 및 마케팅 다이어그램]

건설사의 경우는 단발 광고 형태가 아니라 광고와 정보를 동시에 취할 수 있는 장점을 이용하는 것이 효과적이라고 판단하고 있다. 온라인 분양정보 비즈니스는 일종의 광고모델에 근거를 두고 있기 때문에 실제 비즈니스 상에서 광고를 총괄하는 광고대행사와 온라인 광고만을 전문으로 대행하는 미디어렙사[67]가 포함되어 진행된다.

6 오프라인 부동산 정보 비즈니스

오프라인의 경우는 지면매체를 통한 비즈니스가 가장 두드려진다.

지면매체는 특정기관이나 단체에 의해 발행된 경우와 일반매체로 나눌 수 있다.

지면매체 명	비고
일간건설	한국건설협회의 기관지
한국아파트신문	1995년 4월 28일 창간
한국주택신문	전국부동산중개협회와 업무제휴를 통하여 신문배포
벼룩시장	부동산매물정보 제공

일반매체 중에서는 1993년에 부동산 면을 생성한 조인스랜드에서 2000년 11월에 파크뷰 분양 때 처음 부동산특집을 제공하면서 새로운 부동산 분양광고 상품을 판매하기 시작하였다. 신문이라는 매체의 신뢰도를 바탕으로 부동산분양광고를 기사형태로 고객에게 제공하는 것이다. 부동산 특집은 중앙일보에 4페이지 형태의 삽지로 제공된다. 연 100건 이상의 분양광고에 대하여 부동산특집 형태로 수주 하였다. 기존에 신문에 전단 삽지 형태에서 벗어나 투자분석기사로 제공되었던 점이 사업성공의 요인이었다.

1900년대 초부터 영국에서 발간되기 시작한 생활정보신문은 우리나라는 1983년 2월 리빙뉴스라는 제호로 창간된 주간지가 최초의 생활정보신문으로 알려지고 있다. 그러나 현재의 생활정보신문은 1990년대 초반에 국내에 본격적으로 도입되기 시작하여 지난 10년간 시장규모가 급격히 팽창하는 성장을 이루었다. 2006년 현재 한국생활정보신문협회에 등록된 회원사는 154개, 등록되지 않은 신문사까지 합치면 200여개로 추산되며 연간 600만부 이상의 발생부수와 4~5천억원 규모의 시장으로 성장하였다.

67) 미디어렙 [Media Representative]이란 광고주한테 광고를 판매해주고 판매대행 수수료를 받는 회사이다.

이러한 생활정보신문의 경우에도 부동산정보를 제공하고 있다. 생활정보신문은 중소상인과 소매업, 서민층을 위한 광고매체이기 때문에 그동안 언론, 방송 및 인터넷매체에서 간과하고 있던 비교적 소규모의 부동산에 대한 시장을 개척했다는데 의의가 있다. 특히 벼룩시장의 경우 부동산써브라는 부동산정보회사를 설립하여 부동산정보업계에도 상당한 영향력을 행사하고 있다.

7 해외부동산거래정보망

(1) 미국 부동산거래정보망 MLS(Multiple Listing Service)

현재 전미부동산중개인협회인 NAR(National Association of Realtor)에 의해 1960년대부터 1,400여 지부를 통하여 운영 하였지만 정보신뢰도 저하 및 개선 노력이 미흡하여 1994에 RIN(Realtor Information Network)을 전액출자형태로 창설하여 1996년부터 지역적으로 세분화된 MLS정보를 통합운영하고 있다. MLS는 인터넷을 통하여 24시간 제공되고 있으며, 제공되는 정보는 부동산물건정보 외에도 인구통계 등의 부동산거래 컨설팅을 지원할 수 있는 정보를 추가적으로 제공하고 있다. 또한 NAR에서 제공하던 MLS정보는 중개업자만 이용할 수 있었으나 RIN에서 제공하는 MLS의 경우는 누구나 인터넷을 통하여 이용할 수 있다.

여기서 미국 부동산 중개시장에 대해서 간략하게 살펴보고자 한다.

미국 부동산 중개관련 수수료 시장은 국내의 30배인 60조($60billion)원 규모이며, 중개업자 120만 명, 부동산 광고시장 규모만도 11조원($11billion)에 이르는 거대 시장이다. 수수료는 주택의 경우 거래 금액의 5~6%(상업용 · 공장 : 10%)를 매도자와 전속계약을 맺은 중개사(Seller's Agent)가 매도자로부터 받으며, 매수자를 연결해준 중개사(Buyer's Agent)가 있는 경우, 수수료를 보통 50 : 50으로 나누는 형태이다. 일정 부동산회사에 소속된 중개사는 자신이 받은 수수료의 30~40%(사무실 사용비, 프랜차이즈 수수료, 보험 비용 명목)를 다시 소속 부동산 회사에 지급해야 하는 구조이다. 이와 같이 미국의 중개사는 브로

커과 에이전트로 나눠는데, 브로커는 에이전트 자격으로 최저 2년 이상 근무한 경험이 있는 영주권자나 시민권자만이 자격이 있으며, 4년제 대학을 졸업하고, 주 정부 부동산국이 인정한 학교에서 부동산 8과목을 이수하고 일정한 시험을 거쳐 등록해야 활동이 가능하다. 이에 비해 부동산 에이전트는 범법 사실이 없는 영주권자나 시민권자로 일정 시험만 통과하면, 다른 자격 제한은 없다. 에이전트는 독립적으로 부동산 거래에 참여할 수가 없으며, 소속된 부동산회사의 감독과 지휘를 받게 된다. 브로커 면허 소지자는 자신과 자신 아래에 소속된 에이전트의 부동산 거래에 관한 모든 법적 책임을 져야 한다. 부동산 매매거래에서도 국내에서는 아직 활성화되고 있지 않은 Escrow(결제대금예치제), Title 보험(소유권이전관련 보험), Inspection(물건하자 점검), Appraisal(감정평가) 등이 정착되어 있어 중개업무가 확실한 전문 영역 서비스로 자리를 잡고 있다. 대부분의 중개사들은 이러한 부가 서비스를 부동산 금융회사와의 제휴를 통해 제공하고, 부가 수익을 올리고 있다.

(2) 일본 부동산거래정보망 REINS (Real Estate Information Network System)

일본 건설성장관에 의해 37개 권역으로 일본전역을 나누어 지정유통기구에 의해 1990년부터 운영되고 있다. REINS는 거래대상 부동산의 등록정보를 활용하여 거래가격, 거래량, 기타 관련 데이터를 매월 부동산관련 기업에 공개하고 있다. 1995년부터는 중개물건에 대한 등록을 의무화하여 더욱 공신력 있는 데이터를 구축하기 위하여 노력하고 있다.

일본 부동산 중개업 제도에서 중개업자는 일정 택지건물거래 실적과 등록요건을 갖추어 등록기관에 유효기간 5년의 면허를 받아 택지건물거래업자(한국의 중개업자)가 될 수 있다. 중개업을 하려는 사람은 국내처럼 공인중개사 자격을 취득해야 하는 것은 아니며, 면허 취득을 위해서는 한 사무소에서 상근하는 종업원 중 1/5이상을 공인시험을 통과한 택지거래주임자로 채용하면 되는 것이다. 보통 택지거래주임자 시험에 통과한 사람이 택지건물거래업자로 등록하여 사무실을 차리는 경우가 많으며 법인 등 자본을 갖추고 있으면 택지거래

주임자를 채용하여 다른 특별한 규제사항 없이 중개업을 할 수 있도록 되어 있다. 일본의 중개 수수료는 매매의 경우 의뢰자 쌍방에게서 각각 3%+6만엔 씩 보수를 받을 수 있다. 분양의 경우 모두 후분양제이고 앞에서 보았듯이 대기업 부동산회사가 건설에서 분양, 관리까지 맡는 경우가 많으며, 건설업체로부터 매매위탁을 받아 중개를 하는 경우도 많다. 임대의 경우가 일본 부동산 문화를 보여주는 단면으로 임차인은 임대료의 2개월 분에 해당되는 보증금과 집주인에게 사례금 형식으로 임료의 2개월분을 지급해야 한다. 보증금은 당연히 계약기간 후에 반환 받는 금액이지만, 사례금은 반환되는 금액이 아니다. 이 사례금과 보증금의 금액은 지역마다 약간씩 차이를 보이는데 오사카나 효고 지방에서는 보증금을 임대료의 10개월 분으로 받기도 하고 물건마다 사례금을 받지 않는 경우도 있다. 임대중개의 경우, 중개수수료로 임대료의 1개월 분을 받을 수 있고, 이외 주인에게 지급되는 사례금의 반액을 중개업소가 받을 수 있다. 매매의 경우, 젊은 일본인들을 중심으로 자가소유에 대한 의식이 엷어 임대를 선호하고 있으며, 일본인들의 특징상 단기차익을 노린 매매가 적고, 여러 중개업소가 공동중개를 하거나 시간과 노력이 많이 들지만 임대의 경우는 수요자도 많고, 중개업무상 계약체결까지 걸리는 시간이 많이 단축되기 때문에 임대중개의 수익이 더 나은 상황이 생기고 있다. 이외 임대관리사업과 중개관련 업무로 인한 사업영역이 있다. 임대관리사업은 임대물건을 중개업소나 부동산회사가 소유주와 일괄 임대계약을 하여 중개업소와 부동산회사가 임차인을 모집, 계약, 관리를 하는 사업을 말하며, 임차인으로부터 임대료를 징수하여 임대료의 3~7%에 해당되는 관리수수료를 제하고 임대주에게 지급하는 sublease사업이 정착되어 있다. 임대차계약 갱신의 경우, 우리나라는 중개업소를 거치지 않고 소유주와 임차인이 직접 의견을 조율하는 경우가 많지만, 일본에서는 항상 중개업소를 거쳐 계약을 처리하는데 갱신료로 임차인이 임대주에게 임료의 1개월 분을 지급하면, 중개업소는 임대주로부터 다시 그 금액의 1/2를 받을 수 있다. 우리나라 임대차계약의 경우, 임차인이 이사를 가게 되면 이삿날에 맞춰 새로 이사 오는 사람과 잔금을 치르고 당일 날 이사를 하는 경우가 많지만, 일본의 경우는 이사를 가게 되면 1주일 정도 시간을 두고 새로 이사 오는 사람을 위해 리폼을 하거나, 소독, 청소를 행하는 경우가 많다고 한다. 이런 리폼업체

를 소개해 주고 받는 수수료 수입(5~20%), 손해보험 대리업무로 수수료(10~35%)수익, 이사소개(5~20%), 건축 및 신축 소개(3% 이내)등의 부수입을 올릴 수 있다.

8 해외부동산정보회사

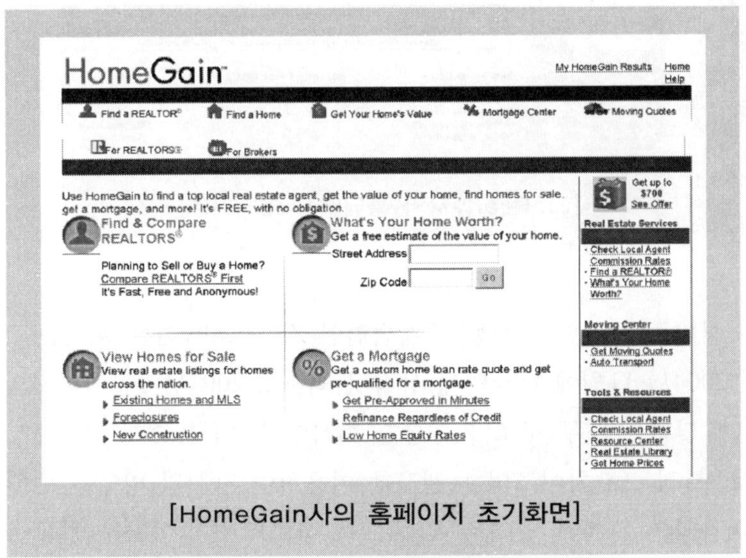

[HomeGain사의 홈페이지 초기화면]

미국의 부동산 정보제공회사 중 Home Gain이라는 회사는 99년에 설립되어, 2004년 400억 원의 매출을 올렸고, 중개회사들을 대상으로 다양한 온라인 서비스를 제공하고 있었다. 회사 사이트를 통해 매수 고객이 자신의 선호사항을 입력하면, 평균 7명의 중개회사로부터 정보를 제공 받는데, 고객은 스스로 중개회사를 선택하여, 연락을 취할 수 있는 서비스와 매도 고객이 자신이 보유한 자산의 우편번호를 선택하여 인근 지역의 실제 거래가 정보를 요청하며, Home Gain이 실거래가 정보를 회원 중개회사에게 제공하여, 중개회사가 자신의 물건과 실거래가 데이터를 적절히 활용한 리포트를 고객에게 제공할 수 있도록 지원해주는 서비스가 있다. 단순한 온라인 매물 홍보가 효과가 떨어지고 있는 국내 실정으로 볼 때, 새로운 서비스 아이템으로 발전시켜 볼 수 있지 않을까 생각된다.

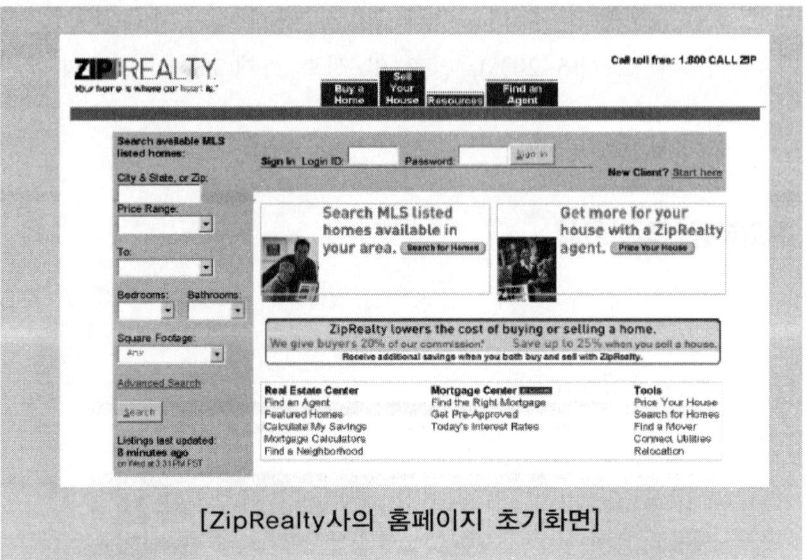

[ZipRealty사의 홈페이지 초기화면]

온라인 서비스를 기반으로 한 중개법인인 Zip Realty라는 회사는 1999년에 설립되어 2004년 11월에 나스닥에 상장된 회사로 2004년 3분기까지의 매출이 700억 원에 달하는 재무 구조가 튼튼한 회사이다. 미국 중개사도 대부분 계약직 형태로, 특정 프랜차이즈의 브랜드를 이용하여 자신의 영업을 수행하기 때문에 소비자와의 관계에 있어서, 만족도와 신뢰도가 떨어지는 부분이 있다고 한다. 이런 상황을 역이용하여 Zip Realty는 모든 중개사(1,045명 2005년 3분기 누적)를 직접 고용하고 거래가 성사되면 매도자에게 수수료를 25%까지 할인, 매수자에게는 중개사가 받는 수수료의 20%를 돌려주는 서비스를 핵심 경쟁력으로 시장에서 좋은 반응(소비자 만족도 94%)을 얻고 있다. 또한 온라인 기술을 기반으로 중개사 고객 관리 프로그램, 직원 관리 프로그램들을 도입하여 비용을 줄이고, 마진율을 계속 높여가고 있으며, 오프라인 지점도 주요 도시로 확장하고 있다. 개인 사업자 중심으로 체계화된 기업형 서비스가 존재하지 않는 국내 시장에 시사하는 바가 크다고 생각된다.

VIII. 부동산 비즈니스 사업성 분석

1 개요

부동산 비즈니스의 성공을 위하여서는 첫째, 오차가 적게 발생하는 예측방법을 통한 적절한 미래의 예측 둘째, 실패의 원인에 대한 분석 셋째, 부동산 비즈니스에 대한 시장현황과 생산현황 그리고 수익현황에 대한 정확한 파악을 통한 현실 상태에 대한 정확한 분석능력 넷째, 능동적인 태도로 현 상태를 극복하고 개선하는 경영능력과 방법의 개발이 필요하다. 이를 통하여 부동산 비즈니스의 성공을 위한 예리한 판단력과 이를 바탕으로 한 비즈니스를 성공적으로 이끄는 유능한 경영자가 될 수 있다. 부동산 비즈니스 사업성 분석이란 부동산 비즈니스의 4요소라 할 수 있는 사람, 기술(부동산제품), 시장, 자금을 검토하여 계획사업의 수익성 여부를 판단하는 것이다. 즉 기업에서 신규로 고려하고 있는 사업 아이디어에 따라 사업자가 투자하여 부동산 관련 제품을 생산하고 판매하는 행위가 기업의 가치와 수익을 증대시키는 등 기업의 고유목적을 달성할 수 있을지를 조사, 분석 하는 것이다.

이러한 부동산 비즈니스 사업성 분석은 비즈니스의 수행과정에서의 주요 사업성 결정요인을 검토하여 사업의 타당성과 수익성을 평가하는 것으로서 먼저 비즈니스가 어떠한 수행과정을 거치는지를 살펴보면 이는 [그림 1]과 같다.

이러한 비즈니스수행흐름도의 주요 사업성 결정요인들을 사업성분석에서 인력분석, 시장분석, 생산요소분석, 재무분석, 경제성 평가 등의 항목으로 분류하여서 분석하게 된다. 또한 사업성 분석은 수입분석과 비용분석을 통한 정확한 수입과 비용을 예측하고, 이를 기초로 사업의 경제성을 분석하여 최선의 대안을 결정하는 의사결정과정을 담고 있다.

이러한 사업성 분석은 사업의 장래 성공가능성을 투자자 또는 융자자 입장에서 사전적으로 평가하고, 객관적이고 체계적인 분석을 통해 사업의 성공률을 제고함에 있다. 그리고 구상하는 사업의 형성요소의 정확한 파악으로 사업기간

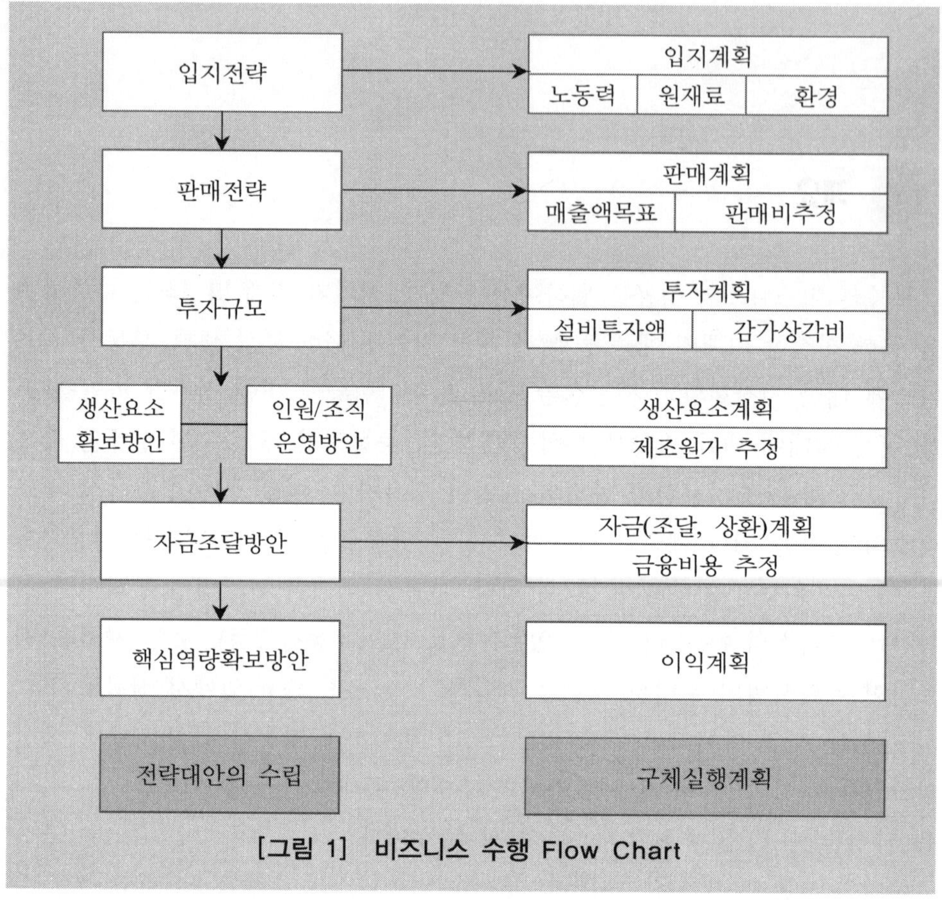

[그림 1] 비즈니스 수행 Flow Chart

의 단축과 효율적인 사업업무를 추진하며 계획사업의 생산성, 시장성, 수익성, 자금수지계획 등 세부항목의 분석으로 미처 깨닫지 못한 세부사항의 파악과 사업운영의 설계 역할을 하게 된다. 뿐만 아니라 사업의 구성요소를 파악함으로 경영능력 향상과 필요 지식과 보완사항을 확인조치하고 계획사업에 대한 실행 이전에 계획사업의 문제점 및 잠재적 위험요소를 파악하여 이에 대한 적절한 대응책 및 바람직한 의사결정 수립에 활용한다.

사업성 분석의 기본구조는 [그림 2]와 같이 수행사업에 대한 수입분석, 지출분석, 그리고 이를 기반으로 한 수익성 분석이 기본이 된다.

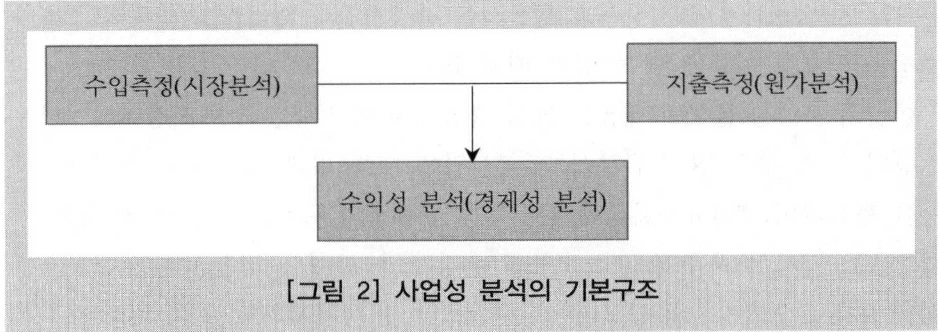

[그림 2] 사업성 분석의 기본구조

사업성 분석의 기본구조인 수입과 지출에 근거하여 각각을 구체적으로 계산 산출하고 성공가능성을 높이기 위한 제반 과정으로 [그림 3]과 같은 과정이 수행된다.

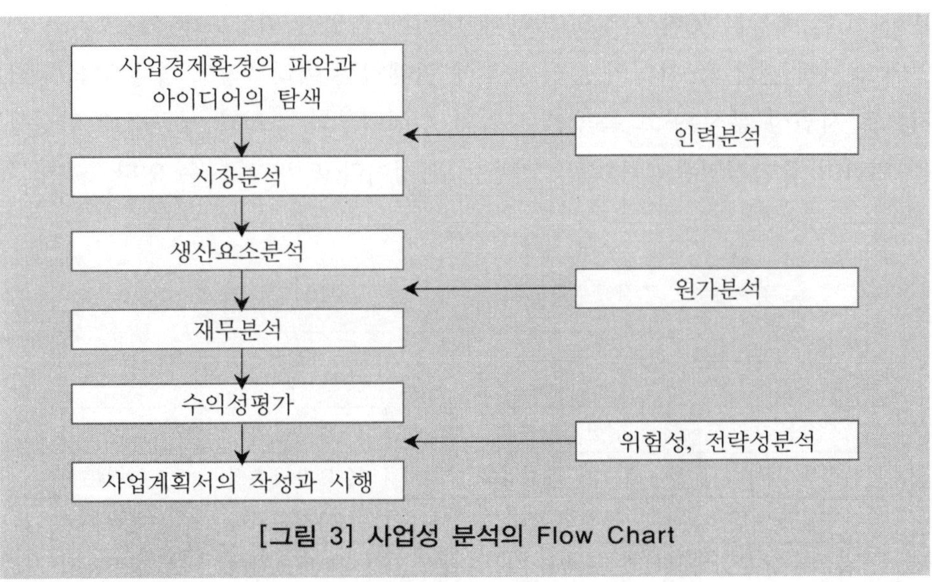

[그림 3] 사업성 분석의 Flow Chart

이에 따라 계획사업에 대한 비즈니스를 위하여 기업의 경영자는 먼저 계획사업의 시장성 및 생산성을 분석하고 이에 따른 자금수지계획 및 수익성 등에 대한 검토와 사업위험에 대한 분석을 거쳐 해당 투자에 대한 의사결정을 해야 한다. 특히 경제성 평가는 사업성 검토과정에서도 가장 중요한 부분으로서 이

는 검토사업의 내용이 시장성과 생산성을 만족시킨다 하더라도 최종적인 투자 결정은 경제성 여부에 달려 있기 때문이다.

이상의 사업성 분석의 내용을 크게 대상 분야별로 구분하면 시장분석에서는 시장의 특성, 수요 및 공급분석, 계획사업에 대한 미래수요 추정, 진입가능성 등을 탐색하며 생산요소분석에서는 부동산 제품의 특성, 공급공정에 대한 사항, 일정, 입지, 비용추정, 소요노동력 추정 등을 하며, 시장분석과 생산요소분석을 토대로 필요자본의 규모 추정, 자금조달 및 상환계획의 수립, 미래 재무제표 작성 등을 하는 재무 분석으로 구분된다. 또한 수익성 평가에서는 계획사업의 현금흐름을 추정하고 이에 따라 경제성을 분석하게 된다. [그림 4]에서와 같이 수익성평가를 재무 분석의 범주에 포함시키기도 한다. 이와 더불어 사업수행 인력이 사업아이템을 적절히 감당할 수 있는 적성과 자질, 능력이 있는가를 판단하는 인력분석, 생산 분석의 결과를 토대로 비용의 크기를 산출하는 원가분석, 또한 예상치 못한 사정의 발생에 대비한 적절한 위험도 분석, 그리고 기업의 장기적 전략 등 사업의 수행 여부에 관계있는 여러분석도 병행된다. 궁극적으로 사업성 분석은 그 목적인 사업의 수행여부의 결정과 성공적 기업성장을 위하여 종합경영관리 능력을 키우는 과정이라고 생각할 수 있다.

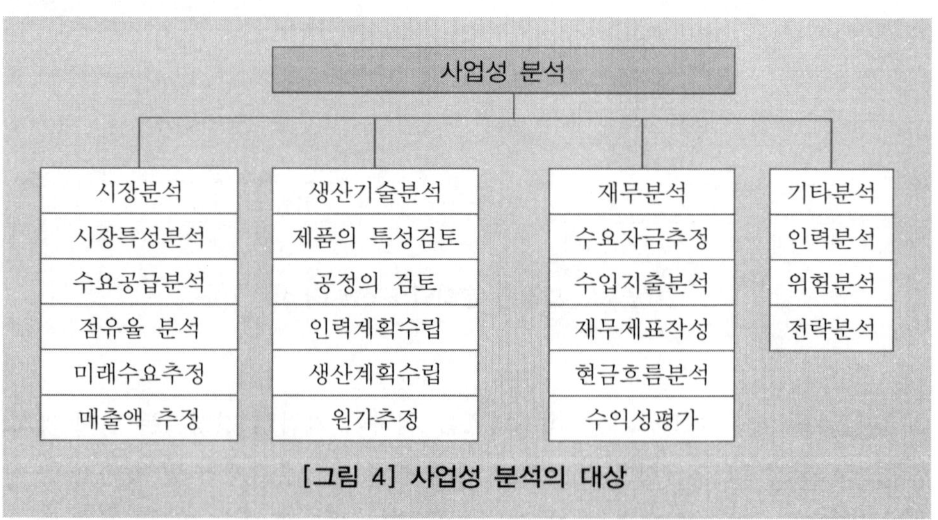

[그림 4] 사업성 분석의 대상

이하에서는 사업성 분석의 흐름도에 따른 각 항목별 내용에 대해서 살펴본다.

2 사업경제 환경의 분석과 아이디어의 창출

성공적인 사업의 아이디어를 창출하고 이를 수행하기 위해서는 계획사업이 처하고 있는 경제여건과 환경을 파악하는 것이 중요하다. 오늘날에는 가격, 경쟁, 경기, 수요, 공급 등의 시장경제가 각 사업에 미치는 영향이 지대하며 지속적인 상호관련성을 가짐으로 인하여 이러한 시장경제에 대한 지식이 없이는 올바른 사업아이디어를 선택할 수도 없고 또한 성공적으로 사업을 진행하기에도 어렵다고 할 수 있다.

사업에서 성공하려면 적절한 시기에 적절한 사업을 하라는 말이 있다. 이는 유망한 사업을 선택하되 시기가 알맞아야 한다는 말이다. 이의 파악을 위하여서는 주변 경제상황을 이해하는 일이다. 일단 불황속에서 사업을 일으키기는 어려운 일이며 따라서 향후 경제여건의 변화를 감지하여 이의 적절한 대응책과 사업을 선택하는 것이 필수적이라고 할 수 있다. 따라서 제반 경제적 지식의 확보를 통하여 사업자 스스로 주어진 경제 환경에 대처, 극복할 수 있는 능력과 판단력이 필요하다.

특히 부동산 비즈니스의 수행과 관련하여서는 부동산의 경기변동에 대한 이해가 필요하며 부동산 경기는 보통 건축착공량과 매매량 등으로 측정하고 있다. 특히 건축허가량이나 건축착공량은 자료 획득의 편리함으로 인하여 부동산 경기의 측정지표로서 매우 용이하다고 할 수 있다.

좋은 사업아이디어는 사업의 성공을 위한 필요전제조건이다. 사업아이디어는 우연에 의한 것보다 제품범위의 명확화를 통하여 아이디어를 탐색하고 수집하려는 노력에 의하여 이루어진다. 따라서 사업아이디어를 개발하는 체계적인 방법이 필요하다. 이를 바탕으로 정리된 방법에 따라서 아이디어를 개발하는 것이 보다 확실하게 성공가능성을 높일 수가 있다. 또한 개발된 아이디어는 선별과정을 거쳐야 한다. 이러한 선별과정을 거친 아이디어만이 사업화를 시도할 수 있는 것이다.

3 인력분석

인력분석이란 사업자의 사업능력을 평가하는 것이다. 사업을 성공적으로 수행하는데 가장 결정적으로 중요한 것은 사람이다. 사업자가 유능하면 사업성분석도 철저히 하여 실패할 가능성을 최소화할 것이고, 또 가능성이 없는 사업은 아예 시작도 하지 않을 것이다. 그런데 사업의 계획자나 수행자가 능력이 있는가를 판단하기는 대단히 어렵다. 이는 유능한 사업가의 요건은 광범위하고 다양하며, 또한 증명서류가 있는 것도 아니고, 평가에 주관적 요소가 강하기 때문이다. 일반적 의미에서 사업자가 갖추어야 할 요소로는 ① 선천적 적성과 자질 ② 후천적 경험과 지식 ③ 업무수행능력 ④ 사회적 능력이라고 할 수 있다. 그와 더불어 또 중요한 것은 신용이라고 볼 수 있다. 인력분석에서는 이러한 여러 가지 요건을 적용하여 사업자의 자질과 능력을 평가하는 것이다.

4 시장 분석

시장분석이란 시장을 발견하고 분리하고 설명하고 계량화할 수 있는 자료를 조사하고 최종적인 판매 예측을 하는 것을 말한다.

시장분석을 위해서는 전반적인 시장동향, 시장 특성 및 구조분석, 특히 경쟁분석, 국내외 가격구조 및 추세분석 등 시장상황에 대한 분석이 필요하다.

시장상황에 대한 분석 이후에는 시장수요의 예측과 매출액의 추정이 필요하다. 이는 계획하고 있는 비즈니스의 판매가능성을 검토하는 과정으로서 시장수요분석과 시장공급분석을 통해 판매수급전망을 예측하게 된다. 시장수요분석은 시장수요의 변화추세와 주요 수요업체의 수요량을 분석대상으로 하고 시장공급분석은 기존 공급업체 수, 생산능력, 가동률, 시장점유율의 변화추세를 분석대상으로 한다.

따라서 시장분석에서 검토하는 주요내용은 계획 사업의 시장상황분석, 계획제품의 경쟁력, 계획 제품의 수요예측이 기본적인 분석항목이 된다.

(1) 시장상황분석

시장 분석의 첫 번째 단계는 기존 시장의 동향과 특성을 조사하고 이해하는 일이다. 이를 위하여 동종제품 및 유사 경쟁제품 또는 사업에 대한 전반적인 시장동향과 경쟁 상황 분석, 그리고 소비자의 소비성향을 조사한다. 이하에서는 시장상황분석에 대한 각각의 항목과 내용을 살펴보고자 한다. 시장상황의 분석항목과 조사내용은 아래의 <표 1>과 같다.

〈표 1〉 시장상황의 분석항목과 조사내용

시장상황분석	시장특성분석	• 시장과 산업의 일반적 성격
		• 주요 수요처와 그 성향
		• 유통구조 및 특성
	시장규모분석	• 국내외 동제품, 대체,유사제품의 과거 3-5년간 수급실적
	소비자 분석	• 제품의 소비형태 및 구매동기
		• 소비자 구성분포 및 변화추세
		• 소비자성향 변화추이 분석

① 시장특성분석

시장특성분석은 해당 산업과 시장의 특성을 분석해 봄으로써 시장참여 후 발생 가능한 여러 환경을 인식하고, 시장침투의 가능성 여부를 사전에 분석하는 것이다.

시장특성분석은 시장과 산업에 대한 일반적 성격, 관련 제품에 대한 유통경로상의 특성, 판매조직의 특성 및 판촉방식, 주요 수요처와 그 성향 및 고객의 소비변화 추세에 대한 특성을 분석하는 것이다.

② 시장규모분석

시장규모분석은 기존시장에서의 수요크기를 추정하는 것이다. 시장규모의 체계적 분석을 위해서는 지역, 조사 대상 소비자 그룹, 측정단위, 사업의 범위

등에 대하여 명확한 규정을 할 필요가 있다. 시장규모분석의 범위는 국내적으로는 동일한 사업아이디어뿐만 아니라 유사 및 대체 가능성이 높은 대체재에 대해서도 분석되어야 한다. 분석대상기간으로는 최근 3년 내지 5년간의 수급실적을 분석해 보는 것이 좋다. 시장규모분석에는 판매지역이나 영역별 그리고 연령이나 소비자 소득 등의 구분에 따른 고객별로 잠재수요를 추정하는 것이 좋다. 이를 통하여 추후 자사제품의 시장점유율의 확보 등의 추정을 전제로 하는 것이기 때문에 조사시점부터 주요 수요처를 지역별, 고객별로 분석하여 수급실적을 분석하는 것이 좋다.

③ 소비자 분석

소비자 분석은 소비자의 구성분포 및 변화추세를 분석함은 물론 제품의 소비 형태와 구매동기, 소비자성향 변화추이 등에 대해서도 분석해 보아야 한다.

소비자의 구성분포는 지역별, 연령별로 현재의 성향과 변화추세 등을 분석해야 하며, 제품의 소비형태, 즉 정기적 구매인지, 일시적 구매인지, 또한 재구매의 순환주기는 얼마나 되는지, 1회의 소비단위는 어느 정도 되는지도 분석해 보아야 한다. 그리고 구매가 발생하는 동기, 소비자의 수요 자극요소 및 경향 등에 대해서도 분석하여 추후 마케팅의 방향 자료로 사용하는 것이 좋다.

(2) 계획 제품(사업)의 경쟁력 분석

계획 제품(사업)의 경쟁력분석은 경쟁력에 따라 회사가 살아남을 수 있느냐 없느냐를 결정하는 필요충분조건이라고 할 수 있다. 각 기업에서는 간결한 경쟁력 분석을 시행하는 것이 좋으며 기본적으로 조사하여야 할 사항으로는 ① 사업의 특성과 강약점 분석 ② 제품의 수명주기 ③ 경쟁기업의 분석 ④ 원가와 가격분석 등이 있다.

계획 제품(사업)의 경쟁력 분석의 분석항목과 조사내용은 아래의 <표 2>와 같다.

〈표 2〉 계획 제품(사업) 경쟁력분석의 분석항목과 조사내용

경쟁력분석	제품 특성과 강약점 분석	• 제품의 특성, 이미지
		• 제품의 품질경쟁력 비교
		• 제품의 수명분석
	제품의 수명주기	• 도입기, 성장기, 성수기, 쇠퇴기 중 어디에 해당하는지 분석
	경쟁기업의 분석	• 경쟁기업의 규모 • 경쟁요소의 선택
	원가 및 가격분석	• 제품의 원가분석
		• 가격 및 가격경쟁력 분석
		• 향후 국내외 가격추세 분석

① 제품의 강약점 분석

제품의 강약점을 파악하는 요소는 제품의 기능, 특성, 품질 그리고 브랜드 보유 여부 등으로 타사제품과 비교하는 형식으로 분석해 볼 수 있다. 흔히 강약점 분석을 하는 경우에 자사의 강점을 강조하고 약점은 간과하는 경향이 있는데 이는 특히 유의해야 할 사항이다. 제품의 강약점 분석에는 객관성이 중요하며 이를 객관화하기 위하여 소비자로부터 직접 전화, 우편 또는 설문에 의한 제품의 이미지 조사를 하는 것도 좋은 방법이다.

② 제품의 수명주기

제품의 수명분석은 사업성분석에 있어서 매우 중요한 요소다. 제품의 수명주기를 무시하고 시장에 뛰어든 경우는 실패할 가능성이 매우 높다. 수명주기 즉 라이프싸이클은 제품에만 국한되는 것이 아니며, 도소매업 및 서비스업에도 적용된다.

모든 사업에는 사업의 시점과 종점의 시기적 선택이 매우 중요하다. 이와 같이 모든 제품이나 사업에는 수명주기가 존재하는 것이며, 이 수명주기에 대한 철저한 분석 없이는 사업의 성공이 어렵다. 따라서 계획제품이나 사업의 수명주기가 도입기, 성장기, 성수기, 쇠퇴기 중 어디에 해당하는지에 대해서도 면밀히 분석한 후 사업을 시작해야 한다. 제품이나 사업의 수명주기를 도표화하면 [그림 5]와 같다.

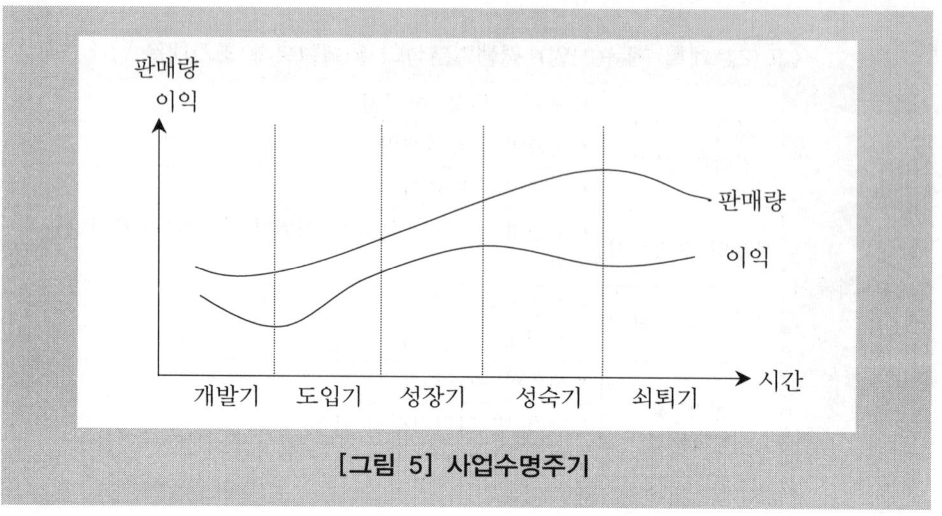

[그림 5] 사업수명주기

이와 같은 제품이나 사업의 수명주기상의 위치를 파악하기 위하여 각 수명주기상의 각 단계별 특징을 설명하면 <표 3>과 같다.

〈표 3〉 제품수명주기의 단계별 특징

수명주기 단계	특성
도입기	신제품 수용여부 불확실
	초기 투하자본 필요
	판매부진 / 손실 가능성 높음
	하이 리스크 - 실패 가능성 높음
성장기	소비자의 제품 수용
	매출 및 이익 급신장
	시장참여자 증대 - 경쟁가열
성숙기	판매신장세 둔화
	현금흐름 양호
	시장구조 안정화
쇠퇴기	지속적 수요 감소
	대체품 등장
	경쟁력 상실

③ **경쟁기업의 분석**

경쟁기업의 분석에 있어서는 경쟁기업의 범위와 경쟁요소의 선택이라는 두 항목을 고려하여야 한다. 경쟁기업의 범위에 있어서는 동일한 제품을 만드는 회사는 물론 유사제품 또는 대체품을 만드는 회사까지 포함하여 분석하여야 한다. 이렇게 경쟁기업이 선정되면 경쟁요소를 선택하여야 하는데 일반적으로 기본적인 재무상태[68], 생산능력과 생산실적, 그리고 기타 기술수준과, 잠재적 진출기업의 파악 등을 그 대상으로 한다.

④ **원가 및 가격분석**

제품의 경쟁력 중 가격경쟁력에 대한 내용으로서 계획제품의 원가 및 경쟁제품의 원가를 정확히 조사 산출하여야 이를 근거로 가격을 비교하여 그 경쟁력을 측정할 수 있는 것이다. 이를 위한 제품원가의 추정방법에는 ① 직접 계산하는 방법 ② 동일한 제품이나 기업의 실적치를 이용하는 방법 ③ 유사한 제품이나 기업의 실적치를 이용하는 방법 ④ 동업계의 실적치를 이용하는 방법[69]에 의하여 추정할 수 있다. 제품의 가격분석은 ① 가격정책(고가, 중가, 저가) ② 가격경쟁력을 갖기 위한 적정가격의 분석 ③ 현재의 제품가격 뿐만 아니라 과거 2~3년간의 가격변화 추세 등의 분석이 필요하다.

(3) 수요예측분석

시장분석의 최종 목표는 계획제품의 수요크기에 대한 예측에 있다. 이 수요예측을 통하여 예상매출액을 산정할 수 있다. 계획하고 있는 제품의 판매가능성을 검토하는 과정으로서 중장기 수요예측을 통해 평가되는데 자료수집과 과학적 분석기법의 도입이 요구된다. 이는 국내외 시장수요의 변화추세와 주요수요업체의 수요량을 대상으로 제품의 라이프 싸이클상의 위치 등을 분석하는

68) 재무상태 비교는 자사 및 경쟁사의 자본금, 총자산, 부채규모, 상시종업원수, 매출액규모, 영업이익, 당기순이익 등을 최근 2~3년간을 비교한다.

69) 한국은행에서 발행한 “기업경영분석” 또는 산업은행 발행의 “재무분석” 등의 공표된 통계자료를 이용하는 방법이다.

시장수요분석 및 기존공급업체의 수, 생산능력, 가동률, 시장점유율의 변화추세를 대상으로 신규업체의 시장진입 난이도와 시장진입 가능성을 분석하는 시장공급분석을 통해 판매수급전망을 예측하게 되며 이를 토대로 하여 시장수요 예측기법을 통하여 매출액 추정을 하게 된다.

① 시장수요 예측기법

시장수요를 예측하는 기본적인 방법으로는 예측자의 직관과 주관적인 판단에 근거한 판단예측법[70], 시장과 관련된 사람(소비자, 중개상, 판매원, 기업가, 전문가 등)을 대상으로 한 설문조사법, 과거의 자료를 통계적으로 분석하는 시계열예측법[71], 시장결정요인으로 독립변수와 종속변수 간의 상관관계를 분석하는 상관관계법[72], 실무적으로 간단히 사용할 수 있는 수요예측방법으로서 정부 및 지방자치단체, 각종 협회 등이 발표하는 통계 자료를 이용하는 직접자료법, 두 개의 상품이 상호 관련성을 가지고 있는 경우 잠재수요를 예측하는 계열지수법 등이 있다. 이중 제품의 특성과 자료취득 가능성에 따라 알맞은 예측방법을 선택한다. 보통의 경우 한 가지 방법에 의한 수요예측보다는 몇 가지를 복합적으로 적용하여서 객관성을 높이고 있다.

② 매출액의 추정

시장수요를 근거로 한 매출액의 구체적인 추정방법은 첫째, 과거의 판매액이나 판매추세를 토대로 매출액을 추정하는 판매실적법 둘째, 해당기업의 시장점유율을 알고 있으며 시장수요의 예측이 가능한 경우 사용하는 시장점유율법 셋째, 지역적 성격이나 제품의 차별성이 강한 경우 또는 신제품의 경우 적용가능한 방법으로 해당 시장상황을 조사하여 매출액을 추정하는 시장조사법이 있다.

---

70) 이 방법은 통계적 방법을 기본으로 하고 그것을 보완하는 방법으로 유용하다.
71) 이 방법은 과거의 경향이 앞으로도 계속될 것이라는 가정하에 사용하는 기법이다.
72) 가장 객관적인 평가방법이다.

5 생산기술분석

시장성분석에서 계획제품의 타당성이 긍정적으로 평가되었다 하더라도, 계획제품을 생산할 수 있는 기술적 대안이 없거나, 생산시스템의 비효율로 생산비용이 과다하다면 그 사업은 기각하여야 한다. 이와 같이 충분한 시장성을 가진 좋은 사업아이디어라 할지라도 합리적인 비용과 합당한 기술로 생산할 수 있는지 여부를 판단하여야 하는데, 이 과정을 생산기술분석이라 한다. 즉 생산기술분석은 계획제품이 기술적으로 생산이 가능한지, 생산시스템은 효율적으로 가동되는지, 생산비용은 얼마나 소요될 것인지를 분석하는 것이라고 할 수 있다.

따라서 생산기술분석에서는 ①제품의 생산이 가능한가를 검토하는 생산타당성의 분석 ② 효율적이고 경제적인 생산을 가능하게 하는 생산시스템의 설계 ③ 준비된 생산시스템으로 생산하였을때 발생하는 제조원가의 추정과 관련된 항목의 분석과 평가를 목적으로 한다.

특히 제조원가의 추정과 관련된 항목의 분석과 평가에 있어서 제품의 경쟁력은 가장 기본적으로 가격경쟁력과 품질경쟁력에 있다고 할 수 있다. 그런 의미에서 상대적으로 저렴한 가격은 기업에 큰 힘이 되고, 그러한 가격은 저렴한 원가를 기본으로 이루어질 수 있다. 따라서 기업은 반드시 원가분석을 수행하여 원가의 크기를 알아야 하고 또 원가를 절감할 수 있는 방법을 강구해야 한다. 원가는 기본적으로 제품의 기획, 생산, 관리, 판매과정으로부터 발생하므로 이러한 과정에 대한 검토가 이루어져야 하며, 그 중 특히 생산에 관련된 비용은 가장 비중이 크고, 과정 또한 간단치 않으므로 면밀한 분석을 통한 원가측정이 이루어져야 한다. 이것이 원가분석이 생산기술분석과 연계되어야 하는 이유가 된다.

따라서 현재 선분양인 아파트 상품의 경우 원가를 측정하기가 곤란하다. 원가란 제품 생산과 유통의 과정에서 결정되기 때문에 단순히 계획된 원가만을 가지고 분양가를 결정할 경우 유통 또는 사후관리의 단계에서 발생하는 비용을 간과할 수 있기 때문이다. 특히 무형의 가치를 따질 수 없으며 장기적으로

사업을 수행하는 기업의 경우 특정 프로젝트(지역)의 사업만을 가지고 원가를 측정하는 것 또한 불특정 프로젝트가 손실을 끼칠 수도 있는 상황이므로 바람직하지 않다. 이런 이유로 현재 분양가규제정책은 주택을 보지 않고 구입을 하는 선 분양 방식을 후 분양 방식으로 바꾸어 생산이 완료된 상품을 구입하여 원가에 대한 논란을 없애는 방향으로 해결하는 것이 바람직할 것이다.

사업성분석은 원가에 대한 개념이 없이는 출발할 수 없다. 사업의 목적이 수익의 발생에 있다고 한다면 원가는 지출에 대한 기본 개념이기 때문이다. 그러므로 사업성분석의 원가분석에서 가장 중요한 과제는 해당 제품의 제조원가를 산출하는 일이다. 이에 대하여 기본적인 제조원가의 산출방법은 ① 개별 원가정보를 직접 조사하여 계산하는 방법 ② 동일한 제품이나 기업의 실적치를 적용하는 방법 ③ 유사한 제품이나 기업의 실적치를 적용하는 방법 ④ 동업계의 실적치를 적용하여 추정하는 방법이 있다. 여기서 직접계산방법은 제품의 생산재료나 공정 등에 대한 확실한 정보를 가지고 있는 경우에 사용할 수 있는 방법이다. 이는 정확한 결과를 산출할 수 있으나 시간과 비용이 많이 들고 또 원가분석 지식이 필요하다. 그 다음 방법으로는 동일한 제품이나 기업의 실적치를 적용하는 방법으로 계획사업의 조건 차이에 따라 적절히 보정하여 추정한다. 그러나 동일한 제품의 기업의 자세한 자료 또한 취득하기 쉬운 것은 아니다. 따라서 다음 대안으로 유사한 제품이나 기업의 실적치를 적용하는 방법이 있는데, 이는 기업 연감 등의 자료를 참조하면 찾을 수 있다. 또한 더 광범위한 방법으로는 동업계의 실적치를 적용하여 추정하는 방법이 있는데, 이는 한국은행이 매년 발행하는 기업경영분석 등의 책자에서 발췌한 2차 자료를 이용하면 된다. 이 같은 추정은 유사제품, 동업계의 원가구성 비율이 거의 동일할 것이라는 가정에서 출발하는데, 매출이라든가 또는 다른 한 가지 원가항목의 비용크기를 안다면 다른 항목은 동일한 비율에 의거해 추정하는 방법이다.

이러한 원가의 발생과정을 이해함으로 해서 비용의 흐름을 파악하고 나아가 원가관리와 원가절감을 이룰 수 있음으로 인하여 사업을 성공적으로 이끌기 위해서는 원가분석을 통하여 원가절감을 이루고 올바른 경영의사결정능력을 가져야한다.

6 재무분석

재무분석을 하는 목적은 시장분석과 생산분석에서 얻은 자료에 의거하여 투자사업의 경제성 평가에 필요한 재무정보를 구하는 데 있다. 이는 사업의 수명기간 동안의 각 연도별 현금흐름의 크기를 계산, 산출하기 위해서 필요한 과정이다.

재무분석은 넓은 의미에서 사업에 필요한 주요자본의 추정과 조달, 수익성 추정, 그리고 이를 기초로 한 경제성 평가를 의미하는 것으로서 기업의 재무활동 전반, 즉 자본조달결정, 투자결정 등과 그에 따른 위험과 수익성 분석도 포함한다.

따라서 재무분석에서 검토하는 주요내용으로는 ① 소요자금의 추정과 자금조달계획 ② 추정재무제표의 작성 및 현금흐름분석 ③ 경제성평가가 있다.

일반적인 재무분석의 흐름은 첫째로, 판매계획과 제조계획 및 일반관리계획에서 나타난 원가의 추정등을 통하여 총 소요자금을 추정한다. 둘째로, 자금조달 및 수지계획을 분석, 결정한 후에 추정손익계산서와 추정대차대조표를 작성한다. 셋째로, 현금흐름분석을 하고 넷째로 계획사업의 경제성평가를 실시한다.

재무분석의 흐름을 도해하면 [그림 6]과 같다.

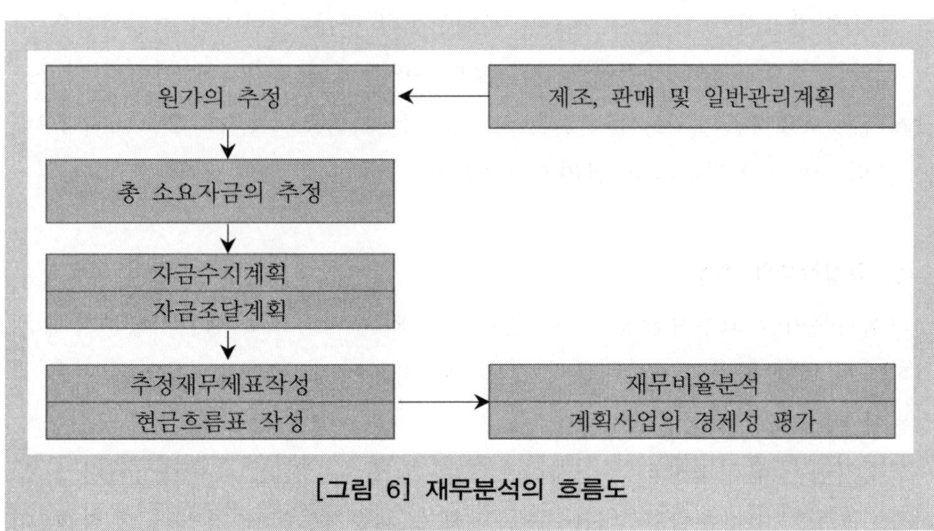

[그림 6] 재무분석의 흐름도

이러한 재무분석은 그 사용주체에 따라 다양하게 이용되며 본 내용에 있어서는 비즈니스 수행을 위한 경영자의 사업성 분석을 위한 재무분석을 다룬다.

(1) 총 소요자금의 추정

소요자금을 추정하는 목적은 투자사업의 영위에 따른 미래의 경영활동에 소요되는 자금을 정확히 예측하여 자금의 부족상태가 발생하지 않도록 사전에 대비하는데 있다. 이는 사업초기 설비의 구입 등과 같은 많은 자금이 필요로 하며, 이와 같은 사업수행시기와 관련되어 필요한 소요자금의 크기를 산출하는 것이다. 일반적으로 사업초기에 사업을 수행하는데 소요되는 비용은 다음과 같다.

일반적 소요자금의 총액 = 고정자본 + 운전자본

이러한 사업의 진행에서 준비하여야 할 비용은 시기적으로 변화하게 되며 미리 소요자금을 예상하여 준비를 하고 있어야 한다. 특히 최대소요자금과 평균소요자금을 고려하여야 한다. 최대소요자금이란 소요자금의 크기가 가장 클 때의 소요자금을 말하며 평균소요자금이란 일정기간 동안 소요자금의 평균크기를 말한다. 따라서 사업초기의 소요자금과 정상운영시의 소요자금뿐만 아니라 상황에 따라서는 최대소요자금을 준비하여야 한다. 일반적인 기업상황의 고려에 의한 소요자금과 사업규모, 자금조달능력간의 상호관계에 있어서 자금조달계획은 소요자금의 1.5 내지 2배, 사업규모는 자금조달능력의 2/3 내지 1/2배를 준비하여야 안전하다고 알려지고 있다.

① 고정자본의 추정

고정자본이란 고정자산을 구입하는데 소요되는 자금으로 생산기술분석에 의거하여 필요한 설비, 건물, 비품과 같은 고정자산에 소요되는 비용의 크기로 결정된다.

고정자산은 유형자산과 무형자산으로 분류 할 수 있다. 유형자산이란 토지, 건물, 구축물, 차량운반구, 비품 등을 말하며 무형자산이란 영업권, 특허권, 어

업권 등을 말한다. 고정자본의 크기를 측정하는 방법에는 직접적인 방법으로, 세부조사에 의한 비용의 측정방법과 간접적인 방법으로 ① 동일한 제품이나 기업의 실적에 의한 방법 ② 유사한 제품이나 기업의 실적에 의한 방법 ③ 동업계의 실적을 이용하는 방법이다. 특히 간접적인 방법은 정확한 정보를 주지는 못하지만 직접측정의 보조지표로 이용할 수 있다. 이러한 고정자본은 그 크기가 매우 크므로 투자비 지출의 일정계획을 세워, 전체 투자금액의 연도별, 자금조달원별 투자비, 지출일정계획을 수립해야 사업진행에 차질이 없게 된다.

② 운전자본 추정

운전자본은 인건비, 일반관리비, 판매관리비 등 초기에 수입이 발생하기 이전에 제품의 생산을 위해서 미리 준비해야 하는 자금으로서 매일 매일의 사업을 운영하는 데 필요한 자금이다.

운전자금의 추정도 고정자본의 추정과 같이 직접적인 측정방법과 간접적인 측정방법으로 나눌수 있다. 간접적인 측정방법은 대차대조표를 이용하여 산출하는 방법으로서 창업초기에는 산출 할 수 없는 방법으로 초기자금계획의 수립시에는 직접측정법을 따른다. 직접측정법은 제품의 1회전기간에 소요되는 원가의 크기를 추정하는 것으로서 원가의 3요소인 재료비, 노무비, 경비를 차례로 산출하여 합산하거나, 또는 제조원가를 구하고 거기에 일반관리비와 판매비를 더하여 구할 수도 있다. 여기서 현금지출이 없는 감가상각비는 운전자금에서 제외한다. 산식은 다음과 같이 나타낼 수 있다.

운전자금의 크기 = 제품 1회전기간에 소요되는 비용의 크기
= 제품원가에 해당되는 비용 * 1회전 기간의 제품투입량

그러나 위 직접측정법의 계산방법에서 1회전기간의 제품투입량 측정이 곤란한 경우에는 연간 소요된 투입원가를 이용하여 운전자금을 계산 추정 할 수 있다.

이 경우의 산식은 아래와 같다.

1회전 운전자금
= 순원가/(년) * 1회전기간(년)
= (제조원가 + 판매비 및 일반관리비 - 감가상각비) * 1회전기간(년)
= (연간매출액 - 영업이익 - 감가상각비) * 1회전기간(년)
* 운전자금 1회전기간
= 재고자산 1회전기간 + 매출채권 1회전기간 - 매입채무 1회전기간

그러나 이 방법의 단점은 연간 생산 자료가 있어야 한다는 것이다. 이것이 없을 경우에는 차선책으로 동종이나 유사제품, 나아가 동업계의 자료를 이용할 수 있다.

이는 각 업종별 1회전기간을 이용하는 방법으로서 한국은행에서 발간하는 "기업경영분석"자료를 이용하여 계산할 수 있다.

이러한 운전자본의 크기는 매출액 등이 변화하면 그에 따라 변화한다. 따라서 사업을 진행함에 따라 매출액이 커진다면 필요한 운전자금도 커져 그 때마다 추가 조달이 필요할 수 있다.

(2) 자금수지분석

자금수지분석을 하는 목적은 자금의 원천과 자금의 용도별로 사업수행경과에 따른 자금수지내역을 구분 작성하여 자금의 과부족을 추정하여 그에 대비하는데 있다. 자금수지표는 기업의 투자계획, 이익계획, 자금계획, 원리금 상환계획을 바탕으로 하여서 자금원천과 자금운용의 파악을 통하여 자금수지표를 작성하게 된다.

자금수입의 원천으로는 순이익, 감가상각비 등의 비현금 지출비용, 차입금, 유상증자 등을 들 수 있고 자금지출(자금운용)은 설비투자 등 고정자산에 대한 투자, 운전자본, 차입금 상환, 배당금 지급 등을 들 수 있다.

추정 자금수지표의 작성 형태의 예를 들면 <표 4>와 같다.

이를 통하여 자금의 부족이 예상되는 연도에 대하여는 자금조달계획의 수립이 필요함을 알 수 있다.

〈표 4〉 추정 자금수지표

구분		0	1	2	3	....	비고
자금원천	세후순이익						이익계획에서 추정
	감가상각비						투자계획에서 추정
	증자						자금계획에서 추정
	차입금						
	사채발행						
	소계(A)						
자금운용	시설투자액						투자계획에서 추정
	운전자금 순증가분						자금계획에서 추정
	기타자산의 증가						투자계획에서 추정
	배당금						이익계획에서 추정
	차입상환금						원리금상환계획에서 추정
	소계(B)						
	자금과부족 (A−B)						

(3) 자금조달계획

자금수지분석에 따라 자금과부족이 예상되는 사업연도에는 자금조달이 필요하다. 자금의 조달은 자기자본과 타인자본에 의한 조달을 들 수 있는데, 각 장단점을 알고 적절한 자본의 조달을 계획할 필요가 있다. 자기자본이란 기업의 소유자에 의하여 투입된 자본을 말하고, 타인자본이란 기업이 투자자 이외의 외부로부터 빌린 자금이며 부채에 해당된다. 구체적인 자본의 조달방법은 [그림 4]와 같다.

자기자금	창업자자금	예,적금, 퇴직금, 유가증권, 부동산 매각자금
	현물출자금	창업자, 투자자가 보유한 현물(사업장, 차량, PC 등)
	투자가자금	후원금, 주주 출자금, 동업자 자금, 기관투자가 자금
타인자금	정책자금	소상공인 지원자금
	금융기관	은행, 저축은행, 보험사, 리스
	사금융	친・인척, 동료, 사채

[그림 4] 자본의 조달방법

(4) 추정 재무제표의 작성

재무제표인 대차대조표, 손익계산서, 현금흐름표는 사업성 분석을 진행하는데 있어 주요 정보의 수집원이다. 또한 이들 재무제표는 기업경영과 의사결정에 중요한 역할을 한다.

① 대차대조표

대차대조표는 특정시점의 재무상태를 나타내는 정태적 재무제표로서 기업이 소유하고 있는 경제적 자원(자산), 그리고 그 경제적 자원에 대한 의무(부채) 및 소유주 지분(자본)에 관한 정보를 제공한다. 이와 같이 기업의 재무상태는 자산, 부채, 자본의 3요소로 구성된다. 대차대조표의 구조는 <표 5>와 같다.

〈표 5〉 대차대조표의 구조

자산		부채 및 자본(총자본)	
자산	Ⅰ. 유동자산	부채	Ⅰ. 유동부채
	(1) 당좌자산		Ⅱ. 고정부채
	(2) 재고자산		Ⅲ. 이연부채
	(3) 기타유동자산	자본	Ⅰ. 자본금
	Ⅱ. 투자와 기타자산		
	(1) 투자자산		Ⅱ. 자본잉여금
	(2) 기타자산		
	Ⅲ. 고정자산		Ⅲ. 이익잉여금
	(1) 유형고정자산		
	(2) 무형고정자산		Ⅳ. 자본조정
	Ⅳ. 이연자산		

여기서 차변에 기록되는 자산은 기업이 조달한 자금을 어떻게 활용하고 있는가를 보여주며, 대변은 기업이 어떻게 자본을 조달하였는가 하는 자본구조를 보여준다. 이러한 대차대조표는 기본적으로 기업의 자본구조 및 그 재무적 탄력성을 평가할 수 있는 정보를 제공하는데, 대차대조표가 제공하는 주요 재무

정보로는 ① 기업의 경제적 자원에 대한 정보 ② 기업의 유동성과 지급능력에 대한 정보 ③ 기업의 자본구조, 재무구조의 건실성에 대한 정보 ④ 기업의 장기계획, 확장, 새로운 계획 입안에 도움이 되는 정보 ⑤ 채권자 지분, 소유주 지분에 관한 정보를 제공한다.

② 손익계산서

손익계산서는 일정기간에 있어서 기업의 경영성과를 나타내는 표이다. 또한 추정손익계산서는 미래의 일정기간에 있어서 기업의 수익과 비용 및 손익을 표시한 재무제표이다. 이것은 매출계획과 비용예산 및 기타 필요한 재무예측자료를 이용하여 작성할 수 있다. 손익계산서를 작성하는 이유는 사업의 수익성을 평가하기 위한 수입과 지출에 대한 기초자료를 작성하기 위함이다. 즉 현금흐름표 작성에 있어서 손익계산서를 기초로 하여서 작성할 수 있다. 추정손익계산서의 구조와 추정방법은 <표 6>과 같다.

여기서 매출액과 판매비와 일반관리비의 추정방법에 있어서는 ① 직접 계산하는 방법 ② 동일한 제품이나 기업의 실적치를 이용하는 방법 ③ 유사한 제품이나 기업의 실적치를 이용하는 방법 ④ 동업계의 실적치를 이용하여 추정하는 방법이 사용된다. 이 경우 동업계의 실적치를 이용하여 추정하는 경우에는 한국은행에서 매년 발간하는 "기업경영분석"을 활용하여 추정한다.

〈표 6〉 추정손익계산서의 구조와 추정방법

구분	1	2	…	비고
1. 매출액				판매계획에서 추정
2. 매출원가				원가계획, 투자계획에서 추정
(1) 재료비				제조경비 중 감가상각비는 구분하여 계산(현금지출이 없는 비용이기에)
(2) 노무비				
(3) 감가상각비				
(4)기타제조경비				
3. 매출총이익(1-2)				
4. 판매비				판매계획에서 추정

구분	1	2	…	비고
(1) 인건비				마케팅 전략에 소요되는 인건비, 광고선전비, 보험료 등을 포함
(2) 광고선전비				
(3) 기타 판매경비				
5. 일반관리비				제조, 판매와 직접 관련이 없는 비용으로 임차료, 감가상각비, 복리후생비, 지원부서 인건비 등 제반경비 포함
(1) 인건비				
(2) 임차료				
(3) 감가상각비				
(4) 기타 일반관리비				
6. 영업이익(3-4-5)				
7. 영업외 수익(이자수익)				이자수익은 이익계획에서 추정
8. 영업외 비용(이자비용)				이자비용은 자금계획, 이익계획에서 추정
9. 경상이익				
10. 특별손익				
11. 법인세 차감전 순이익				
12. 법인세 등				
13. 당기순이익				

③ 현금흐름표

현금흐름은 현금의 유입과 유출을 의미하고, 현금흐름표는 일정기간 동안의 현금의 유입, 유출 등 현금변동내역을 나타내는 재무제표의 하나이다. 즉 현금흐름표는 사업의 수행과 시간의 경과에 따른 실제 현금수입과 지출의 크기를 알기 위하여 작성된다. 현금흐름표가 따로 작성되는 이유는 손익계산서의 수치자료는 감가상각비, 외상매입, 외상매출 등으로 인해 실제 기업으로 유출되는 현금자료를 표현하지 못하기 때문이다. 사업의 경제성 분석에서는 현금흐름에 기초를 두어야 하기 때문에 사업수행의 경과 시기에 따른 현금흐름의 추정은 수익성평가의 기본 자료를 제공한다. 현금흐름표의 기본구조는 <표 7>과 같다. 이때 현금유입과 유출은 시기별로 나누어 산출하는 바 이는 화폐의 시간적 가치를 고려하기 위함이다.

〈표 7〉 현금흐름표의 기본구조

구분	당기	전기	현금효과
Ⅰ. 영업활동으로 인한 현금흐름			
1. 당기순이익			가산
2. 현금의 유출이 없는 비용 등의 가산			가산
3. 현금의 유입이 없는 수익 등의 차감			차감
4. 영업활동으로 인한 자산, 부채 변동			가산, 차감
Ⅱ. 투자활동으로 인한 현금흐름			
1. 투자활동으로 인한 현금유입액			가산
2. 투자활동으로 인한 현금유출액			차감
Ⅲ. 재무활동으로 인한 현금흐름			
1. 재무활동으로 인한 현금유입액			가산
2. 재무활동으로 인한 현금유출액			차감
Ⅳ. 현금의 증가(감소)(Ⅰ+Ⅱ-Ⅲ)			
Ⅴ. 기초의 현금			
Ⅵ. 기말의 현금			

④ 재무제표의 분석

신규사업의 기업은 추정재무제표의 비율분석을 통하여 기업의 향후 유동성, 안전성, 성장성, 활동성, 수익성, 생산성 등의 경영상태를 판단할 수 있고, 기존사업의 기업들은 과거의 실적자료에 의한 재무제표의 분석을 통하여 기업의 경영효율을 평가할 수 있다. 여기서 대차대조표를 이용한 비율분석을 정태분석이라 하고, 손익계산서를 이용한 비율분석을 동태분석이라고도 한다. 기업의 경영효율을 분석하는데 주요 재무비율과 판단근거는 <표 8>과 같다.

〈표 8〉 주요 재무비율과 판단근거

정태비율		산식	내용
유동성 비율	유동비율	유동자산/유동부채	기업의 단기적 채무이행능력의 측정
	당좌비율	당좌자산/유동부채	기업의 단기 채무 지급능력의 측정, 유동성비율의 보조지표
안정성 비율	부채비율	부채/자기자본	타인자본의 의존도 측정비율
	자기자본비율	자기자본/총자본	자본구성의 적부를 판단하기 위한 지표, 기업의재무구조 측정의 가장 중요한 지표
동태비율		**산식**	**내용**
수익성 비율	총자본순이익률	순이익/총자본	총자본의 투자효율을 판단하기 위한 지표
	자기자본 순이익률	순이익/자기자본	순이익의 자기자본에 대한 비율
	매출액순이익률	순이익/매출액	매출액에 대한 순이익의 비율
활동성 비율	총자산회전율	매출액/총자산(회)	기업에 투하된 자본의 운용능률을 표시
	재고자산회전율	매출액/재고자산(회)	재고자산이 현금화 되는 속도 측정
성장성 비율	총자산증가율	당기말총자산/전기말총자산	기업의 전체적인 성장규모 측정
	매출액증가율	당기매출액/전기매출액	기업의 신장세 판단지표

(5) 경제성 평가

경제성평가의 목적은 투자사업의 경제적 타당성분석과 수익성평가에 있다. 부수적으로는 분석과정을 통하여 수익의 최대화와 비용의 최소화를 통한 사업 개선을 할 수 있고 또 사업자에 대한 경제적 개념과 사업경영능력을 제고할 수 있다. 이러한 경제성 평가를 시행하여야 할 대상으로는 경제성이 중요한 문제이면서 정확한 분석이 필요한 경우로서 사업기간이 짧은 간단한 간이 사업 등에 대하여는 굳이 복잡한 경제성 평가방법을 동원할 필요는 없다. 따라서 경제성 평가는 ① 수행사업의 수익과 수익률의 판단 ② 경제적으로 최적 사업의 취사선택 ③ 대상사업의 적정 투자금액을 결정 ④ 장비의 구입 및 대체, 경제

적 사용수명의 결정 ⑤ 효율적 자본분배와 자본비용의 계산 ⑥ 공공사업의 경제적 타당성 분석과 같은 문제에 해결책을 줄 수 있다.

이러한 경제성 평가를 수행하기 위한 전제조건이 시장분석, 생산기술분석, 원가분석 그리고 재무분석이다. 즉 이들 분석을 통하여 사업의 수명기간 동안의 추정 현금흐름표를 작성할 수 있고 이러한 자료를 통하여 한 사업의 경제성을 평가할 수 있다.

① 현금흐름의 추정

사업안 평가에 있어서 가장 핵심적인 일은 투자의 현금흐름을 추정하는 일이다. 투자안의 현금흐름은 그 자산의 취득 및 운용 등에 필요한 현금유출과 그 자산의 운용으로 생기는 현금유입으로 구성된다. 이후 투자안의 평가에 있어서는 현금유입과 현금유출의 차이인 순현금흐름을 측정하여 평가한다. 대표적인 현금유출입 항목의 예는 <표 9>과 같다.

〈표 9〉 현금유출입 항목의 예

현금유입항목	순매출액, 고정자산잔존가치처분액(세후), 내용연수 마지막 연도의 운전자본 잔액
현금유출항목	제조원가, 판매 및 일반관리비, 기초 설비투자액, 매년의 순운전자본 증가액, 법인세, 단, 감가상각비, 지급이자, 배당금은 현금유출에 포함되지 않는다.

투자안의 현금흐름을 측정하기 위하여서는 ① 현금유출 및 유입의 크기 ② 유출입자금의 발생시점 ③ 할인율의 3가지 요소가 필요하다.

현금흐름의 추정에 있어서 사업의 가치를 평가시에는 영업활동에 의한 현금흐름만을 고려대상으로 함으로 인하여 손익계산서의 영업이익을 기준으로 측정하게 된다. 이때 현금흐름을 측정하는 기준이 필요하며 이는 다음과 같다.

① 현금흐름은 증가분 기준으로 추정한다.

② 이자비용과 배당금은 현금유출에 포함시켜서는 안 된다. 이는 현금흐름을 현재시점으로 할인하는데 쓰이는 할인율인 자본비용에 반영되어 있기

때문이다.

③ 감가상각비는 현금유출에 포함시켜서는 안 된다. 이는 손익계산서상에 비용으로 기록되나 실제 현금유출이 수반되지 않은 비용이므로 현금흐름을 추정할 때 현금유출에 포함시켜서는 안 된다.

④ 매몰원가는 무시한다. 이는 과거 투자결정에 반영된 비용으로서 새로운 투자안의 결정에는 아무런 영향도 미치지 못한다.

⑤ 기회비용을 고려하여야 한다.

⑥ 순운전자본의 변동을 고려하여야 한다. 동시에 사업기간이 만료되는 마지막 연도에는 이러한 운전자본이 현금으로 회수되므로 이를 고려하여야 한다.

⑦ 법인세 납세후 기준으로 추정해야 한다.

⑧ 인플레이션을 일관성 있게 고려해야 한다.

이러한 현금흐름의 추정이후에는 투자로 인한 현재와 미래의 현금흐름을 현재시점으로 일치시키는 과정이 필요하며 이때 사용되는 것이 할인율이다. 할인율의 크기는 기업의 자본비용[73]이 되는데, 이 자본비용은 돈의 시간적 가치만을 고려한 이자율(은행의 정기예금금리수준)에 기업특유의 위험을 반영한 추가이자율(위험프리미엄)을 더해 계산한다.

② 투자안의 경제성 평가

현금흐름을 추정한 후에는 선택한 투자안이 과연 기업에 이익이 되는지, 즉 투자가치가 있는지를 검토해야 한다. 이러한 수익성 검토를 경제성 평가라고 하는데 제안사업에 대한 투자와 수행여부의 최종적인 결정은 수익성 여부로 판단된다. 기업에서 투자안의 경제성을 평가하는 가장 기본적인 판단기준은 현금유입이 현금유출보다 크면 투자하고 작으면 투자하지 않는다는 단순한 원리이다.

이를 기본으로 투자의 경제성을 평가하는 방법은 현금흐름을 기준으로 평가하는 방법인 순현재가치(NPV)법(순현가법), 내부수익률(IRR)법(수익률법), 회

73) 자본비용이란 기업이 자본을 사용하는 대가로 자본제공자에게 지급해야 하는 비용으로 최저필수수익률, 요구수익률, 할인율 등 여러 명칭으로 불린다.

수기간법이 있다. 그리고 순현재가치법을 보완한 수익성 지수법이 있으며 회계적 이익을 기준으로 평가하는 방법인 회계적 이익률법이 있다. 이중 회계적 이익률법은 현금흐름을 고려하지 않음으로 인하여 최근에는 많이 사용되지 아니한다.

한편 현금흐름을 기준으로 평가하는 방법은 다시 돈의 시간적가치를 고려하는 순현가법, 수익률법, 수익성지수법과 돈의 시간적 가치를 고려하지 않는 회수기간법으로 나누어지며 특히 순현가법과 내부수익률법은 현금흐름과 돈의 시간적 가치를 모두 고려하기에 현금흐름할인법이라고도 한다. 순현가법은 이론적으로 가장 타당하다고 인정되고 있으며 보조적방법으로는 회수기간법이 가장 많이 이용되고 있다. 따라서 순현가법, 수익률법을 주된 평가방법으로 하고 회수기간법을 보조적인 평가방법으로 사용하는 것이 바람직하다고 할 수 있다.

가. 순현재가치법

순현가란 투자로부터 기대되는 미래의 현금유입을 자본비용 즉 요구수익률로 할인한 현가에서 현금유출의 현가를 뺀 값이다. 이를 산식으로 표시하면 다음과 같다.

순현가 = 현금유입의 현재가치 − 현금유출의 현재가치

$$= \frac{CF_1}{(1+i)} + \frac{CF_2}{(1+i)^2} + \frac{CF_3}{(1+i)^3} + ... + \frac{CF_n}{(1+i)^n} - I_0$$

단, CF_t : t시점에 있어서의 순현금흐름

i : 투자안에 대한 적정 할인율

I_0 : 투자안의 당초 투자비용

n : 투자안의 기대내용연수

이때 당초의 투자비용과 투자로 인한 미래 현금유입을 비교하여 현금유입의 현재가치가 투자비용의 현재가치보다 더 크면 그러한 투자안은 투자가치가 있는 것으로 판단한다. 독립적인 투자안의 경우 순현가가 0보다 크면 경제성이 있는 것이고 0보다 작으면 경제성이 없는 것으로 판단한다. 상호배타적인 여러

투자안들이 있는 경우 순현가가 0보다 큰 투자안들 중에서 순현가가 가장 큰 투자안을 선택한다.

순현재가치를 계산하기 위하여 현금흐름의 예측과 회사의 자본비용이 정확히 추정되어야 하는 점이 어려우나, 순현재가치법은 이론적으로 가장 타당성이 높은 평가방법으로 실무에서도 많이 사용된다.

나. 내부수익률법

내부수익률이란 투자안의 순현가를 0이 되게 하는 할인율을 말한다. 즉 투자비용의 현재가치와 투자로 인한 현금유입의 현재가치를 같게 해 주는 할인율이다. 이를 산식으로 표시하면 다음과 같다.

내부수익률 : $\frac{CF_1}{(1+r)} + \frac{CF_2}{(1+r)^2} + \frac{CF_3}{(1+r)^3} + ... + \frac{CF_n}{(1+r)^n} - I_0$를 만족시키는 r

CF_t : t시점에 있어서의 순현금흐름

I_0 : 투자안의 당초 투자비용

n : 투자안의 기대내용연수

r : 수익률

내부수익률법에서는 이 할인율을 해당 투자안의 자본비용과 비교하여 투자여부를 결정하는 평가방법인데, 계산된 내부수익률이 해당 투자안의 자본비용보다 클 경우에 경제성이 있는 투자로 평가한다. 상호배타적인 투자안의 경우 수익률이 자본비용보다 큰 투자안들중에서 수익률이 가장 높은 투자 안을 선택한다.

내부수익률법은 투자금액에 대비한 수익률을 제시함으로써, 투자의 효율성을 판단하기가 쉽다. 그러나 투자안에 따라 다수의 수익률이 존재하는 경우도 있는데 이경우에는 명백한 의사결정이 어렵다는 단점이 있다.

다. 회수기간법

어떤 투자안에 대한 회수기간이란 그 투자에 소요된 모든 자금(비용)을 회수

하는데 걸리는 기간을 말한다. 회수기간법은 투자로 인한 현금흐름을 모두 추정한 후, 현금흐름 중 투자에 소요되는 투자비용을 투자로 인한 현금유입으로 모두 회수하는데 걸리는 기간을 계산함으로써 독립투자안의 경우, 미리 설정해 놓은 기업의 최장 회수기간보다 짧으면 그 투자안을 채택하고 그렇지 않으면 기각한다. 상호배타적인 투자안이라면, 계산된 회수기간이 요구 회수기간보다 짧은 투자안들 가운데 회수기간이 가장 짧은 투자안을 선택한다.

회수기간법은 이자와 같은 돈의 시간적 가치를 고려하지 않는다는 단점은 있으나 계산이 용이하고 투자안에 투입된 현금이 얼마나 빨리 회수될 수 있는지를 추정하는데 유용하므로 실무에서 많이 사용되는 방법이다.

라. 회계적 이익률법

회계적 이익률법은 평균이익률법이라고도 하며 평균투자액 대비 회계적 이익이 얼마인가를 보아 투자안의 경제성을 평가하는 방법으로, 투자로 인한 납세 후 연평균 순이익을 연평균 투자액으로 나누어 계산한다. 회계적이익률의 투자의사결정기준은 독립적인 투자안의 경우 투자안의 회계적 이익률이 기업이 설정해 놓은 목표이익률보다 크면 투자가치가 있는 것으로 평가하며 상호배타적인 투자안의 경우는 목표이익률보다 높은 투자안들 중에서 회계적 이익률이 가장 높은 투자안을 선택한다.

회계적 이익률법은 회계장부상의 자료를 그대로 활용함으로써 계산이 용이하고 이해가 쉽다는 장점이 있으나, 현금흐름이 아닌 회계적 이익이 의사결정의 기준이 되고 돈의 시간적 가치를 무시한다는 점에서 한계가 있다.

7 위험 분석

인력분석, 시장분석, 생산기술분석, 재무분석 이외에도 사업성 분석을 위하여 필요한 분석에는 위험분석이 있다. 위험 분석이란 프로젝트와 관련된 위험을 찾아내고 그것을 확률 등을 이용한 계량적인 방법으로 프로젝트의 결과에 대한 평가에 포함시키는 것이다. 위험도 분석을 하는 목적은 미래의 현금흐름이 위험에 따라 감소할 수도 있으므로 이를 대비하자는데 있다. 즉 경제성분석

에서 사용되는 현금흐름자료가 위험성에 따라 달라지고 거기에 따라 의사결정이 변화하고 또한 다양한 경우가 나올수 있기 때문에 위험도 분석을 하는 것이다. 위험도 분석에서 검토하는 주요내용은 ① 위험상황하의 의사결정방법 ② 위험감소방안의 강구 ③ 민감도 분석 등이 있다. 신규사업의 사업성 평가는 미래의 사실에 대한 추정을 전제로 하는 것이기 때문에 가능한 한 오류를 줄이거나 이를 고려하여 평가하여야 그 신뢰도를 높일수 있다. 따라서 사업성을 좌우하는 요인들의 불확실성과 이러한 요인들이 변화할 때 사업성에 미치는 영향력의 정도에 대한 분석이 필요하다. 이는 올바른 투자의사결정을 가능하게 함과 동시에 사후의 성공적인 관리를 위해서도 유용하기 때문이다. 그러므로 사업성 검토시 다음과 같은 적절한 위험조정방법과 민감도분석 방법을 동원하여 이에 대비할 필요가 있다.

(1) 위험조정방법

위험조정방법이란 확실한 현금흐름만을 계산에 넣는 방법(확실성 등가계수법)과 미래 수입에 대한 할인율을 다소 높게 잡아 미래의 가치를 다소 낮게 잡아주는 방법(위험조정할인율법)이다. 이 방법들은 위험을 고려하여 미래수입의 크기를 축소하여 계산하는 등의 안전장치를 취하는 방법이다.

(2) 민감도분석

민감도분석이란 사업의 수익성에 영향을 미치는 변수들을 변화시켜 사업의 수익성 변화 정도를 알아보는 것이다. 그러므로 민감도분석을 통하여 어떤 요인이 수익성에 미치는 영향이 상대적으로 큰지 그리고 그 영향의 크기는 얼마인지를 판별하는 것이다. 이에 따라 영향력이 큰 요인에 대하여는 정확한 정보를 얻는 등 예의주시하여 위험에 대한 대비를 하는 방법이다.

8 분석결과 종합

이상과 같은 사업성 분석을 토대로 기업은 향후 전략을 결정하기 위해서 기업의 내, 외적 환경을 분석하는데 그 때 많이 사용하는 방법이 SWOT분석이다.

또한 SWOT분석을 통하여 종합적인 사업성을 분석할 수도 있다. SWOT분석이란 기업의 내적 분석에 의한 강점(S : Strenth)과 약점(W : Weakness) 그리고 외적환경분석에 의한 기회(O : Opportunity)와 위협(T : Threat)의 첫 글자를 딴 것으로 SWOT 분석은 기업이 놓인 객관적 환경분석에 의한 기회와 위협 그리고 기업의 능력분석에 의한 강점과 약점에 근거하여 어떤 비전과 목표, 전략을 수립할 것인가를 분석하는 방법이다.

여기서 기업환경은 기업의 내부환경과 외부환경으로 구분할 수 있다. 내부환경요인으로 자본, 조직, 인력, 기술 등과 같은 인적・물적자원이 있고, 외부환경요인은 기업이 직접 통제할 수 없는 요인으로서 경쟁자, 공급업자, 유통업자, 채권자, 고객, 정부와 기타경제・정치・법률・문화적 요인등이 있다.

SWOT 분석의 분석방법은 아래의 <표 10>과 같다.

〈표 10〉 SWOT 매트릭스

내부요소 외부요소	S(강점)	W(약점)
O(기회)	SO전략 : 기회의 이익을 얻기 위해 강점이 되는 전략	WO전략 : 약점을 극복함으로써 기회를 활용하는 전략
T(위협)	ST전략 : 위협을 회피하기 위해 강점이 되는 전략	WT전략 : 위협을 회피하고 약점을 최소화하기 위한 전략

SWOT 분석의 분석순서는 다음의 순서로 분석한다.

① <표>처럼 격자표에 S, W, O, T 각각의 항목을 마련한다.

② S, W, O, T 각 항목에 해당되는 진술을 전부 나열한다.

③ S, W, O, T 각 항목에 나열된 진술내용을 가로 세로로 교차시켜 각 교차

환경에서 유리한 요건을 이용하고 불리한 요건을 극복하는 전략을 고안해 적는다.

이러한 분석을 통하여 각 항목의 전략에 대한 예시를 살펴보면 SO전략에서는 기회의 이점과 강점이 조화된 가장 이상적인 기업환경으로서 이 경우에는 기회의 이점과 기업의 강점을 최대한 활용하는 성장지향적인 전략이 바람직하다. ST 전략의 경우에는 어떤 기업이 우호적 노사관계라는 강점인 S가 있는 반면에 기업환경은 시장경쟁이 격화라는 위협 T가 존재하는 상태이다. 이런 경우에 기업이 취할수 있는 전략으로는 우호적 노사관계를 살려 경쟁을 극복하기 위한 다각화 전략 또는 경쟁사 인수전략 등을 생각할 수 있다. WO 전략에서는 기회의 이점을 살리기 위해 약점을 보완할 수 있는 전략이 필요하고, WT 전략에서는 약점을 최소화하면서 위협을 회피하는 전략으로 기업을 축소 또는 재조정하는 방어적 전략을 생각해 볼 수 있다.

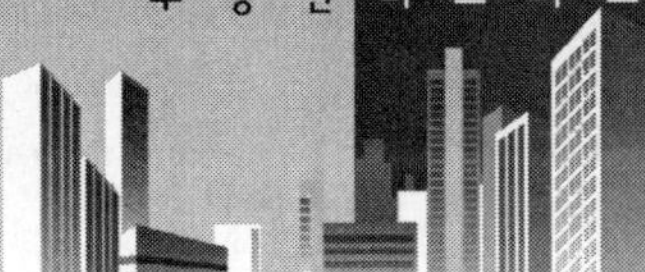

IX. 부동산 비즈니스 창업

1 부동산 비즈니스 창업의 개요

부동산 비즈니스라 함은 "부동산을 대상으로 하는 본인의 활동 또는 타인의 부동산 활동을 대신하거나, 보조하고 그 대가를 받기로 하는 일을 계속 유지하려는 업"을 말한다. 창업이란 제품이나 서비스를 생산 또는 판매하기 위하여 이제까지 존재하지 않았던 새로운 기업조직을 설립하는 행위라 하였다.[74]

이러한 부동산 비즈니스 창업은 개인적인 관점에서 보면 개인의 부를 창출하기 위한 활동이며 창업자 본인과 종업원에게 중요한 삶의 공간을 창출하는 행위이며, 사회적으로는 부동산 시장에 있어서 거래의 안전을 통한 신뢰성 회복, 사유재산권의 보호, 부동산 관련 자격제도의 발달 등 여러 가지로 중요성을 가진다. 부동산 비즈니스는 업종구분에 있어서 한국표준산업분류표상 부동산업의 부동산 임대 및 공급업, 부동산 관련 서비스업으로서 부동산 관리업, 부동산 중개 및 감정업으로 분류되어져 있다.

창업의 유형에는 독립사업과 프랜차이즈 가맹사업이 가능하며 점포중심형 창업의 성격을 가진다. 부동산 비즈니스 창업에 있어서 특징은 창업자와 종업원의 부동산에 대한 전문지식을 필요로 하며, 마케팅 전략 수립이 필요하며, 특정 생산설비를 필요로 하지 않음으로 일부 비즈니스의 경우 소규모의 창업비용이 소요되며, 직・간접적으로 부동산 경기에 민감함으로 인하여 장・단기 수지계획을 필요로 하며, 사업기반 확보에 있어서 장기간이 소요된다는 특징을 가지고 있다.

부동산 비즈니스는 부동산 활동의 중요성 증대로 인하여 필연적으로 그 중요성이 커지는 산업이지만 그 유형과 창업규모, 타 산업과의 상대적인 보호 등에서 볼 때 현재까지는 취약하다고 할 수 있다.

74) 지용희, 이윤보, 한정화, 중소기업론, 서울 : 경문사, 1999, p.28.

2 부동산 비즈니스 창업의 3요소 및 창업과정

(1) 창업의 3요소

창업의 목적은 기업이라는 조직을 통하여 이윤을 실현하고자 하는 것으로서 부동산 비즈니스 창업을 위해서는 인적요소인 창업자, 물적요소인 사업 아이디어, 자본의 3요소가 필요하다. 여기서 창업자는 창업 아이디어의 확보, 사업성 분석, 사업계획 수립, 계획의 실행 등을 주도하고 책임지는 창업의 주도자로서 기업설립에 필요한 유, 무형의 자원을 동원하고, 이들을 적절히 결합하는 역할을 수행해야 한다. 사업아이디어란 기업의 목적인 수익을 발생시키기 위하여 기업이 무엇을 생산할 것인가를 의미하는 것이다. 기업의 생산품은 구체적인 형태를 가진 재화일수도 있고, 그 형태를 정의하기 어려운 서비스일수도 있다. 자본이란 부동산 비즈니스를 수행하기 위한 금전적인 자원뿐만이 아니라, 자본을 이용하여 동원할 수 있는 토지 등을 포괄적으로 의미한다. 창업의 3요소인 창업자, 사업아이디어, 자본의 상호 연관성은 아래의 [그림 1]과 같다.

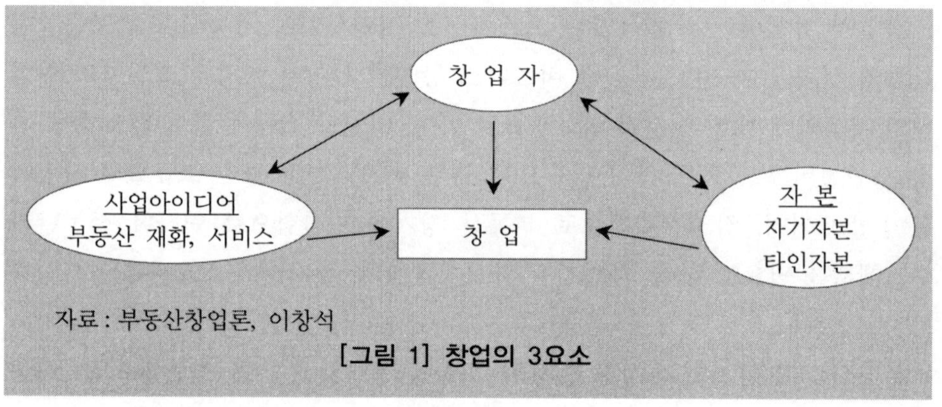

자료 : 부동산창업론, 이창석

[그림 1] 창업의 3요소

(2) 부동산 비즈니스의 창업과정

부동산 비즈니스의 창업과정은 창업자, 사업아이디어, 자본의 결합에 의하여 이루어진다. 창업을 위하여 창업자가 가장 먼저 해야 할 일은 어떤 입지에서 어떠한 부동산에 대한 서비스를 제공할 것인가를 결정하는 사업아이디어를 탐색하고 선정하는 것이다. 다음으로 고려되는 사업아이디어를 토대로 어느 정도 이윤을 실현할 수 있는가를 검토하는 사업성 분석과정이 필요하다. 본 사업성 분석과정에서 만족스러운 결과를 획득하지 못하면 피드백을 통한 새로운 사업의 아이디어 탐색이 필요할 것이다. 사업성 분석과정을 통하여 유망하다고 판단되는 사업아이디어를 획득하게 되면 다음으로 사업을 실행할 계획을 추진하게 된다. 사업계획에 대한 내용에 있어서는 수요를 예측하고 매출액을 추정하는 시장조사와 업무계획, 업무량 측정 및 인력계획을 수립하는 서비스 생산계획 및 관리계획, 필요한 자금의 크기를 추정하고 조달계획을 수립하는 재무계획이 포함되어야 하며 사업의 전체적인 수익성 평가도 포함되어야 한다.

이러한 창업에 직접적인 영향을 주는 과정뿐 만이 아니라 주변의 환경적 요인에 대한 분석의 과정도 필요하다. 이에는 부동산 회사의 설립과 경영에 영향을 주는 제도적 요인, 경기 동향, 자금조달의 난이도, 이자율 등의 경제적 요인, 창업 및 창업자에 대한 사회적 인식 등에 대한 사회적 요인, 부동산 비즈니스에 새로운 기술을 고려하는 기술적 요인 등에 대한 분석과정도 필요한 것이다.

이와 같은 창업과정은 상황에 따라 여러 가지로 다르게 나타낼 수 있으며 [그림 2]는 기본적인 부동산 비즈니스 창업과정과 환경을 나타낸 것이다.

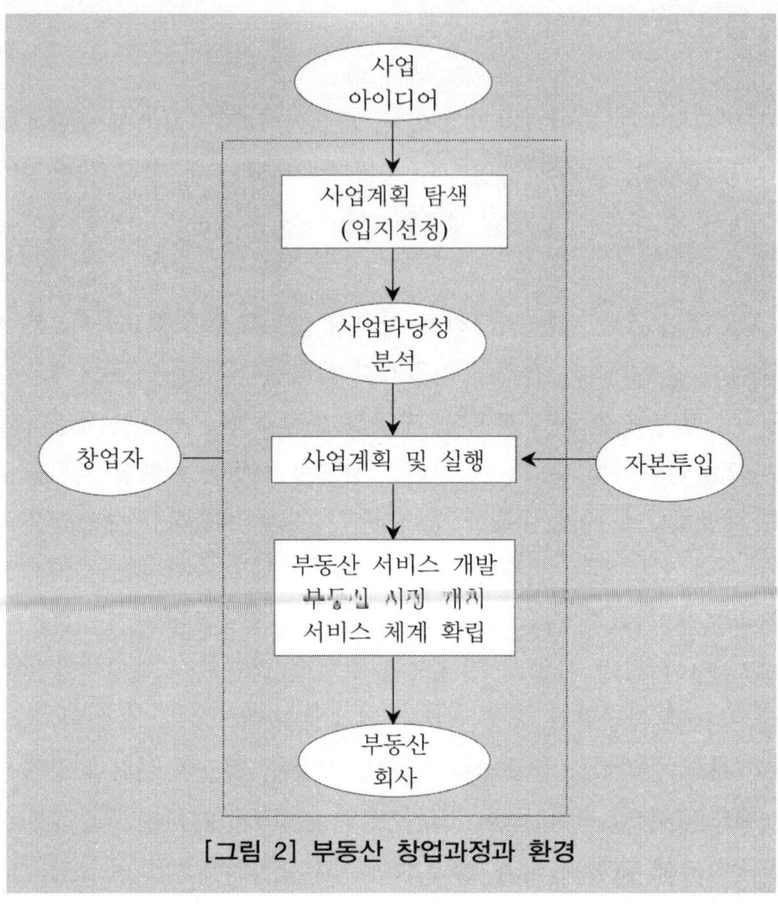

[그림 2] 부동산 창업과정과 환경

3 부동산 비즈니스 창업의 기본절차

부동산 비즈니스 창업절차는 크게 나누어 창업예비절차, 회사설립절차, 사무실 입지선정절차, 개업준비절차로 구분할 수 있으며 비즈니스 수행을 위하여 최소한 창업의 기본절차에 필요한 사항은 체크하는 것이 필요하며 항목은 [그림 3]과 같다.

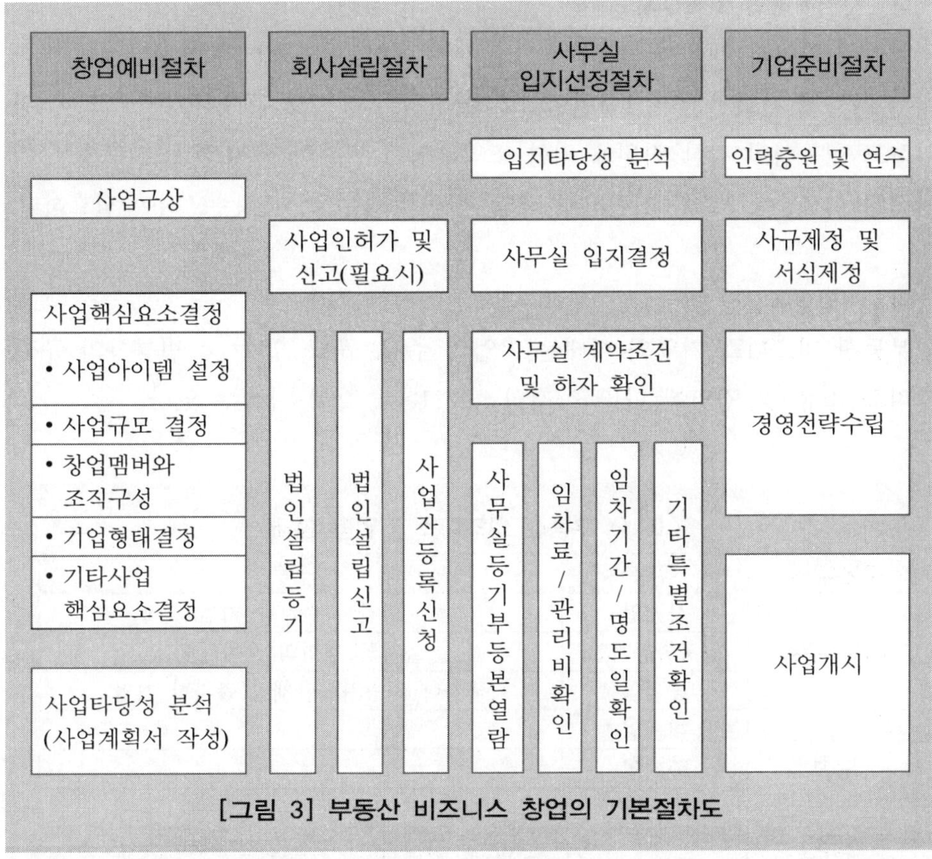

[그림 3] 부동산 비즈니스 창업의 기본절차도

(1) 창업예비절차

① 사업핵심요소결정

가. 사업아이템 선정

사업아이템 선정에 있어서 성장가능성, 창업자의 경험이나 특징의 활용가능성, 자금동원 규모 등을 고려한 경쟁력이 있는 사업아이템을 선정하여야 한다.

나. 사업규모결정

사업규모 결정에 있어서 업종에 따른 규모, 취급하고자 하는 제품과 상품의 종류, 동종업종의 현황, 창업자의 자금조달능력을 고려한 사업규모를 선택하여야 한다.

다. 창업멤버와 조직구성

기업에 있어서 가장 핵심적인 요소는 사람이다. 창업멤버와 조직구성에 있어서는 가능한 간단한 조직, 직원인력에 있어서는 능력도 중요하지만 성격이 원만하고 협동심이 강한 직원에 의한 조직구성이 필요하다. 또한 조직구성은 일반적인 회사중심구조를 기반으로 해당 업종에 맞는 특색있는 조직이 필요하다.

라. 기업형태결정

부동산 비즈니스 기업의 형태는 기업의 주체, 규모, 업종 및 법률상의 규정, 그리고 소유 및 경영에 따라 아래의 <표 1>과 같이 나눌수 있다.

〈표 1〉 부동산 비즈니스 기업의 형태

구부 기주	유형	내용
출자 주체	사기업	민간이 출자한 기업
	공사합동기업	출자와 경영의 혼합형태
	공기업	국가나 지방자치단체가 출자한 기업
규모	대기업	
	중기업	
	소기업	
업종	부동산 임대 및 공급업, 서비스업으로 구분	
법률상 분류	개인기업	
	법인기업	주식회사, 합명회사, 유한회사, 합자회사

특히 부동산 비즈니스 관련 기업형태의 결정은 업종 및 법률상 분류에 따른 파악이 실용적이라고 할 수 있으며 본 장에서는 이를 중심으로 살펴본다. 먼저 기업형태의 결정에 있어서 개인기업, 법인기업의 결정에 있어서 모두 각각의 장, 단점이 있기에 종합적인 판단이 필요하다. 즉 단순한 추정 매출규모에 의한 개인, 법인기업의 선택이 아닌 관련 업종 영위를 위한 적합한 기업형태를 결정하여야 한다. 동종업종의 현황을 검토한 후 기업형태를 결정하는 것도 하나의 좋은 방법이라고 할 수 있다.

이상의 개인기업, 법인기업의 선택은 각각의 장, 단점을 파악하고 세법에서 규정하고 있는 세제상의 특징을 이해하여야 한다. 개인기업 및 법인기업의 특징은 아래의 <표 2>와 같다.

〈표 2〉 개인기업과 법인기업의 비교

구분	개인기업	법인기업(주식회사)
설립절차	설립등기가 필요 없이 사업자 등록만으로 사업을 개시할수 있다.	최소한 5,000만원 이상의 자본금과 2인 이상의 인원이 있어야 주식회사의 설립이 가능
소득세와 법인세의 부담	8%에서 35%까지의 4단계 초과누진세율로서 소득이 많은 경우에는 소득세가 법인세보다 많게 된다.	13%와 25%의 2단계 초과누진세율로서 소득이 많은 경우에는 법인세가 소득세보다 작게 된다.
기업자금의 개인적 사용	대표자에 의한 기업자금의 개인적 사용이 자유롭고, 거의 불이익이 없다.	대표자가 기업자금을 개인적 용도로 사용시 세제상의 불이익이 있다.
책임의 한계	대표자는 기업채무자에 대하여 무한책임을 진다.	대표자는 회사의 운용과 관련하여 일정한 책임을 지며, 주주는 주금납입액을 한도로 하여 채무자에 대하여 유한책임을 진다.
기업의 계속성	대표자가 바뀌는 경우에는 폐업을 하고, 신규로 사업자등록을 하여야 하므로 기업의 계속성이 단절됨	주식양도에 의해 사업의 양도가 가능하므로 기업주는 바뀌어도 기업의 계속성이 유지
사업양도시의 세금	사업의 양도시에는 양도된 영업권 또는 부동산에 대하여 높은 세율의 양도소득세 부과	사업의 양도시 주식양도에 대한 양도소득세 부과
종합적 결론	일정규모 이상으로 성장하지 않는 중소규모의 사업에 적합	일정규모 이상으로 성장이 가능한 유망사업의 경우에 적합

② 사업타당성 분석(사업계획서 작성)

사업타당성 분석은 투자, 개발, 금융뿐 만 아니라 모든 사업의 출발점이자 요체로서 부동산 비즈니스 창업에 있어서 가장 중추적인 역할을 담당한다. 이러한 사업타당성 분석을 통하여 첫째, 객관적이고 체계적인 사업타당성 검토는

사업의 성공률을 높이고 시행착오를 줄일수 있으며, 사업 수행의 효율성을 제고시킨다. 둘째, 사업의 구성요소를 정확하게 파악함으로써 사업수행능력 향상에 도움을 주고 보완해야 할 사항에 대하여 미리 조치를 취할 수 있으며 셋째, 사업환경 전반에 관하여 미처 깨닫지 못했던 사항을 인지함으로써 불확실성과 위험에 능동적으로 대비할 수 있다.

사업타당성 분석을 효율적으로 수행하기 위한 첫 번째는 사업의 타당성을 개괄적으로 검토하면서 대안을 모색하는 예비 사업타당성의 검토이다. 이는 유사한 분야의 실제 수행사례를 통하여 간단한 사업타당성을 검토하는 방법, 해당 분야의 전문가의 의견 청취법이나 벤치마킹 기법을 도입하여 검토할 수 있다.

사업타당성 분석을 위해 검토해야할 항목은 검토 목적에 따라서 약간의 차이는 있어나 개략적인 내용은 다음과 같다. 첫째, 창업자의 계획된 사업의 수행능력, 기업가로서의 적성과 자질 및 해당 업종에 대한 적합성에 대한 창업자의 사업수행 능력 및 적합성 분석이 이루어져야 한다. 둘째, 시장성 분석이 이루어져야 한다. 시장성 분석요소는 국내외 시장동향 및 중장기 수급전망, 창업하고자 하는 부동산 비즈니스 분야의 특성 및 구조, 동업자 또는 유사 회사와의 경쟁상태 및 경쟁회사 출현 가능성, 국내외 관련 분야의 가격구조 및 가격동향, 목표시장 선정 및 전략, 고객에 대한 판매량 추정의 자료를 수집, 분석한다. 셋째, 생산서비스에 관련되는 제 요소의 제공여부에 대한 기술적 분석으로서 제공 서비스의 특성, 시스템, 직원의 능력 등에 대한 분석을 실시한다. 넷째, 수익성 분석으로서 향후 전망에 대한 현재적 관점에서 분석하는 것으로서 재무예측, 현금 수지분석 자금의 조달 및 운용분석을 실시한다, 다섯째, 계획사업에 대한 장기적 성장가능성 및 위험요소의 분석 여섯째, 이상의 분석결과를 종합한 SWOT분석을 실시하게 된다.

사업타당성 분석의 과정은 고려되는 사업아이디어가 어느 정도 이윤을 실현할 수 있는가를 검토하는 과정으로서 필요하다. 본 사업타당성 분석과정에서 만족스러운 결과를 획득하지 못하면 피드백을 통한 새로운 사업의 아이디어 탐색이 필요할 것이다. 이러한 사업성 분석과정을 통하여 유망하다고 판단되는 사업아이디어를 획득하게 되면 다음으로 사업을 실행할 계획을 추진하게 된다.

(2) 회사설립절차

일반적으로 기업의 창업절차는 업종선정, 사업계획수립, 사업 인·허가 및 회사설립, 입지선정, 인력충원 및 경영전략 수립을 통한 사업개시의 단계로 이루어 진다. 회사설립과 관련하여서 자신이 설립하고자 하는 사업의 업종·규모 등에 대한 이해를 바탕을 관련 법령에 맞추어 개인기업 및 법인기업의 설립절차를 이행하여야 한다. 개인기업 및 법인기업 모두 사업자 등록을 통한 사업개시시점까지의 회사설립절차 흐름은 아래의 [그림 3]과 같다.

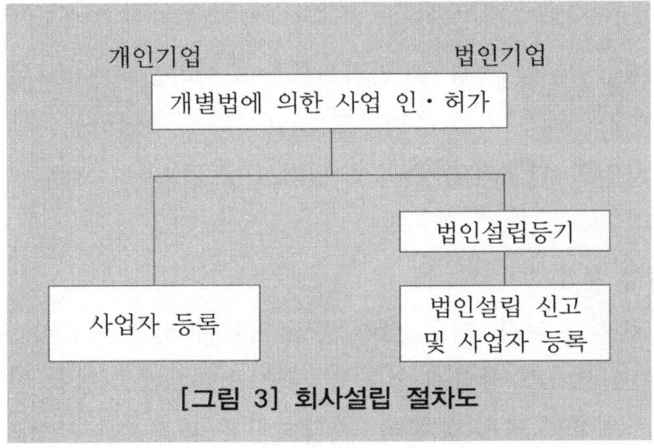

[그림 3] 회사설립 절차도

4 부동산 비즈니스 창업의 성공요인 분석

부동산 비즈니스 창업의 성공을 위하여서는 창업의 3요소가 충실히 이루어져야 하는바 이에 대하여 항목별로 살펴보고자 한다.

(1) 창업자의 개인적 특성

창업자로서 성공하는자의 특성은 추진력, 자신감, 장기적인 참여, 금전에 대한 욕구, 문제해결에 있어서의 끈기, 온건한 모험심, 실패로부터 배우는 자세,

주도권과 책임감, 상황윤리관 및 불확실성의 감내등의 특별한 특성이 있다. 또한 업무수행에 필요한 능력은 사업과 가사와의 조화, 전적인 몰입과 결단, 창의성과 혁신능력, 업종에 대한 지식, 팀 구성능력, 주변자원의 활용, 진실성과 종합능력, 목표설정 능력, 경영의 기본지식, 설득력 등의 업무능력이 필요하다.

(2) 사업아이디어의 선정

① 사업계획탐색(입지선정)

창업자가 가장 먼저 해야 할 일은 어떤 입지에서 어떠한 부동산에 대한 서비스를 제공할 것인가를 결정하는 사업아이디어를 탐색하고 선정하는 것이다

사업계획에 대한 내용에 있어서는 수요를 예측하고 매출액을 추정하는 시장조사와 업무계획, 업무량 측정 및 인력계획을 수립하는 서비스 생산계획 및 관리계획, 필요한 자금의 크기를 추정하고 조달계획을 수립하는 재무계획이 포함되어야 하며 사업의 전체적인 수익성 평가도 포함되어야 한다.

② 사업타당성 분석

사업타당성 분석은 투자, 개발, 금융 뿐만 아니라 모든 사업의 출발점이자 요체로서 부동산 비즈니스 창업에 있어서 가장 중추적인 역할을 담당한다. 이러한 사업타당성 분석을 통하여 첫째, 객관적이고 체계적인 사업타당성 검토는 사업의 성공률을 높이고 시행착오를 줄일수 있으며, 사업 수행의 효율성을 제고시킨다. 둘째, 사업의 구성요소를 정확하게 파악함으로써 사업수행능력 향상에 도움을 주고 보완해야 할 사항에 대하여 미리 조치를 취할수 있으며 셋째, 사업환경 전반에 관하여 미처 깨닫지 못했던 사항을 인지함으로써 불확실성과 위험에 능동적으로 대비할 수 있다.

사업타당성 분석을 효율적으로 수행하기 위한 첫 번째는 사업의 타당성을 개괄적으로 검토하면서 대안을 모색하는 예비 사업타당성의 검토이다. 이는 유사한 분야의 실제 수행사례를 통하여 간단한 사업타당성을 검토하는 방법, 해당분야의 전문가의 의견 청취법이나 벤치마킹 기법을 도입하여 검토할 수 있다.

사업타당성 분석을 위해 검토해야할 항목은 검토 목적에 따라서 약간의 차이는 있어나 개략적인 내용은 다음과 같다. 첫째, 창업자의 계획된 사업의 수행

능력, 기업가로서의 적성과 자질 및 해당 업종에 대한 적합성에 대한 창업자의 사업수행 능력 및 적합성 분석이 이루어져야 한다. 둘째, 시장성 분석이 이루어져야 한다. 시장성 분석요소는 국내외 시장동향 및 중장기 수급전망, 창업하고자 하는 부동산 비즈니스 분야의 특성 및 구조, 동업자 또는 유사 회사와의 경쟁상태 및 경쟁회사 출현 가능성, 국내외 관련 분야의 가격구조 및 가격동향, 목표시장 선정 및 전략, 고객에 대한 판매량 추정의 자료를 수집, 분석한다. 셋째, 생산서비스에 관련되는 제 요소의 제공여부에 대한 기술적 분석으로서 제공 서비스의 특성, 시스템, 직원의 능력등에 대한 분석을 실시한다. 넷째, 수익성 분석으로서 향후 전망에 대한 현재적 관점에서 분석하는 것으로서 재무예측, 현금 수지분석 자금의 조달 및 운용분석을 실시한다, 다섯째, 계획사업에 대한 장기적 성장가능성 및 위험요소의 분석 여섯째, 이상의 분석결과를 종합한 SWOT분석을 실시하게 된다.

사업타당성 분석의 과정을 고려되는 사업아이디어가 어느 정도 이윤을 실현할 수 있는가를 검토하는 과정으로서 필요하다. 본 사업타당성 분석과정에서 만족스러운 결과를 획득하지 못하면 피드백을 통한 새로운 사업의 아이디어 탐색이 필요할 것이다. 이러한 사업성 분석과정을 통하여 유망하다고 판단되는 사업아이디어를 획득하게 되면 다음으로 사업을 실행할 계획을 추진하게 된다.

③ 사업계획 실행(사업계획서 작성)

이러한 사업타당성 분석과정을 통하여 유망하다고 판단되는 사업아이디어를 획득하게 되면 다음으로 사업계획서를 작성하게 되며 이후 사업 계획에 대한 실행을 추진하게 된다. 사업계획에 대한 내용에 있어서는 논리적이며 구체적으로 실현가능하게 작성되어야 하며, 객관적이며 간단, 명료하게 작성되어야 한다. 창업사업계획서 작성시에는 유의할 사항으로서 향후 사업의 잠재력과 기술개발의 가능성을 강조하며, 비논리적인 추정이나 근거가 불충분한 자료는 피하고 핵심내용을 부각하여야 하며 자금조달계획은 정확하고 실현가능하여야 한다. 이러한 창업사업계획서의 내용은 창업개요, 조직 및 인력운용계획, 기술현황 및 기술개발계획, 생산 및 시설계획, 시장성 및 판매전망, 자금운용 및 조달계획, 사업추진일정계획 등이 구체적으로 명시되어야 한다. 구체적인 창업사업

계획서의 내용은 <표 5>와 같다.

〈표 5〉 창업사업계획서의 내용

Ⅰ. 창업개요	Ⅱ. 조직 및 인력운용계획
1. 창업자 소개	1. 조직도
2. 회사 개요	2. 조직 및 인력구성의 특성
1) 사명, 형태 및 연혁	3. 구성원에 관한 사항 및 고용계획
2) 설립예정지역	4. 관계회사 내용 등
3) 주요 서비스	5. 교육훈련 현황 및 계획
3. 창업동기 및 사업의 기대효과	
4. 사업전개 방향 및 향후 계획	
Ⅲ. 기술현황 및 기술개발 계획	**Ⅳ. 생산 및 시설계획**
1. 창업대상 기술의 내용 및 특성	1. 생산 및 시설투자계획
2. 아이템 선정과정 및 기술현황	1) 생산에 필요한 시설 및 설비
3. 사업화 가능성 및 전망	2) 시설투자계획
4. 기술개발 및 투자계획	2. 서비스 및 조달계획
Ⅴ. 시장성 및 판매전망	**Ⅵ. 자금운용, 조달계획**
1. 진출시장의 현황	1. 소요자금 명세 및 용도
1) 동종업계의 현황 및 경쟁예상	2. 조달계획
2) 관련기업의 시장침투 가능성 및 수요전망	1) 자금조달 규모 및 방법
2. 판매계획 및 마케팅 전략	2) 보증 및 담보계획
1) 마케팅 전략	3. 차입금 상환계획
(1) 판매경로 및 방법	
(2) 가격전략 및 중점대상시장(수요자선택)	
Ⅶ. 사업추진 일정계획	

④ **창업환경 분석**

부동산 창업에 있어서의 성공을 위하여서는 창업에 직접적인 영향을 주는 과정 뿐만이 아니라 주변의 환경적 요인에 대한 분석의 과정도 필요하다. 이에는 부동산 회사의 설립과 경영에 영향을 주는 제도적 요인, 경기동향, 자금조달

의 난이도, 이자율등의 경제적 요인, 창업 및 창업자에 대한 사회적 인식 등에 대한 사회적 요인, 부동산 비즈니스에 새로운 기술을 고려하는 기술적 요인 등에 대한 분석과정도 필요한 것이다.

(3) 창업자금의 조달

중소기업진흥공단의 중소기업 창업실태 조사보고서에 따르면 창업과정에서 가장 어려운 부분은 "자금조달"이 가장 어려운 부분으로 나타나고 있다. [그림 4]에서 보는 바와 같이 창업자금의 조달방법에는 창업자 또는 동업자가 가지고 있는 자기자금과 외부로부터 빌려오는 타인자금으로 구분된다. 일반적인 창업자금의 조달방법은 [그림 4]와 같다.

구분	항목	내용
자기자금	창업자자금	예,적금, 퇴직금, 유가증권, 부동산 매각자금
	현물출자금	창업자, 투자자가 보유한 현물(사업장, 차량, PC 등)
	투자가자금	후원금, 주주 출자금, 동업자 자금, 기관투자가 자금
타인자금	정책자금	소상공인 지원자금
	금융기관	은행, 신용금고, 보험사, 리스
	사금융	친,인척, 동료, 사채

[그림 4] 창업자금의 조달방법

현재 정부는 부동산업을 창업자금지원대상에서 제외하고 있다. 이는 정부의 시각에서 부동산 비즈니스를 투기를 조장하는 업종이라는 판단하에 중소기업의 범위 및 창업자금지원대상에서 제외하고 있는 것이다. 그러나 부동산 가격 안정이 부동산 비즈니스 창업 활성화와 관련된다고 볼 경우 부동산 비즈니스 창업에 대한 다각적, 지속적, 종합적인 지원이 필요하다.

(4) 창업경영관리와 마케팅 활동

부동산 비즈니스 창업에 있어 마케팅 관리는 동태적 환경에 적응함으로써 창업의 목표를 달성하고자 일련의 부동산 마케팅 변수들을 체계화시킴으로써 마케팅 활동을 계획하고 통제하는 것이다. 이는 부동산 제품의 능률을 제고하고 동시에 소비자의 가치창출을 위한 생활의 질을 향상 시킬 수 있도록 시장의 주체인 생산자, 판매자, 소비자, 정부 등이 효율적으로 체계화할 수 있도록 하는 것이다. 이러한 마케팅 효율화 제고를 위하여서는 마케팅정보시스템, 목표시장 선정, 마케팅 믹스, 마케팅 전략 등의 관계에서 마케팅 효율을 높이는 전략을 구사함에 따라 이루어진다.

 부동산 비즈니스 실태

각 연도별 통계청이 발표한 자료 <표 5>를 보면 부동산 비즈니스는 부동산 공급업, 부동산임대업, 부동산중개업, 부동산감정평가업 등에서 생산이 증가하여 2005년 이후 부동산업이 전체 서비스업 중에서 차지하는 비중이 점차 증가함을 파악할 수 있다.

〈표 5〉 부동산업 증감률

(단위 : 전년비, %)

분류	2000	2001	2002	2003	2004	2005	2006
서비스업	10.1	8.9	11.2	4.2	4.5	5.2	6.7
부동산업	9.9	7.7	7.3	3.9	-2.9	9.1	10.3

자료 : 통계청, 각 연도별 서비스업 활동동향(경상지수)

6 분야별 부동산 창업

(1) 부동산 중개 비즈니스

① 개요

현재 부동산 중개 비즈니스는 전문화되어 가는 추세로서 자신의 경험과 능력에 맞는 표적시장(주택, 상가, 토지, 공장, 빌딩)중 자신에게 가장 경쟁력이 있는 분야의 설정이 중요하며, 표적시장이 정해지면 목표수행을 위한 최적의 인력의 구성이나 영업전략이 필요하다. 표적시장에 따른 중개업소의 유형별 특성은 <표 6>과 같다.

〈표 6〉 표적시장에 따른 중개업소의 유형별 특성

표적시장	특성
아파트, 단독주택, 빌라	일반적으로 단지내 상가, 근린상가에 위치
	경기변동에 덜 민감하며 수입이 안정적
	개업 초보자나 여성에게 적합
	한 업소당 최소한 300세대 이상이 되어야 유지가능
토지	지방형은 고속터미널 주변이나 고속도로 진출입이 유리한 상업지역이 좋은 편
	도시형의 경우 관공서 주변이나 유사 관련 업종 사무실 주변이 좋은 편
	컨설팅 기술과 복합적 경영기술이 합리적으로 설명될 것
상가, 유흥업소	시장경제 흐름에 대한 판단과 예측이 필요함
	대중교통이 편리한 역세권이나 교통 중심지에 위치
	적정한 권리금 산출이 필수과제
공장, 컨설팅	전문적인 조사와 정보가 있어야 하고 객관적인 연구가 필요함

이러한 부동산 중개 비즈니스의 성공은 그 지역의 라이프싸이클과 해당 지역 거주 주민의 소득수준, 재산상태, 인구구성비, 연령층 등에 대한 분석, 그 지역의 주거래 중개대상물의 거래빈도, 배후지의 유동고객를 분석하는 시장분석을 통하여 중개의뢰 물건이 많은 입지에 자리하여야 한다. 이러한 시장분석

이후 기존 인근 경쟁점포를 통해서 수입의 흐름을 예측하고 임대료, 직원임금 등을 추산하는 수익분석이 필요하다. 통상 중개사무소 운영과 관련된 수입 및 지출항목은 아래의 <표 7>과 같다.

〈표 7〉 중개사무소의 수입 및 지출 항목

수입항목	중개수수료, 실비, 직접 투자수입(경매투자 등), 관련 영업수입(용역알선 수입 등), 기타 잡수입
지출항목	중개보조원 인건비, 임대료, 광고료, 교통비 또는 차량운반비, 전화요금 등 통신요금, 관리비(전기, 수도료 등), 신문구독료, 소모품비, 각종 회의 참석비, 접대비, 대출이자, 부가가치세 및 종합소득세, 기타 잡비용

② 부동산 중개업 등록

〈표 8〉 중개업 등록절차

절차순서	관할 관청	구비서류
등록신청	시, 군, 구청	등록신청서(각 등록관청에 비치)
		공인중개사 자격증 사본
		법인의 등기부등본(법인)
		사전교육 이수 확인증(협회 소관)
		사무소 임대차계약서등
		반명함판 사진2매
		인감도장
등록통지	시, 군, 구청	7일이내 종별 구분하여 서면 통지
업무보증설정	등록신청자	등록통지 10일 이내 협회 공제등 가입 업무보증설정
등록증 교부	시, 군, 구청	
협회회원등록	중개사무소개설신청자	협회 지부, 지회에 회원등록
인장등록	시, 군, 구청	업무개시전에 인장 등록
		개인 : 인감증명법에 의한 인장
		법인 : 상업등기처리규칙에 의한 인장
사업자등록	관할 세무서	사업자등록신청서, 중개사무소 개설등록증, 임대차계약서 등

공인중개사는 부동산중개업을 개업하고자 할 때 먼저 사전교육을 이수하고 관할지역 행정기관(시・군・구청)에 등록을 신청하여 업무보증 설정 후 중개업등록증을 교부받음으로써 업무를 개시할 수 있다. 구체적인 내용은 <표 8>과 같다.

③ 부동산 중개업 경영전략과 인력계획

부동산 중개업 경영전략과 관련하여서 창업기에는 확보고객 및 중개의뢰 물건의 부족을 고려시 업무의 난이도가 쉬운 아파트 영업이 적절하며 이후 발전기에는 고객관리나 중개대상 물건, 임대차 만기관리 및 각종 지역별 부동산 자료를 전산화해서 효율성을 극대화시켜야 한다. 또한 부동산 포탈사이트의 프랜차이즈 가맹을 통하여 체인본부가 갖고 있는 높은 공신력과 브랜드 인지도, 체계적인 투자정보, 개발정보를 활용 고객에게 보다 쉽게 접근할 수 있어 영업이익을 높이는 것도 경영전략에 있어서 활용할 수 있다. 부동산 프렌차이즈 현황은 아래의 <표 9>와 같다.

〈표 9〉 부동산 프렌차이저 현황

구분	부동산랜드	부동산뱅크	부동산써브	R114	유니에셋
출범시기	1995.05	1998.05	1998.07	1998.11	2000.04
가맹점수 (2006 현재)	1000개	1000개	1500개	950개	800개
가맹비 (VAT 포함)	200만원	300만원	330만원 서울/수도권	220만원	165만원 서울/수도권
회비 (VAT 별도)	월3만원	없슴	연150만원	연165만원	연110만원
계약기간	2년	2년	3년	2년	2년
독점권역	800세대	2,500세대	1,000세대	1,000세대	
자사컴퓨터 전산망	랜드 홈페이지 활용	네오넷 홈페이지 활용	부동산써브 홈페이지 활용	R114홈페이지 활용	유니에셋 홈페이지 활용
매물회원요금	6개월 15만원	1년 55만원	신규 495천원 재가입 395천원	1년 50만원	수도권 33만원 지방 23만원
판촉물 지원	있슴	있슴	있슴	있슴	있슴

한편 인력계획과 관련하여 중개업 경력자를 채용하거나 부동산 중개업 현황이나 기본적인 소양지식을 겸비한 유능한 직원을 확보하고 오래 근무할 수 있는 환경을 제공하여야 한다.

(2) 부동산 감정평가 비즈니스업

감정평가사가 개인 사무실을 위한 감정평가업을 영위하고자 할 때 등록신청서에 감정평가사의 자격을 증명하는 서류 및 사무실의 보유를 증명하는 서류를 첨부하여서 감정평가업협회를 거쳐서 건설교통부장관에게 감정평가사사무소의 개설등록을 하여야 한다. 합동사무소의 경우에는 개설등록 신청서에 규약을 첨부하여 감정평가업협회를 거쳐 건설교통부장관에게 합동사무소 개설등록을 하여야 한다. 이때 감정평가사 합동사무소의 구성원의 수는 3인 이상으로 한다. 감정평가법인 설립의 경우 감정평가협회의 경유없이 건설교통부 장관의 인가를 받아야 한다. 감정평가법인의 경우에는 감정평가사가 10인 이상이 되어야 감정평가법인을 설립할 수 있으며, 감정평가법인의 사원 또는 이사는 감정평가사이어야 한다. 단, 감정평가법인의 대표사원 또는 대표이사는 감정평가사가 아닌 자로 할 수 있으나 감정평가사 결격사유에 해당하는 자가 아니어야 한다. 감정평가법인 설립인가를 받고자 할 때에는 발기인 전원이 서명날인 한 설립인가 신청서에 ① 목적 ② 명칭 ③ 주사무소 및 분사무소의 소재지 ④ 사원(주식회사의 경우에는 발기인)의 성명 ⑤ 주민등록번호 및 주소를 기재한 정관 및 사원 및 소속 감정평가사의 자격을 증명할 수 있는 서류, 사무실 보유 증명서류, 기타 건설교통부령이 정하는 서류를 첨부하여 건설교통부장관의 인가를 받아야 한다. 또한 감정평가법인은 사원 전원의 동의 또는 주주총회의 의결이 있는 때에는 건설교통부장관의 인가를 받아 다른 감정평가법인과 합병할 수 있다.

감정평가 비즈니스 설립절차는 <표 10>와 같다.

〈표 10〉 감정평가 사무소 설립절차

구분	신청	경유	건설교통부 토지국
개인사무소, 합동사무소	신청서	경유	접수
법인	신청서	경유 없슴	접수

(3) 부동산 관리업의 등록

부동산 관리 비즈니스는 부동산의 취득, 보존, 운용에 대한 비즈니스를 의미한다. 부동산 관리 비즈니스는 비교적 최근에 시작되었는데, 관리의 전문화가 요구된 직접적인 원인은 도시화, 건축산업의 기술적인 발전, 위탁자 소유 부동산의 급증 등을 들 수 있는데 특히 건물의 고층화와 그 맥을 같이한다고 할 수 있다.

부동산 관리 비즈니스는 최근 건물의 대형화, 고층화, 단지화, 정보화가 급속히 이뤄지면서 건물유지 내지 관리업무외에 행정, 회계, 법률, 유통, 홍보 등에 대한 다양한 경험과 지식이 요구되고 있는 실정이다. 또한 행정관청 및 건축주, 시공사, 자산소유자, 임차인 등의 이해가 상충될 때 중립적인 입장에서 조정할 수 있는 능력도 강조되고 있는 실정이다. 궁극적으로 자산관리사는 다방면의 지식과 경험을 바탕으로 한 판단력과 더불어 검증된 윤리성이 요구된다. 시설관리에 있어서는 현재 신축건물에 대한 미분양증가물량에 따른 리모델링 및 건물 재수선에 따라서 시장전망은 양호하다고 할 수 있다.

우리나라에는 1987년 일정규모 이상의 공동주택의 전문적 관리를 위하여 주택관리사(보) 제도를 도입하여 현재 시행중에 있다. 이는 부동산 관리에 있어서 시설관리에 해당하는 자격사라고 할 수 있다. 그러나 상업용 부동산 관련 자격과 관련한 공인자격제도는 없는 실정이다.

주택관리업의 등록을 하고자 하는 자는 제반 등록기준을 갖추어서 등록신청서에 제반 서류를 첨부[75]하여 시장, 군수, 구청장에게 등록을 신청하여야 한다.

---

75) ① 법인의 경우 법인등기부등본, 개인의 경우 주민등록등본 ② 법인의 납입자본금에

이후 시장, 군수, 구청장은 주택관리업의 등록을 한 자에게 주택관리업 등록증을 교부하여야 한다.

주택관리업의 등록기준은 아래의 <표 11>과 같다.

〈표 11〉 주택관리업의 등록기준

구분		등록기준
자본금		2억원 이상
기술 능력	전기분야 기술자	전기산업기사 이상의 기술자 1인 이상
	연료사용기기 취급관련 기술자	열관리산업기사 이상의 기술자 또는 보일러 시공 취급기능사 1인 이상
	고압가스 관련 기술자	가스기능사의 자격을 가진 자 1인 이상
	위험물 취급관련 기술자	위험물관리기능사 또는 주택관리사보 1인 이상
주택관리사 등		주택관리사 또는 주택관리사보 1인 이상
장비		5마력 이상의 양수기 1대 이상
		절연저항계 1대 이상

(4) 부동산 개발회사(시행사)

부동산 개발회사라 함은 토지를 택지, 공공용지 등으로 개발하거나 건축물 그 밖의 공작물을 신축 또는 재축하는 사업을 영위하는 자이다. 상가나 오피스텔 개발만 할 경우 부동산매매업으로 5천만원 이상의 자본금으로 설립이 가능하나 주상복합과 아파트의 경우에는 주택건설사업 등록을 해야함으로 인하여 자본금이 법인3억원과 기술자 1인이상의 확보가 필요하다. 또한 전원주택시행사업자의 경우 대지조성사업자로 신청을 하여야 한다. 동시에 대지조성으로 인한 세대수가 20세대 이상의 경우 대지조성과 주택건설사업 등록기준을 필하여야 한다. 부동산 개발회사의 등록기준 중 주택건설업의 등록기준은 <표 12>와 같다.

관한 증빙서류, 개인의 경우 자산평가서와 그 증빙서류 ③ 장비보유현황 및 그 증빙서류 ④ 기술자의 기술자격 및 주택관리사 또는 주택관리사보 자격증 ⑤ 사업계획서

〈표 12〉 주택건설업의 등록기준

구분		등록기준
등록대상		• 연간 단독주택은 20호, 공동주택은 20세대 이상의 주택건설사업을 영위하고자 하는자 • 연간 1만평방미터이상의 대지조성사업을 영위하고자 하는 자
자본금		법인의 경우 3억원 이상
기술자	주택건설사업자	건축분야 산업기사 1인
	대지조성사업자	토목분야 산업기사 1인
사무실		33평방미터 이상

최근 부동산개발업을 종합적, 체계적으로 관리, 육성하기 위하여 부동산개발업 등록제를 주요내용으로 하는 "부동산개발업의 관리 및 육성에 관한 법률"이 제정 시행되어 부동산개발업의 등록대상, 요건, 부동산개발전문인력의 자격 및 교육, 소비자 보호를 위하여 표시, 광고할 사항, 부동산개발업 등록에 필요한 서류, 부동산개발 전문인력 교육기관 지정절차를 정하였다.

이중 부동산개발업을 등록하기 위해서는 자본금 5억원(개인인 경우에는 영업용자산평가액10억원) 이상, 부동산개발 전문인력 3인 이상, 전용면적 33㎡ 이상의 사무실을 확보하여야함을 규정하고 있다.

(5) 부동산투자회사(REITs)

부동산 투자회사란 자산을 부동산에 투자하여 운용하는 것을 주된 목적으로 하여 설립된 회사로서 이에는 자기관리 부동산투자회사, 위탁관리 부동산투자회사, 기업구조조정 부동산투자회사로 구분된다. 부동산 투자회사는 주식회사 형태로 발기설립의 방법으로 설립되어야 하며 설립 후 제3자의 주식인수 전에 건설교통부 장관의 영업인가를 받아야 한다.

2001년 4월 부동산 투자회사법(REITs법)이 제정되면서 건전한 부동산 투자 기회제공 및 부동산시장의 활성화 및 선진화를 위하여 도입한 이후 2001년 7

월 기업 구조조정 부동산의 신속한 처분을 위하여 각종 세제혜택을 부여한 CR리츠가 도입되어 부동산투자회사법으로 통합하였다. 일반리츠는 영속적인 실체회사로서의 성격을 가지며 CR리츠는 한시적인 페이퍼 컴퍼니의 성격을 가진다고 할 수 있다. 일반리츠, CR리츠 모두 설립시에는 건설교통부 장관의 인가를 받기 위한 설립요건을 충족하여야 한다. 인가를 위한 제반 형태 및 운용기준 등은 아래의 <표 13>과 같다.

〈표 13〉 기존의 일반 리츠와 CR리츠의 비교

구분	일반(자기관리, 위탁관리)리츠	CR리츠
인가 및 감독	설립후 주식인수 전 건설교통부장관의 영업인가 (7.14일 개정)	건설교통부 인가, 금융감독위원회 감독
자본금	설립시 10억 이상 영업인가 후 6개월 경과시 100억 이상(7.14일 개정)	500억원 이상
발기인 출자	설립시 자본금의 10%이상	동일
주식 공모	설립시 자본금의 30%이상	제한 없음
현물출자 설립	설립시까지 금지됨 (재산양수약정은 가능)	설립시 자본금의 30%이내
1인당 주식소유한도	10%미만, 공공기금 등은 예외	제한 없음
개발사업	30% 이내	동일
운용기관	내부조직(이사회, 전문인력), 부동산투자자문회사에 위탁관리	자산관리회사(AMC)
운용기준	총자산 90% 이상부동산, 부동산 관련 유가증권 및 현금으로 구성 (이중 70% 부동산)	70% 구조조정 부동산

(6) 부동산투자자문회사

부동산투자자문회사로 등록하고자 하는 자는 등록신청서를 건설교통부장관에게 제출하여야 한다. 이때 등록을 위한 요건으로서 ① 자본금이 10억원 이상일것 ② 자산운용전문인력을 3인 이상 확보할 것을 요구하고 있다. 따라서 등록요건의 충족으로 인하여 인, 허가에 갈음한다고 할 수 있다.

(7) 자산관리회사

자산관리회사라 함은 위탁관리 부동산투자회사 또는 기업구조조정부동산투자회사의 위탁을 받아 자산의 투자, 운용업무를 수행하는 것을 목적으로 설립된 회사를 말한다. 자산관리회사의 설립시에는 ① 자본금이 70억원 이상일 것 ② 자산운용전문인력을 5인 이상 확보할 것 ③ 자산관리회사와 투자자 간, 특정 투자자와 다른 투자자 간의 이해상충을 방지하기 위한 체계(공모부동산투자회사의 자산관리회사에 한한다.)의 요건을 갖추어 건설교통부장관의 설립인가를 받아야 한다. 한편 이러한 설립인가를 받으려고 할 경우 주식인수 전에 미리 건설교통부 장관의 예비인가를 받아야 한다. 이러한 예비인가를 통한 제반 조건의 이행여부를 확인한 후 설립인가를 하게 된다. 여기서 자산운용전문인력이란 ① 감정평가사 또는 공인중개사로서 해당분야에 5년 이상 종사한 자 ② 부동산관련분야의 석사학위 이상의 소지자로서 부동산의 투자, 운용과 관련된 업무에 3년 이상 종사한자 ③ 기타 이에 준하는자로서 대통령령이 정하는 자로서 규정하고 있다. 이러한 자산관리회사는 위탁받은 업무외의 다른 업무를 겸영하여서는 아니된다. 단, 다른 법률에 허용등의 사유에는 제외한다.

(8) 신탁업법에 의한 부동산신탁회사

신탁업은 금융감독위원회의 인가를 받지 아니하고는 이를 영위할 수 없다. 인가를 받고자 하는 자는 전업 부동산 신탁회사의 경우 100억원 이상의 자본금을 갖추어야 한다.

(9) 부동산 권리분석 및 경, 공매 비즈니스

현재 부동산 권리분석 및 경, 공매 비즈니스는 독립창업 혹은 공동창업의 형태로 창업할 수 있다. 해당 시장은 경매시장의 폐쇄성, 권리분석 등의 함정, 낙찰자 지위의 불안정, 명도 문제등으로 인하여 일반인이 함부로 취급할 수 없는 업종으로서 전문성을 요한다고 할 수 있다. 따라서 본 비즈니스의 창업을 위하

여서는 관련 분야의 교육과정 이수가 필요하다. 특히 부동산 경매는 지속적인 충성도 높은 회원확대가 필수적이라고 할 수 있으며 이를 위한 지속적인 인지도 향상이 핵심적인 경쟁요소가 될 것이다. 부동산 권리분석 및 경, 공매 비즈니스 수행을 위한 인허가 및 등록사항은 존재하지 않는다.

(10) 부동산 분양대행 비즈니스

부동산 분양대행이란 분양대상 건물 또는 토지 등 부동산을 다수인에게 구분하여 매도하거나 임대하는 등의 거래행위를 의미하는 것으로 이는 타인의 소유인 부동산의 판매를 대행한다는 점에서 자가 소유 건물 등을 임대 또는 판매하는 부동산 공급업과 구별되며 부동산의 분양을 대신하는 것으로서 모든 형태의 부동산에 관련된 거래알선 서비스업무의 산업활동인 부동산 중개업과도 구분된다. 우리나라의 표준산업분류표 참조시 분양대행 비즈니스 수행을 위한 정부의 각종 인,허가 또는 신고의 이행과 관련되는 사항이 없으며 비즈니스 수행을 위하여서는 개인기업, 법인기업 모두 무방하다고 할 수 있다.

현재의 부동산 분양대행 비즈니스는 단순대행이 아닌 토탈대행형식의 개념으로 바뀌고 있는 중이다. 여기서 부동산 개발사업에 있어서 분양대행 비즈니스의 토탈대행 구조는 [그림 5]와 같다.

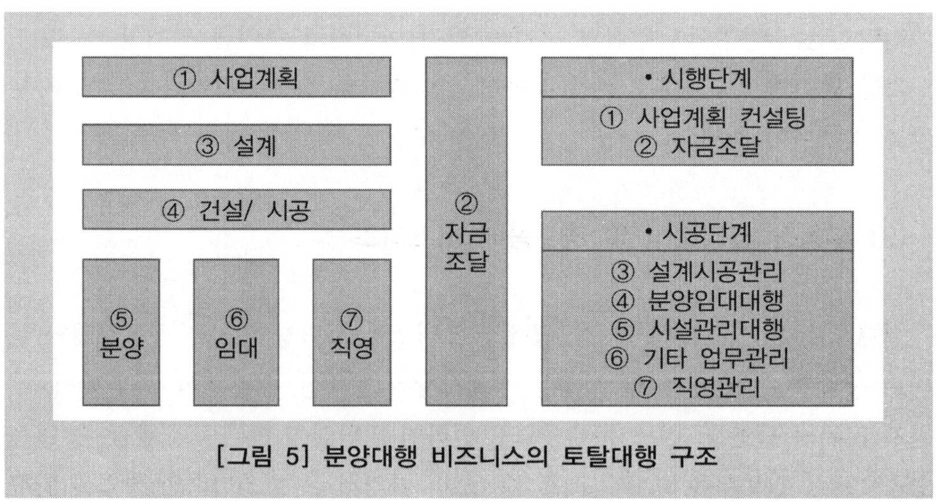

[그림 5] 분양대행 비즈니스의 토탈대행 구조

사례 공간 비즈니스의 선두주자 - 토즈(TOZ)

1 공간 비즈니스란

커뮤니티 카페(community cafe)라고 일컫어지는 토즈(TOZ)에 대해 언급하기 위해서는 먼저 공간 비즈니스라는 개념을 이해할 필요가 있다. 물론 공간 비즈니스를 이해하기 위해서는 공간[76]이라는 개념부터 정의해야 하지만 너무 세부적으로 들어가면 철학적인 경지에까지 이르게 되어 실효가 없어 이 책의 주제인 비즈니스에 집중하자.

공간 비즈니스란 공간을 상품화하여 또는 매개로 하여 이루어지는 영리행위를 말한다. 공간이 자체적으로 상품이 되거나 또는 매개체로서 상품화가 이루어지는 사업을 말한다. 이러한 정의만으로는 감이 잡히지 않으니 몇 가지 사례를 가지고 살펴보자. 부동산은 전형적인 공간 비즈니스라고 할 수 있다. 부동산을 판다는 말은 공간을 판다는 의미라고도 볼 수 있다. 하지만 부동산이란 상품은 공간에 일정한 물리적인 조처를 취한다. 또는 할 수 있는 행위를 제한한다.

주거용부동산은 주거 위주로 활용되어야 하며 내부는 주거에 적합하도록 치장(인테리어) 한다. 상업용부동산도 마찬가지로 용도에 맞게 활용하도록 되어있으며 그에 맞게 치장이 되어 있다. 물론 주거용부동산에 비해 상업용부동산과 업무용부동산과 같이 공간에 추가적인 조처(인테리어 등)가 덜 포함되어 있는 부동산도 있으나 어쨌던 용도는 정해져 있다. 이렇게 용도를 정해놓고 내부를 특정 용도에 적합하게 꾸며놓은 곳은 엄밀하게 말해서 공간 비즈니스라고 하기에는 순수하지 않다.

이런 의미에서 비즈니스센터와 같이 벤처기업들의 육성을 위한 사무공간을

76) 공간이란 직접적인 경험에 의한 상식적인 개념으로 상하, 전후, 좌우 3방향으로 퍼져 있는 빈 곳을 말한다. 공간의 개념은 각 학문의 특성에 따라 다르게 인식될 수 있다.

제공하는 비즈니스도 공간 비즈니스라고 하기에는 부담스럽다. 공간에 너무 많은 제약을 가했다는 의미이다. 하지만 이러한 비즈니스도 넓게는 모두 공간이라는 것을 상품화하여 사업을 수행하는 공간 비즈니스라고 할 수 있다.

토즈는 모임 전문공간이다. 물론 모임이라는 용도를 정해놓기는 하였지만 기존의 부동산이나 비즈니스센터에 비해서는 용도가 유연하다고 볼 수 있다. 모임이라는 것은 주거나 상업, 업무에 비해 훨씬 그 용도가 유연하다. 모임을 단순하게 정의하면 사람과 사람의 만남이기 때문이다. 물론 목적은 있지만 그 목적의 종류가 너무 다양하기 때문에 특정 용도를 정해 공간을 활용하는 부동산 상품과는 차별화된다. 어떤 비즈니스가 최근에 생겼다고 해서 발전된 형태라고 보는 것은 큰 의미가 없으나 연대기 순으로 본다면 토즈와 같은 비즈니스가 가장 최근에 생겼기 때문에 조금 더 발전된 형태라고 판단할 수 있을 것이다.

2 공간비즈니스의 진화

공간을 주요한 상품으로 만들어 분양, 임대, 사용을 목적으로 한 사업인 공간비즈니스는 계속적으로 진화해오고 있다. 먼저 앞에서 간략히 살펴본 공간의 활용목적인 용도를 얼마나 획일적으로 적용해왔느냐에 따라 유형화할 수 있다. 부동산 비즈니스는 공간을 특정한 용도로 지정하여 그 용도에 맞는 사람 또는 회사에 활용될 수 있도록 제공한다. 공간이 어떻게 활용되어야 하는지에 대한 구속력이 강하다고 볼 수 있다. 공간을 지정된 용도가 아닌 다른 용도로 사용할 때는 심한 경우 정부의 제제를 받기도 한다.

벤처기업을 인큐베이팅하던 비즈니스센터의 경우에도 부동산 비즈니스와 마찬가지로 공간을 특정한 용도(기업을 인큐베이팅)에 맞게 임대한다. 주요 고객을 만난다든지 회의실 용도로 활용한다던지 하는 다른 용도의 쓰임새가 있기는 하지만 대부분의 경우 주요 목적인 기업을 인큐베이팅하는 용도로 활용된다. 한 단계 더 진화한 공간비즈니스의 사례로는 컨벤션센터를 들 수 있다. 컨벤션센터는 전시나 회의라는 특정 용도로 공간을 비즈니스화하지만

사실 전시나 회의라는 용도만 정해져있지 전시나 모임의 개별용도는 정해져 있지 않다. IT관련 전시회든 굴뚝산업과 관련된 기업 설명회든 상품 품평회든 자유스럽게 전시나 모임의 성격이 정해진다. 나아가 토즈의 경우에도 컨벤션센터와 같이 모임이라는 용도는 지정하여 공간을 비즈니스 화하지만 사실 그 모임 공간이 어떻게 활용되는지 정확히 알 수 없는 경우도 많다. 즉 공간비즈니스가 진화해온 방향은 모임이라는 공간이 초기에는 획일적인 용도인 회사의 정기적인 모임인 사무에 활용된데 반해 시간이 지나면 지날수록 다양한 형태의 모임에 공간이 개방되고 있다.

공간을 빌려주는 방식에 있어서도 공간비즈니스는 진화해오고 있다. 부동산비즈니스는 년 단위의 임대방식을 취한다. 물론 주거용과 같이 정부가 2년이라는 임대차기간을 보장해주는 경우와 초기투자비용이 많이 드는 점포의 경우는 상당히 긴 기간을 임대하는 경우도 있지만 대체적으로 년 간 단위로 임대계약이 이루어진다. 비즈니스센터는 월 단위의 임대가 이루어진다. 안정적인 회사의 형태를 갖추기 전의 상태에서 공간을 임차한 경우가 대부분이기 때문에 월 단위로 계약을 하고 사용하는 것이 훨씬 유리하다. 중간에 창업을 할 만한 가치가 없다고 판단하면 사업을 접거나 창업을 본격적으로 해야 하면 부동산을 년 단위로 임대하여 회사의 틀을 갖추어야 한다. 컨벤션센터는 일 단위의 임대방식을 취한다. 물론 전시를 할 때 하루를 빌리는 경우는 거의 없으며 몇 일 또는 일주일을 임대하여 전시나 행사를 치르는 경우가 많지만 어쨌던 계약의 단위는 하루가 된다. 이에 반해 토즈는 시간단위의 임대를 한다. 따라서 요금도 임대료라고 부르지 않고 사용료라고 부르는 것이 적당하다고 볼 수 있다. 그리고 토즈를 제외하고는 특정 공간을 사용하는데 따른 사용료를 지불한다. 따라서 특정 공간의 규모가 클수록 사용료를 많이 지불하게 된다. 하지만 토즈의 사용료는 기본적으로는 시간단위로 과금되지만 실제로는 이용하는 사람에 사용료 책정이 맞추어져 있다. 공간의 최소이용인원이 정해져 있지만 그 최소이용인원을 넘어서면 사람 당 사용료를 책정하게 된다.

공간비즈니스는 부동산비즈니스에서 비즈니스센터, 컨벤션센터로 이어져 현재는 토즈에까지 이르고 있다. 토즈는 부동산 비즈니스가 가지고 있던 과

거의 사업방식과 형태와는 상당부분 다른 방식의 사업을 취하고 있다. 이러한 공간비즈니스가 출발점이라고 할 수 있는 부동산비즈니스의 성향을 얼마만큼 계속 보유할 것인지 그리고 얼마만큼 차별화될 것인지는 모임의 성격에 따라 달라질 것으로 보인다. 하지만 기본적으로 공간비즈니스는 부동산비즈니스의 틀을 완전히 벗어나기는 어려울 것으로 생각된다. 그 일례로 토즈가 일반 식음료 프랜차이즈와는 다르게 최고의 상권에서 그 규모를 확대하는 심화전략의 방향으로 비즈니스가 이루어지고 있다는 점을 들 수 있다.

3 토즈 창립의 배경

2006년 7월 현재 인터넷 카페는 다음이 6,319,870개이며 네이버는 1,416,009개, 싸이월드는 1,005,037개이다. 네이버의 경우 2007년 8월에는 2,605,172개로 증가할 정도로 아직까지도 폭발적으로 카페의 수는 증가하고 있다. 온라인 커뮤니티가 활성화됨에 따라 온라인 커뮤니티 회원들을 대상으로 하는 '정모'(정기모임)를 주선하는 사업도 같이 성장하게 된다. 다음의 경우는 2002년에 인터넷 정모예약시스템을 만들어 할인무료쿠폰을 제공하는 정모마당을 오픈했다. 이 정모마당에는 레스토랑, 카페 등이 등록하여 입점업체들을 대상으로 연간 99만원의 수수료를 받아 수익창출의 효과까지 거두었다.

이러한 온라인 커뮤니티 모임을 지원하는 오프라인업체도 등장한다. 피투피시스템즈가 대표적인 경우인데 이 회사는 오프라인 모임을 지원하는 공간인 '토즈'를 2002년 초 신촌에 1호점을 개설하게 된다. 온라인 커뮤니티 중 전문모임이 속속 개설되자 이들이 모일 수 있는 장소가 없다는 점에 착안해 만들어진 공간이다. 과거에는 호프집 등 단순한 유흥을 위한 모임이 많았으나 최근에는 자기계발모임들이 늘어나면서 전문모임을 할 수 있는 공간들이 필요하게 되었다. 부스를 설치하고 초고속통신망을 깔고 노트북, LCD프로젝션 등을 사용할 수 있으며 스크린까지 구비하고 있다.

서울에 최초로 설립된 신촌과 부산에서는 두 번째로 설립된 부산대점의 경우 학생들을 대상으로 학교라는 비상업적인 공간과의 경쟁을 가정하여 마

케팅 전략을 수립하고 실행하였다. 하지만 양 지역 모두 초기에 상당한 고전을 하면서 차츰 스터디 모임과 함께 자기계발 모임으로 마케팅 전략을 확장하기 시작하였다. 토즈는 모임 전문공간이기도 하지만 전문모임 공간이기도 하다.

4 토즈 서비스

토즈는 다양한 모임과 커뮤니티를 위한 서비스를 제공하는 모임전문공간이며 모임의 인원과 목적별로 다양한 독립공간(부스)과 멀티미디어, 음료서비스를 제공하고 있다. 각 거점 지역에 위치한 토즈는 커뮤니티의 정모, 회사의 미팅 및 교육, 학생과 직장인의 스터디와 자기계발을 위한 서비스를 제공한다.

토즈의 예약은 전화, 방문, 온라인을 통해 이루어지며 모임별 인원과 이용시간, 필요설비 등을 결정한 후 신청하면 된다. 특히 온라인 예약을 하는 경우 모임에 대한 기록을 마이페이지를 통해 관리할 수 있으며 온라인 회원을 대상으로 각 지점에서 회원카드를 발급받아 할인 등 다양한 혜택을 누릴 수 있다. 토즈는 아미[77]를 통해 서비스를 제공하고 있으며 각 지점별로는 직원을 대표하는 점장이 모임의 목적에 따라 차별화된 서비스를 제공한다.

토즈는 TOP center(TOZ Program Center)를 통해 재미와 가치를 가지는 프로그램과 행사의 적극적인 교류를 추진하고 있다. 그동안은 기존의 모임을 유치하는 형태의 수동적인 마케팅 전략을 수행하였으나 최근에는 새로운 모임을 창출하여 이를 토즈에서 유치하는 마케팅 전 단계(pre-marketing)에 많은 노력을 기울이고 있다. TOP center를 통해 매월 2~3회 정도 정기적으로 다양한 프로그램들이 진행되고 있으며 좋은 컨텐츠를 보유한 사람은 적극적으로 참여할 수 있다.

토즈는 장기적으로는 오프라인의 한계를 넘어 각 지점이 동시에 만날 수 있는 화상회의 서비스를 도입할 예정이다. 오프라인 커뮤니티 정기모임의 지역적 한계를 극복하고 실시간 커뮤니케이션을 지원하기 위한 이 시스템은 우선 강남권의 강남점과 강북권의 신촌 본점을 연결하고 있으며 조만간 전 지점으로 확대 실시할 예정이다. 지역적인 한계를 넘어 모임과 커뮤니티의 네트웍화를 지원하기 위해 지속적인 서비스를 개발하고 있다.

5 토즈 소개

토즈는 수습 → 프레쉬 → 주니어 → 시니어 → 치프 → 매니저 → 점장의 조직구조를 가진다. 주니어 이하는 아르바이트이며 시니어 이상을 직원이라고 볼 수 있다. 점장은 그 지역 점포의 서비스를 대표하며 회사 내 다른 직책을 겸직하기도 한다. 강남점의 점장은 서비스팀장을 겸직하고 있는 것이 이러한 예이다.

토즈의 직원은 아르바이트생으로 출발하는 경우가 많으나 회사에 대한 충성도가 강한 편이며 아르바이트 출신 점장이 2명이나 되는 것을 보면 상당한

77) 아미는 프랑스어로 친구라는 뜻임.

결속력을 가진 것으로 추정된다. 아직 성장하는 회사이기 때문에 수습에서 치프까지 1~2년 내 승진하는 경우도 많다.

직원들에 대한 교육의 목표는 서비스 전문가를 육성하도록 하는데 중점을 두고 있다. 교육의 내용은 기본매뉴얼교육, 점별교육으로 분류된다. 기본매뉴얼교육은 고객이 토즈를 방문하여 떠날 때까지의 서비스를 말하며 점별교육은 지점별 고객응대 강화를 위한 특성화된 교육이다. 2007년 6월 직원교육을 리모델링 하여 자체교육을 강화하고 있다.

2006년동안 토즈를 방문한 고객은 모두 40만명으로 서울이 주를 이룬다. 고객은 A, B, C 등으로 분류되는데 A는 Academy, B는 Business, C는 Community를 의미한다. 즉 토즈의 주 고객은 학생, 직장인, 커뮤니티로 분류할 수 있다.

토즈와 유사한 커뮤니티 카페로는 민들레영토를 들 수 있는데 민들레영토는 다각화 특히 식음료 쪽으로 다각화 전략을 추구하고 있어 모임 공간으로서의 특징이 옅어지고 있다. 하지만 토즈는 서비스 심화전략을 추구하고 있다.

현재의 기본 사업모델에 대한 고민을 더하여 기본모델자체를 어떻게 진화시킬 것인가에 대한 노력을 기울이고 있다. 고객이 방문하면 고객에 대한 정보를 사전에 파악하여 미리 준비하는 자세로 서비스에 임하고 있다. 이를테면 영어교육 모임이라면 사전에 영어교육을 할 수 있는 기자재를 준비해둔다.

6 토즈의 발전전략

토즈는 목적화된 모임이 진행되는 공간이므로 목적화된 모임이 어떻게 진화하는가가 가장 중요한 고려사항이다. 모임은 스터디, 비즈니스, 기업모임 등으로 분류되는데 스터디는 학생, 일반인들로 구성되며 학생들은 최근 영어에서 면접으로 모임의 내용이 달라지고 있다. 이는 취업이 어려워지면서 학생들의 관심사항이 단순한 학습에서 취업대비 등 실습위주로 변화되어 가기 때문이라고 보여 진다. 일반인들은 재테크, 건강, 취미, 컴퓨터가 많은데 최근에는 재테크 모임들이 늘어나고 있다. 이는 평생직장개념이 옅어지고 고령화 사회로 본격적으로 진입하고 있기 때문인 것으로 보여 진다.

토즈가 서울에서 지방으로 진출하면서 6호점으로 부산의 서면점을 2005년에 오픈하고 7호점으로 부산대점을 2006년에 오픈하였다. 8호와 9호점을 어느 곳에 오픈하느냐가 과제였지만 부산지역 내에서 지속적으로 오픈을 계획하고 있다. 이는 지방에서의 사업모델을 부산에서 정립하기 위해서일 것이다. 서울에서도 신촌, 강남, 대학로 등 거점지역에서 사업을 심화하는 전략을 구사하고 있는데 이러한 심화전략이 지방 사업에도 적용되고 있는 것으로 파악된다. 따라서 부산에서 몇 개의 점포가 성공한 이후 타 지방으로의 사업전개를 고민하는 것으로 보여 진다. 또한 부산에 가면 어디서나 토즈를 발견할 수 있다는 마케팅 차원의 접근도 염두에 둔 전략이라고 볼 수 있다.

〈토즈 신촌본점 입구〉

상권이 좋은 곳에 토즈는 진출하나 상권이 좋다고 항상 고객이 많은 것은 아니라는 경험을 가지고 있다. 이는 대부분 마케팅이 잘못된 경우이며 궁극적으로는 상권이 좋은 곳은 토즈 고객이 늘어나게 된다. 다만 상권과 토즈 고객과의 접점을 어떻게 찾아야 하는지가 관건일 것이다.

2007년 6월말 현재 부산대점은 일 1천명, 서면점은 일 2천명, 서울은 일 3~4천명의 고객들이 방문하고 있다. 고객들이 지속적으로 증가하기 위해서

는 모임이 어떻게 발전해나가느냐가 가장 중요할 것이다. 모임의 발전방향을 주시하면서 때로는 모임을 이끌어가면서 토즈의 고객 확보전략을 꾸준히 추진하여야 할 것이다.

궁극적으로 토즈는 공간비즈니스의 첨병으로서 이것이 가지는 이념과 철학적 문제에도 고민의 영역을 확장할 필요가 있다. 부동산비즈니스가 가지는 고민과 마찬가지로 공간을 이용하는 대상들의 변화에 따라 향후 어떠한 방향으로 비즈니스를 전개해 나갈지를 고민해야 한다. 단순히 모임이 어떻게 발전해 나갈 지와 함께 모임을 이용하는 대상 계층의 변화에도 주목해야 한다. 부동산비즈니스가 고령화를 적극적으로 받아들이면서 사업을 변화시키고 있는 점을 공간비즈니스의 첨병인 토즈가 어떻게 적용할 것인지를 지금부터 고민해야 할 것이다.

X. 부동산 비즈니스 자금조달

1 창업자금의 조달

(1) 개요

중소기업진흥공단의 중소기업 창업실태 조사보고서에 따르면 창업과정에서 "자금조달"이 가장 어려운 부분으로 나타나고 있다. 부동산 비즈니스 창업과정에 있어서도 이와 마찬가지일 것이다. 창업자금의 조달방법에는 창업자 또는 동업자가 가지고 있는 자기자금과 외부로부터 빌려오는 타인자금으로 구분된다. 일반적인 창업자금의 조달방법은 [그림 1]과 같다.

자기자금	창업자자금	예,적금, 퇴직금, 유가증권, 부동산 매각자금
	현물출자금	창업자, 투자자가 보유한 현물(사업장, 차량, PC 등)
	투자가자금	후원금, 주주 출자금, 동업자 자금, 기관투자가 자금

타인자금	정책자금	소상공인 지원자금
	금융기관	은행, 신용금고, 보험사, 리스
	사금융	친,인척, 동료, 사채

[그림 1] 창업자금의 조달방법

1997년 중소기업진흥공단의 중소기업 창업실태 조사보고서에 따르면 친구 및 친척의 자금으로 창업(2%)하는 것보다 사채를 이용한 창업(4.5%)이 더 많은 비중을 차지하고 있으며, 전체적으로 안전한 자금에 의한 창업(45%)이 가장 많은 비중을 차지하고 있음을 알 수 있다.

〈표 1〉 창업자금 조달방법

(단위 : %)

구분	벤처기업	일반기업
자기 자금	45.0	44.0
정부정책 자금	24.2	40.0
일반금융기관 자금	17.3	7.3
사채	4.5	3.0
친구 및 친척	2.0	2.0
기타	7.0	3.7

현재 정부는 부동산 비즈니스를 창업자금지원대상에서 제외하고 있다. 이는 중소기업기본법상의 중소기업을 대상으로 한 업종의 제한으로 인하여 금융·보험업, 부동산업, 골프장 및 스키장 운영업 등 사치향락이나 투기를 조장하는 업종은 제외시키고 있다. 따라서 부동산 관련 비즈니스 수행업체들의 창업자금 조달에 있어서 타 업종에 비하여 자금조달이 어려울 것으로 예측할 수 있다. 그러나 부동산비즈니스는 창업의 기회를 제공할 뿐 아니라 부동산시장의 안정에 따른 부동산가격의 안정을 가져올 수 있기 때문에 이를 중소기업의 범주에 포함시켜야 할 것이다.

(2) 창업자금지원의 문제점

이는 정부의 시각에서 부동산 비즈니스를 투기를 조장하는 업종이라는 판단하에 중소기업의 범위 및 창업자금지원대상에서 제외하고 있는 것이다. 따라서 부동산 회사들의 창업자금은 일반금융기관에 의존하고 있다고 할 것이다.

부동산업은 전체 부동산시장에서 우리 국민이 필요로 하는 Needs형 부동산 수요와 Demands형 부동산 수요 등 수요의 종류별, 계층별, 규모별 욕구를 충족시키기 위해 시장에 참여하여 타 업종에 못지않게 정부정책에 부응하는 부동산공급을 앞장서서 수행한다고 할 수 있다. 따라서 일부 부동산 관련업체나 수요자들에 의한 투기를 전체의 관점에서 파악하는 것은 문제점이 있다고 할 것이다.

부동산 가격 안정이 부동산 비즈니스 창업 활성화와 관련된다고 볼 경우 부동산 비즈니스 창업에 대한 다각적, 지속적, 종합적인 지원이 필요하다.

(3) 창업자금지원의 활성화 방안

부동산 창업자금지원의 활성화를 위하여서는 부동산비즈니스 창업자, 창업자금 지원기관 간의 유기적 협조체제를 통하여 더욱 큰 효과를 볼 수 있을 것이다. 이하에서는 창업자금지원을 위한 활성화 방안에 대하여 구체적으로 제시하고자 한다.

① 다양한 투자재원 확보

첫째, 부동산업 창업자금 지원의 확충을 위해서는 부동산업자의 공신력확보와 부동산업자의 자질향상에 따른 양질의 서비스 공급, 투기를 조장하는 부동산업자에 대한 벌칙의 강행규정화, 외국인 투자의 적극적 활용유도, 각종 연·기금의 적극적 활용, 부동산업 투자조합의 활성화 등의 조치가 강구되는 것이 바람직할 것이다.

둘째, 부동산업에 대한 개인투자촉진을 위한 방법으로 에인젤제도의 도입이 필요하다. 동시에 초기 투자자보호 및 공정하고 지속적인 관리를 위하여 관리에 있어서 감독기관의 감독을 강화하는 것도 필요하다.

셋째, 민간차원의 직접투자 유발을 위하여 부동산업 창업자금에 대한 세제지원, 부동산투자신탁사와 한국주택금융공사 등에 중개기능을 부여하여 부동산업자의 공신력 확보등이 필요할 것이다.

② 정부지원제도의 개선

부동산 비즈니스를 투기적 관점이 아닌 부동산시장의 유도 및 형성에 따른 부동산가격 안정화에 기여하는 주체로서 정부의 중소기업 창업자금지원대상에 포함되도록 하여야 하며 정부투자기관인 한국토지공사, 한국주택공사 등을 중심으로 이루어진 지원책을 향후 부동산투자조합의 결성 및 환금성을 원활히 할 수 있는 방향으로 나아가야 할 것이다.

③ **지원기관의 업무개선**

부동산창업자에 대한 과학적이고 신뢰성이 있는 객관적 평가기준을 마련하여 부동산 비즈니스 창업자에 대한 객관적이고 엄격한 평가기준의 설정에 따른 창업자금지원을 통하여 신뢰성의 제고에 따른 창업자금의 지원확대로 이루어 져야 할 것이다.

2 부동산 개발 비즈니스의 프로젝트 파이낸싱[78)]

(1) 개요

프로젝트 파이낸싱이란 특정한 프로젝트로부터 미래에 발생하는 현금흐름을 담보로 하여 당해 프로젝트를 수행하는 데 필요한 자금을 조달하는 금융기법을 총칭한다. 프로젝트 파이낸싱 기법은 원래 사회간접자본시설(SOC) 등의 대규모 민자유치 사업에서 활용하던 금융조달 방식으로, IMF 이후 국내의 선진 부동산 금융 기법 도입과 함께 일반 부동산개발사업에도 다양한 방식으로 적용하게 되었다. 은행 등 금융기관을 통한 일반적인 프로젝트 파이낸싱과 ABS 발행을 통한 방식, 부동산 투자신탁(신탁계정)을 활용한 방식, 부동산 펀드를 활용한 방식 등 그 기법이 다양화 되고 있으며, 프로젝트 금융에 따른 위험률 배분 및 절감 장치 또한 다양화 되고 있다.

현재 국내에서 PF가 성공적으로 실행되기 위해서는 두 가지의 요소가 충족되어야 한다. 첫째는 프로젝트의 추진과정에서 창출되는 미래 현금흐름의 충분성과 안정성이라 할 수 있다. 즉, 프로젝트 파이낸싱 방식을 통해 조달되는 자금은 미래의 현금흐름을 부채상환의 기본재원으로 대출되기 때문에, 프로젝트로부터 창출되는 현금흐름의 충분성은 자금조달 가능성의 필수적인 전제 조건이 된다.

또한 프로젝트 파이낸싱은 사업 주체의 모기업과 절연된 SPC에 의해 추진되므로, 프로젝트의 전 기간에 걸쳐 안정적인 현금흐름이 창출되어야 한다. 따라서 1.2~1.5배 수준의 부채상환비율(DSCR)이 요구되며, 주주의 보증 및 약정을

78) 현충효외 2인, 부동산금융의 이해, 부연사, 2006.

비롯하여 지급보증 또는 신용공여 등 다양한 형태의 신용보강 장치가 요구된다. 둘째는 추진과정에서 발생 가능한 다양한 리스크를 최적으로 분산하여, 특정 리스크의 발생에 따른 부정적인 영향을 최소화 시키는 것이다.

(2) 일반 금융권의 프로젝트 파이낸싱

부동산 개발사업에서 일반 금융권의 프로젝트 파이낸싱 구조도는 아래의 [그림 2]와 같다.

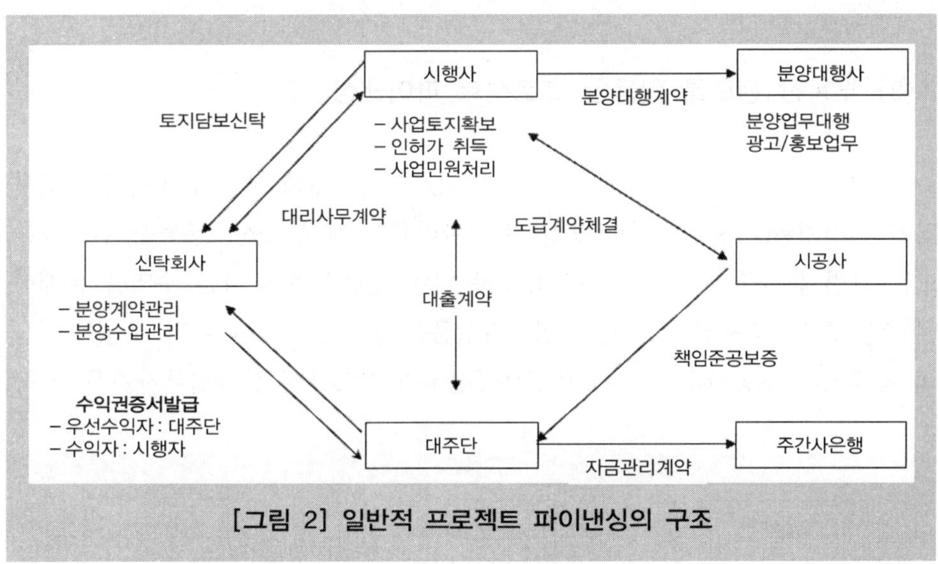

[그림 2] 일반적 프로젝트 파이낸싱의 구조

위의 구조에서 보는 바와 같이 시행사는 부동산개발사업을 시행할 토지를 선별하여, 사업성을 검토(인·허가 가능성, 분양성, 수익성 등 검토)하여 토지매매계약을 체결한다. 이때, 일반적인 경우 시행사는 토지 매입에 대한 계약금을 부담하며, 중도금·잔금 및 공사비는 선분양에 의한 분양대금과 시공사 입보를 통한 프로젝트 금융을 통해 조달하게 된다. 토지 계약 후 교통영향 평가 및 건축심의 등을 거쳐 사업승인을 받게 되면 금융기관으로부터 프로젝트에 대한 심사를 통해 프로젝트 파이낸싱이 실행된다. 한편, 신탁회사의 신탁계정을 활용하게 되는 경우 시행사와 신탁사간 분양계약 및 분양수입관리 업무에 대한 계약을 체결한다. 프로젝트 금융은 대부분 대주단을 구성하여 자금을 대여하게 되는데, 이는 SOC사업에서 구성하는 신디케이트의 개념이다. 즉, 다수의 대주금융기관들이 차관단을 구성하여 일정금액을 대출하게 되는 것으로, 대규모 자금을 신속하게 조달할 수 있다는 장점을 갖는다. 이러한 대주단에서는 주간사 은행을 선정하여 자금을 효율적으로 관리할 수 있도록 하게 한다. 그 외에 분양전문 대행사에게 시행사는 분양대행계약을 통해 분양 제반 업무 및 광보, 홍보 업무를 위탁하기도 하며, 분양에 따른 보증을 위해 대한주택보증을 활용하기도 한다. 또한 최근에는 분양위험을 대비하기 위한 분양율 보험을 활용하기도 한다.

(3) 부동산 펀드를 활용한 프로젝트 파이낸싱

부동산 펀드란 다수 투자자로부터 부동산투자를 위해 모은 공동자금을 전문적인 투자기관(자산운용회사 또는 자산관리회사)에 부동산, 부동산 관련대출 또는 관련 유가증권 등에 투자운용토록 하여 운용성과에 따른 수익을 분배하여 주는 회사, 투자신탁, 혹은 간접투자상품을 총칭한다. 우리나라 부동산 펀드의 종류에는 부동산투자회사, 은행부동산투자신탁, 부동산간접투자기구, 부동

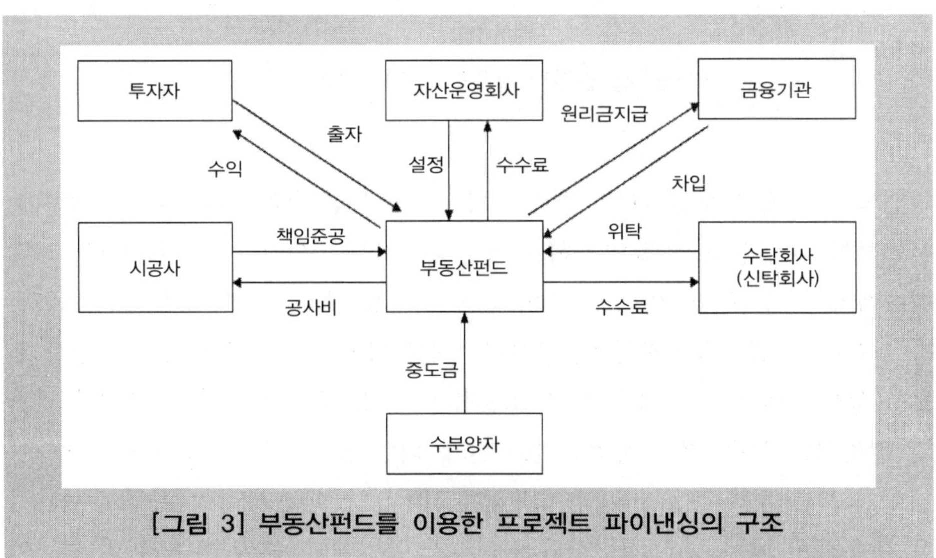

[그림 3] 부동산펀드를 이용한 프로젝트 파이낸싱의 구조

산신탁회사의 금전신탁, 외국계투자펀드 등이다. 이러한 부동산펀드의 투자유형에는 주로 부동산 개발사업에 대출해 주는 '프로젝트 파이낸싱형', 오피스빌딩과 상가 수익을 기반으로 하는 '임대형', 경・공매에 투자하는 '경매・공매형' 또는 '직접개발형', 해외 리츠상품에 투자하는 '해외투자형'의 5가지로 분류된다. PF 부동산펀드의 구조는 [그림 3]과 같다.

(3) 금융기관의 부동산 PF 업무흐름 및 제출서류

부동산 개발에 있어서 금융기관 프로젝트 파이낸싱의 일반적인 업무흐름 및 관련 제출서류에 대한 내용은 아래의 <표 2>, <표 3>과 같다.

〈표 2〉 금융기관 부동산 PF의 일반적인 업무흐름

구분	주요내용
프로젝트 접수	• PM의 인적네트워크를 통한 프로젝트 접수
	• 기존 거래처(시공사, 시행사)를 통한 프로젝트 접수
	• 영업점을 통한 업체 발굴 및 접수
부동산 금융팀	• 금융자문 계약 체결
	• 사업계획서 및 기초 관련자료, 내부 데이터를 토재로 수주심의서 작성
	• 수주심의회 개최하여 프로젝트 진행여부 결정
	• 수주 가능성 없을시 부결통보
사업성 검토	• 사업대상지 현장답사 및 주변 거래시세 실사통해 사업지 입지분석
	• 사업계획의 현금흐름 및 상환가능성 분석
	• 토지계약 및 인・허가 진행사항 확인
	• 각종 위험요인 도출하여, 사업리스크 분석
	• 대출적격 사업 시행자에 대해 대출의향서 발송
	• 사업시행자 및 시공자와 협의하여, 금융구조 및 금융비용 스토럭쳐링
	• 필요시 대주단 구성 및 협의
승인신청서 작성 및 발송	• 채권보전 방안 등 감안 여신승인신청서 작성
	• 현금흐름표 등 관련자료 첨부

구분	주요내용
대출 실행	• 사업약정서 및 대출약정서 협의/작성
	• 영업점 대출 실행 지원 및 기표 확인
	• 부동산관리처분신탁 및 수익증권 발급 확인
사후 관리	• 론리뷰 신청서 작성
	• 인·허가 진행 및 분양률 확인 등 사업진행과정 주기적 관리
	• Escrow Account 관리 및 자금인출 통제
	• 중도금 납부일자, 대출 분할상환일 등 기일관리
	• 공사 공정률 및 감리관련 자료 실사/확인

〈표 3〉 금융기관 부동산 PF의 일반적인 업무흐름

구분	서류명	세부내용
1. 사업계획서	• 00 신축사업 사업계획서	사업개요, 일정, 입지, 주변시장, 사업성 검토, 사업부지사진, 지도 등
2. 설계도면	• 배치도 및 층별 설계도면	
3. 분양계획서	• 00 신축사업 분양계획서	분양대행업체 소개 및 분양 세부계획
4. 자금계획표	• 자금수지표	총괄 사업손익 현황 및 월별자금 C/F
	• 월별 자금계획표	
5. 관련공부	• 토지조서(필지별 지주, 매입현황)	
	• 토지 및 건물 등기부등본	
	• 지적도, 토지이용계획확인원	
6. 인허가 서류	• 건축심의신청서	
	• 건축허가서, 사업승인서 등	
7. 시행사 현황	• 회사개황, 재무제표, 사업현황	
	• 경영진 및 주주현황	
	• 사업자 등록증 사본, 법인등기부	
8. 조감도	• 건물외관 조감도 및 미니어쳐	Board 부착(프리젠테이션용)

(4) 프로젝트 파이낸싱의 안정성 확보 장치

① 부동산 신탁

부동산 신탁이란 신탁자산이 부동산인 금전이외의 신탁으로서 위탁자가 소유하고 있는 부동산을 수탁자인 신탁회사에게 인도하고 이를 수탁자가 신탁목적에 맞게 수익자를 위하여 개발·관리·처분하는 금융기법을 말한다. 이러한 부동산 신탁의 종류에는 크게 토지(개발)신탁, 부동산 관리신탁, 부동산 처분신탁, 부동산 담보신탁이 있다. 프로젝트 파이낸싱과 관련한 부동산 신탁상품은 부동산 담보신탁과 관리처분신탁을 들 수 있다. 부동산 관리처분신탁은 부동산의 소유권이 신탁등기를 원인으로 하여 수탁회사로 이전되어 신탁 부동산을 수탁 받아 신탁회사가 부동산 소유권을 안전하게 관리하고 필요한 경우 부동산을 처분하여 수익자에게 지급하는 재산신탁을 말한다. 이는 담보신탁과 유사한 기능을 갖으면서 채권보전에 지장이 없고 신탁수수료를 수취하는 점이 다르다. 또한 신탁법에 의해 신탁 재산에 대한 강제집행 및 경매가 금지되며, 취·등록세가 면제된다.

② 주택사업금융보증(대한주택보증)

분양 보증은 부동산개발사업에 지원되는 금융의 원리금에 대하여 대출 금융기관에 지급을 보증하는 상품을 말한다.

보증의 대상은 주택법에 의하여 주택건설사업계획승인을 득한 경우로서 주택분양보증을 받는 사업장이 된다. 이때, 제외되는 사업장은 사업규모가 300세대 미만인 경우, 지적미정리 사업장, 주택재개발·재건축 사업장 등이다. 보증금액은 대출금액의 70~100%로서 이는 대출금액의 규모에 따라 차등 적용된다. 보증에 대한 필수적인 조건은 일정 금액의 선투입, 사업부지를 보증회사에 신탁, 시공자의 책임준공의무 부담이 요구된다.

③ 프로젝트금융보증(한국주택금융공사)

프로젝트금융보증이란 주택건설사업자가 후분양을 목적으로 주택을 건설함에 있어서 필요한 자금을 금융기관으로부터 프로젝트금융방식으로 받는 대출에 대하여 보증하는 상품이다.

④ **분양손실보험**

분양손실보험은 분양율(총분양가 대비 분양대금비율)이 목표 분양율(총 분양가 대비 총 대출금액의 비율) 이하로 진행되어 프로젝트 파이낸싱의 대출금 회수위험이 있을 경우 이를 보장하는 보험을 말한다. 현재 국내의 분양손실보험 취급회사는 삼성화재, 동부화재, 동양화재 등의 손해보험사 등이 있다.

⑤ **Project Management(PM)**

PM은 부동산개발사업의 PF 금융기관 혹은 시행사로부터 사업전반에 대한 개발업무 중 위임 받은 전부 또는 일부 업무를 수행하는 방식으로 각 부분의 프로젝트 매니저가 통합된 관리기술을 서비스 하는 것을 말한다. 부동산 개발사업의 각 분야에서 풍부한 경험과 전문지식을 보유한 신뢰도 높은 PM사가 개발가능성, 사업성분석, 분양전략을 포함한 개발사업의 기획단계에서부터 인허가 및 사업승인, 시공, 입주관리에 이르기까지, 각 이해관계자들 사이에서 효율적이고 객관적인 사업관리를 통해 부가가치를 창출, 극대화하고 리스크를 최소화하는데 그 의의가 있다.

⑥ **기타 안정성 확보 장치**

위에서 언급한 내용외에 시공사의 담보보강 역할을 강화하는 방안으로서 시공사 선정시 시공능력평가 상위 100위 이내 업체 중 적격 시공업체를 선택하고, 책임준공보증이나 원리금에 대한 지급보증, 채무인수 규정 등이 대표적인 방안이다. 또한 에스크로우 계정 관리를 통해 자금을 통제하는 방안, "업무협약서" 체결을 통한 부동산개발 프로젝트 통제 및 대출금의 우선상환을 유도하는 방안 등이 있다.

(5) 국내 프로젝트 파이낸싱의 문제점

① **프로젝트 금융 개념정립의 필요성**

현재 우리나라에서 통용되고 있는 프로젝트 금융은 개념상 약간의 혼란이 있다. 즉 프로젝트 금융을 단순한 프로젝트 추진을 위한 차입의 개념으로 이해하는 경우가 많은데, 원래 프로젝트 금융의 특징은 ① 비소구금융 ② 부외금융

③ 구조화된 금융으로서 참여자들간의 적절한 위험배분을 특징으로 하고 있다. 그러므로 별도의 특별법인을 설립하고 지분·차입금의 구조화 프로젝트 금융의 모습을 갖춘 경우와 단순히 사업시행권, 분양권, 분양대금채권을 담보로 대출을 받아 사업을 수행하는 경우는 구분하여 다루어져야 할 것이다.

② 사업성 평가의 합리화

프로젝트 금융의 효과적인 작동을 위해서는 객관적인 사업성 평가기관 혹은 철저한 평가절차의 구축이 필수적이다. 사업성 평가는 제3의 평가기관을 활용하는 방안도 고려해 볼 수 있으나, 당장은 은행들이 현금흐름에 기초한 사업성 심사를 보다 전문화할 필요가 있다.

③ 대출구조의 개선

현재의 은행권 대출의 경우 분양대금을 관리하는 금융기관이 아파트 분양률에 관계없이 대출금부터 회수해가고, 여유자금이 발생할 경우 조기상환이 불가능한 경직된 대출구조를 보이고 있어 주택사업자들의 자금흐름이 경색될 여지가 있으므로 이에 대한 개선이 요구된다.

(6) 국내 프로젝트 파이낸싱의 발전방안

① 사업성 보증평가기관의 육성

프로젝트 파이낸싱의 핵심은 해당 사업의 현금흐름에 기초한 가치에 대한 객관적인 평가라 할 수 있다. 현재 금융자산의 경우 신용평가회사들이 발행하는 채권에 대한 신용도를 평가하여 공개하고 있으나 부동산개발사업에 대해서는 이같은 별도의 전문기관이 없으므로 사업성 평가기관을 제도적으로 육성하여 이로 하여금 공정한 평가, 나아가서는 평가에 대한 보증을 하도록 함으로써 부동산개발을 합리화 하고 부동산의 증권화 추세를 촉진할 필요가 있다.

② 금융기관의 참여확대

여러 금융기관이 참여하는 신디케이트 대출의 도입을 통하여 기존 은행권의 부동산 투자신탁상품이 가지는 단기 고리대출, 중도상환불가, 대출금회수구도

의 경직성 등의 문제점을 해소하도록 하여야 하며 이를 위한 정부의 유인정책이 필요하다.

③ 사업위험관리의 노하우 증대

대출자와의 협의를 통한 입주율이나 분양정도에 따른 금융비용의 차등화, 대물변제나 지분참여 등의 협상전략의 활용을 통한 사업위험관리가 필요하다.

④ 우수사업발굴 및 다품종 소량생산체제로의 변신

사업성이 우수한 사업들의 발굴 및 기존의 대단위 주택건설 등에서 탈피하여 새로운 틈새시장의 창출을 통한 수익창출 중심의 경영체제로의 전환이 필요하다.

⑤ 사업성 평가 노하우 증대

은행권내의 사업내용과 위험도를 손쉽게 평가할 수 있는 재무제표 이외 사업성에 관한 부동산 시장지표의 개발 및 사업의 위험성이나 분양률에 따른 대출이자의 차등화가 필요하다.

XI. 부동산 해외비즈니스 전략

1 해외시장 진출 단계

기업의 국제화란 단순한 수출활동에서 시작하여 복잡하고 방대한 세계적 경영활동에 이르기까지 실로 다양한 내용을 담고 있다. 따라서 기업이 어느 정도의 국제화를 이루고 있는가를 알기 전에는 그 기업의 해외시장에서의 경영활동에 대한 논의를 할 수 없으며, 이러한 논리는 국내 기업에도 그대로 적용된다.

기업의 해외시장 진출은 4단계로 나누어볼 수 있다. 국내지향기업(국내기업), 해외지향기업(수출기업), 현지지향기업(다국적기업), 세계지향기업(세계기업)으로 분류된다.

(1) 국내지향기업(국내기업)

하나의 기업이 창업할 때는 일반적으로 가까이 있고 정보수집이 용이한 국내시장을 목표로 하여 기업 활동이 이루어지게 된다. 이러한 기업은 국내시장 점유율을 극대화하는 것이 기업 목표가 되며 자금 조달 면에서도 국내자본이 조달 원천이 된다.

통상적으로 중소기업이 대기업에 비해 국내지향적인 기업형태를 취한다. 이는 대기업에 비해 중소기업이 자본, 인력 등 기업의 자원이 부족하기 때문에 기업경영 환경이 다른 해외 시장에 진출하는 것이 쉽지 않기 때문이다.

(2) 해외지향기업(수출기업)

기업이 성장하면 국내 시장만으로 사업을 유지할 수가 없게 된다. 미국과 중국처럼 거대한 내수시장을 보유하고 있으면 상대적으로 유리하지만 국내와 같이 좁은 내수시장을 가지고 여러 회사가 경쟁하는 것은 어렵다. 따라서 기업은

해외로 나가게 되면 처음 단계에서는 수출에 의한 해외시장 개척을 추진하게 된다.

주요한 수출시장에는 지사나 현지법인이 설립되며 유능한 경영자가 파견되어 책임을 가지고 업무를 수행하게 된다. 해외의 중요한 유통채널들과의 관계를 정립하여 이들을 통한 시장 침투 마케팅 전략을 수행하게 된다. 과거 국내 종합무역상사들이 한국 수출의 절반가량을 달성하였던 시기가 이러한 해외지향기업이라고 볼 수 있다. 해외지향기업은 해외시장에서 경쟁력을 유지할 수 있는 생산요소가 국내에 있는 특징을 보인다.

(3) 현지지향기업(다국적기업)

국가 간 제도 및 관습의 차이와 보호무역주의가 강화되면서 기업은 제품을 다양화시키면서 수출시장 또한 다변화하게 된다. 하지만 이러한 전략도 곧 어려움에 처하게 되면 생산원가를 절감할 수 있는 제3국에서 생산하고 이를 선진국에 수출하는 전략을 취하게 된다.

이러한 해외현지에 대한 투자전략은 기업경영의 시각과 사고영역을 국내에서 완전히 해외로 변경시킨다는 점을 의미하므로 근본적인 개혁이 요구된다. 인력 고용에서는 본 국의 경영자가 파견되기도 하지만 현지인을 적극적으로 채용하게 되며 자본조달에서도 해외자본을 적극적으로 활용하기 시작한다.

(4) 세계지향기업(세계기업)

세계지향기업이 되면 본 국과 현지 국이라는 개념 자체가 없어지게 된다. 그래서 세계지향기업 중 일부는 본 사를 다른 국가로 옮기는 것을 전략적으로 판단해서 실행하게 된다.

세계지향기업은 모든 국가에서 인력 채용을 하며 모든 자본을 활용하는 다변화된 생산·판매체제를 갖추게 된다. 최근 현지지향기업들도 세계지향기업으로 탈바꿈하지 않으면 국제경쟁에서 뒤처지게 되므로 급속히 세계지향기업으로 변모하고 있다.

해외부동산투자가 증가하면서 부동산 비즈니스의 경우도 최근 해외 비즈니스를 전략적으로 고려하고 있다. 국가별로 부동산이 가지는 차이점을 극복하는 것은 쉽지 않다. 왜냐하면 부동산이란 생활의 기본 인프라이기 때문에 그 나라만의 특성이 반영된 제도와 관습을 가지기 때문이다. 이를 이해하고 극복하기에는 수많은 난관들이 있다. 하지만 우리만이 가지고 있는 개발사업의 노하우와 해외건설의 경쟁력을 가지고 지속적으로 해외비즈니스를 추진해나가야 할 것이다.

현재 국내 건설・부동산 기업의 경우 현지지향기업으로 변신을 하고 있는 것으로 보여 진다. 즉 해외시장에서 경쟁력을 유지할 수 있는 많은 부분이 국내에 있는 상태에서 사고를 본격적으로 해외로 변경하고 있다. 하루 속히 현지지향기업에서 경쟁력을 유지할 수 있는 자산을 세계에 배치할 수 있는 세계지향기업으로 탈바꿈해야 할 것이다.

2 해외부동산투자 현황79)

외국 부동산 취득관련 규제가 완화되면서 국내 거주민의 해외부동산 취득이 급격히 늘어나고 있다. 개인이 주거용으로 외국부동산을 취득할 경우 신고기관이 2006년 1월 9일 이전에는 한국은행이었으나 이후에는 외국환은행으로 변경되었으며 개인이 주거용으로 취득할 수 있는 한도도 같은 기간에 50만 달러에서 100만 달러로 변경되었으며 이마저도 2006년 3월 2일 한도가 폐지되었다. 개인이 투자용으로 외국부동산을 구입할 경우에는 2006년 5월 22일 이전에는 100만 달러까지만 가능했으나 2007년 2월 26일 이후에는 300만 달러 이하까지는 가능하게 되었다.

이렇게 외국부동산 취득의 제한이 없어지면서 2006년 이후 외국부동산 취득은 급속히 증가하여 총 2,385건, 7.8억에 이른다. 이중 개인의 부동산(주택, 상가 등)은 1,268건, 5.1억 달러로 전체의 66%이며 이중 주거용・투자용 부동산이 각각 2.7억 달러(620건) 및 2.4억 달러(648건)이었다.

79) 한국은행, 2007년 상반기중 거주자의 외국부동산 취득현황, 2007. 7.

2007년 상반기 중 외국부동산 취득은 투자용부동산을 중심으로 총 1,992건, 6.0억 달러에 달하여 전년 동기대비 86%(건수는 103%) 증가하였다. 이중 개인의 부동산은 1,357건, 5.6억 달러이며 이중 주거용 부동산 및 투자용부동산이 각각 1.7억 달러(395건) 및 3.9억 달러(962건)이었다. 법인은 해외 부동산개발투자 감소로 3.5건, 2천만 달러에 그쳤다.

〈거주자의 외국부동산 취득 현황〉[1]

(단위 : 건, 백만달러, %)

	2005		2006		상반기		하반기		2007 상[2]	
	건	금액	건	금액	건	금액	건	금액	건	금액
개인	29	9.3	1,268	514.2 (66.3)	377	156.8	891	357.4	1,357	564.7 (93.7)
(주거용)	29	9.3	620	272.1 (35.1)	315	134.9	305	137.2	395	173.5 (28.8)
(투자용)	..	..	648	242.1 (31.2)	62	21.9	586	220.2	962	391.2 (64.9)
법인	10	13.0	49	229.3 (29.6)	12	149.8	37	79.5	35	20.1 (3.3)
부동산 이용권	8	0.4	1,068	31.6 (4.1)	591	16.8	477	14.8	600	17.8 (3.0)
계	47	22.7	2,385	775.1 (100)	980	323.4	1,405	451.7	1,992	602.6 (100)

* 주 : 1) 한국은행 및 외국환은행 신고 기준(2005년은 한국은행 신고 기준
2) (　)내는 비중

부동산 소재지별로는 교포 및 유학생이 많은 북미지역(미국, 캐나다) 위주인 가운데 미국이 전체의 45%(금액기준, 건수 32%)로 가장 많고 다음으로 캐나다. 싱가포르, 말레이시아 등의 순이었다. 그리고 최근 싱가포르, 말레이시아, 필리핀 등 아시아권에서의 투자용 부동산이 크게 증가하고 있다.

〈개인의 국가별 외국부동산 취득 현황〉[1)]

(단위 : 건, 백만달러)

		2005		2006						2007 상반기[2)]	
						상반기		하반기			
		건	금액	건	금액	건	금액	건	금액	건	금액
주거용	미국	10	3.3	245	129.2	130	59.8	115	69.4	158	83.2
	캐나다	13	4.1	184	82.8	95	46.8	89	36.0	96	38.9
	싱가포르	-	-	8	3.3	3	1.9	5	1.4	23	14.3
	뉴질랜드	4	1.3	34	11.0	9	4.0	25	7.0	18	6.9
	중국	-	-	62	12.8	35	7.8	27	5.0	27	6.8
	호주	2	0.6	29	13.4	15	6.7	14	6.7	15	5.7
	영국	-	-	5	4.0	2	1.7	3	2.3	5	5.1
	기 타	-	-	53	15.6	26	6.2	27	9.4	53	12.6
	소 계	29	9.3	620	272.1	315	134.9	305	137.2	395	173.5
투자용	미국	-	-	244	118.2	20	9.3	224	108.8	276	171.3
	싱가포르	-	-	6	1.6	-	-	6	1.6	79	44.2
	캐나다	-	-	89	37.0	7	2.5	82	34.5	99	40.6
	말레이지아	-	-	71	14.3	4	1.0	67	13.3	172	33.0
	필리핀	-	-	26	5.6	2	0.2	24	5.4	67	15.6
	뉴질랜드	-	-	29	10.4	3	0.9	26	9.5	26	11.4
	호주	-	-	17	6.8	2	0.3	24	6.5	18	11.1
	기 타	-	-	166	48.2	24	7.7	133	40.6	225	64.0
	소 계	-	-	648	242.1	62	21.9	586	220.2	962	391.2
합 계		29	9.3	1,268	514.2	377	156.8	891	357.4	1,357	564.7

주 : 1) 한국은행 및 외국환은행 신고 기준(2005년은 한국은행 신고 기준)

3 해외 부동산 비즈니스 추진 절차

모든 비즈니스와 마찬가지로 해외 부동산 비즈니스도 단계별 추진절차에 따라 사업을 시행해야 한다. 하지만 해외 비즈니스의 경우 국내 비즈니스보다 더 큰 리스크를 부담해야 하므로 상대적으로 단계별 추진절차를 더 세심하게 밟을 필요가 있다. 전반적으로 추진절차를 파악한 후 단계별로 세분화된 추진절차 또한 모두 파악하여 사업 시행에 만전을 기해야 할 것이다.

(1) 관련 정보의 수집

개발사업이든 컨설팅사업이든 먼저 관련된 관계기관을 방문하여 사업과 관련된 인허가 절차 및 비용 등을 조사하여야 한다. 나아가 필요시 현지 법률회사 또는 컨설턴트를 고용하여 실사작업을 거쳐야 할 것이다. 사업대상지가 이미 결정되어 있다면 필히 방문하여 부지의 이용 가능성을 조사하고 부담금을 포함한 각종 비용을 도출하여 사업성이 어느 정도인지를 철저한 현장조사를 통해 파악하여야 한다.

(2) 기초타당성 검토(Pre-Feasibility Study)

기초타당성 검토는 사전에 입수된 사업정보를 가지고 사업추진 가능성과 예상수익률을 개략적으로 파악하는 단계이다. 사업을 하기 위해 필요한 현지 기업에게는 사전에 어느 정도의 비용이 들 것인지를 의향서의 형태로 파악해둘 필요가 있다. 사업대상지가 결정되어 있다면 공사비를 포함한 개발비용, 개발밀도(용적율, 건폐율 등), 주변 부동산 시세 정보 등이 가장 중요한 판단 자료가 될 것이다. 기초타당성 검토 결과 수익성이 있다고 판단되면 부지 소유주에게 계약조건을 정리하여 의향서(Letter of Intent)[80]를 송부하여 계약조건에 대한 협상을 시작하는 것이 좋다. 국내와는 다르게 협상의 기간이 상당히 길어질 수 있기 때문에 협상기간을 여유 있게 잡는 것이 좋다.

(3) 시장성 조사(Market Survey)

시장성 조사는 현 시점에서 객관적인 자료를 기준으로 사업성을 제고하고 추후 투자자 물색 및 금융조달에도 활용할 목적으로 실시한다. 시장성 조사의

80) 의향서란 국제거래에 관한 협상단계(정식계약체결의 이전단계)에서, 당사자의 의도나 목적, 합의사항 등을 확인하기 위하여 문서로 작성하는 당사자간 예비적 합의의 일종이다. 일방의 의사표시에 의하여 또는 합의에 의하여 작성되기도 하는데, 그 법률적 효력에 대하여 획일적 판단이 불가하고, 내용 및 표현에 따라 개별적으로 판단할 수밖에 없다.

방법으로는 간접조사와 직접조사 방법이 있는데 국내외 시장조사 전문기관과 계약을 체결하여 실시하는 간접조사 방법이 있으며 해외진출을 고려하는 기업에서 현지를 직접 방문하여 조사하는 직접조사의 방법이 있다. 부동산 비즈니스의 경우 외부의 전문기관을 활용하더라도 필히 현지를 직접 방문하여 시장성 조사 자료의 타당성을 현장에서 직접 확인하여야 한다. 바로 인접해 있는 토지의 시장성과 시세가 차이 나는 부동산의 특성을 고려하면 해외도시의 도심 토지가격이 얼마라는 식의 시장성 조사는 지양해야 하며 현장에서 세부적으로 확인하는 노력이 추가되어야 실제 사업에 들어가서 실패할 위험을 줄일 수 있을 것이다.

(4) 사업성 검토(feasibility study)

사업성 검토는 해당 사업을 추진할지 안할지를 최종 결정하는 중요한 단계이다. 앞에서 수집한 다양한 자료를 바탕으로 투자하는 금액대비 수익을 도출하여야 한다. 사업성 검토는 보통 경제성 검토를 이르는데 이를 포함해서 법적인 검토와 기술적(물리적) 검토를 병행하여야 한다.

- 법적 검토
- 기술적(물리적) 검토
- 경제성 검토

(5) 사업추진 방법의 결정

사업성 분석을 한 자료를 기반으로 각 국가별 법률, 사업 환경 등을 고려하여 가장 적합한 사업추진 방법을 결정하다. 사업추진 방법을 결정할 때 가장 중요한 변수로 고려해야 하는 것은 이윤의 극대화와 함께 위험의 최소화이다.

해외 부동산 비즈니스의 경우 현지 합작 파트너와 공동사업을 취하는 경우가 많은데 사업추진 방법을 결정할 때 각자의 장점을 최대한 살리는 역할 배분이 중요하며 사업관계의 장기적인 유지를 위해 상대방을 배려하는 윈윈 전략을 추구하는 것이 바람직할 것이다.

(6) 계약

해외 부동산 비즈니스를 수행하기 위한 제반 계약을 체결하는 단계이다. 먼저 어떠한 계약들이 있는지를 열거한 후 계약체결의 선후를 결정한다. 필요한 계약서류를 확정하고 계약 당사자와 협의를 거친 후 계약을 체결한다.

(7) 마케팅 계획(Marketing Plan) 수립

마케팅 계획의 수립은 시장성 조사 단계부터 시작되어야 한다. 팔 수 있는 상품을 만들어야 하므로 계획 수립 단계에서부터 팔 것을 고려하여야 한다. 한번 수립한 마케팅 계획은 영원하지 않다. 시장 상황이 변경될 때마다 이를 수정하여야 하며 특히 해외 비즈니스의 경우 예상하지 못했던 시장상황이 발생할 확률이 높기 때문에 시장 상황을 정기적으로 모니터링할 필요가 있다.

(8) 사업의 종결과 평가

사업이 완료되고 계약에 따라 비용을 집행하고 결과보고서를 취합하여야 한다. 사업비를 정산하여 참여주체들에 계약에 따라 배분한 후 사업이 성공여부를 떠나 사업성을 평가하여 성공과 실패요인을 명확히 하고 향후 사업 수행에 참고하도록 기록으로 남겨야 한다.

4 부동산 해외비즈니스의 전망

해외 진출하는 건설부동산기업의 대다수는 과거 단순 시공위주의 도급공사와는 달리 기획, 설계, 시공, 분양 등에 걸쳐 민간차원의 투자를 동반한 개발형 수요가 늘어나고 있어 이 부문에 대한 지속적인 노력이 요구된다. 1990년대 수주한 부동산개발사업의 경우 예상공사 수익률이 5.75%인데 반해 도급형 공사의 평균 수익률은 2.9%에 불과한 실정이다.[81)]

부동산 개발사업의 유망진출 지역은 과거 미국, 카나다를 비롯한 북미와 선진국이었으나 현재는 중국, 베트남, 우즈베키스탄과 같은 신흥개발도상국이 유망지역으로 부각되고 있다.

이러한 지역은 글로벌유동성에 인프라수요까지 급증하면서 주택 등 기반시설 개발열기가 뜨겁다고 볼 수 있다. 하지만 한 국가에 수십 개의 국내 업체가 중복 진출하는 것은 현지의 토지비용, 원자재 가격과 인건비 심지어 부대비용까지 높여 사업 환경을 악화시키는 결과를 초래하고 있다.

이러한 어려움을 극복하기 위해서는 성공한 기업들의 사례를 참조해야 할 것이다. 이들이 성공한 이면에는 먼저 사업 환경을 면밀히 검토하였다. 예컨대 법과 제도, 관행, 국민성, 심지어 정치적 안정도 등을 우선적으로 고려하는 것이다. 이를 고려하면 지금까지 진출의 우선순위로 언급되었던 중국이나 베트남보다는 오히려 카자흐스탄 등의 국가가 매력적으로 보일 수 있다. 두 번째는 오너쉽이다. 오너의 적극적인 의지가 성공적으로 이끄는 원동력이 된다. 오너가 직접 현지 발주처 관계자와 자주 만나다보니 유대관계가 깊어지고 신뢰가 형성, 사업과 연관될 수 있다. 따라서 필요하다면 몇 개월간 현지 체류도 감수해야 한다. 세 번째는 과감한 결단이다. 치밀하게 결정하되 사업이 결정되면 과감하게 추진하여야 한다. 선제공격이 사업성을 담보하는 최선의 방어인 셈이다.

81) 해외건설협회, 해외건설 참여형태에 의한 수익성 비교연구, 1997.1.1.

XII. 부동산 비즈니스 혁신전략

환경변화에 대응한 부동산 비즈니스의 트렌드는 부동산업의 대형화, 전문화, 종합화를 촉진시킬 것이다. 과거의 영세한 소기업에서 전문화된 대규모 기업으로의 변신은 필연적인 것으로 여겨진다. 부동산회사들이 전문화된 대기업으로 자리매김하기 위해서는 프로젝트별 단기 성장전략이 아니라 장기적인 발전전략을 모색하는 기업전략이 필요하다. 한미 FTA체결 등 개방화의 물결은 국내시장에서의 경쟁마저도 글로벌화된 기업 환경에서의 경쟁을 의미하게 만들 예정이므로 이러한 경쟁에서 생존하기 위한 전략도 마련되어야 할 것이다.

그러나 국내 부동산 비즈니스는 산업화, 기업화의 초기 단계에 머무르고 있기 때문에 이러한 장기적인 발전전략과 차별화된 경쟁전략에 대한 논의가 본격화되지 못하고 있는 실정이다. 특히 제조업 뿐 만이 아니라 금융, 서비스업에도 광범위하게 도입되고 있는 경영혁신전략에 대한 논의는 상당히 먼 이야기로 느껴진다.

그러나 부동산 비즈니스에도 전문화, 대형화, 종합화를 추구하기 위해서는 국내외 대부분의 기업에서 적용하고 있는 다양한 경영혁신전략에 대한 관심과 적극적인 도입이 필요하다. 다만 현재 부동산비즈니스의 경영환경이 열악한 상황 하에서 모든 기업에 일률적으로 도입하기는 힘들지만 선도기업에 먼저 도입하여 이를 확산시키는 전략이 요구된다.

1 6시그마 경영(six sigma management)[82)]

현재 국내외적으로 경영혁신 운동으로 많은 주목을 받고 있는 방법론으로 6시그마 경영을 들 수 있다. 6시그마 경영은 1980년대 초반 미국의 모토롤라사에서 품질혁신 운동으로 시작되어, GE에 의해 전사적인 경영혁신 운동으로 전세계적으로 확산되었다. 국내에도 주요 대기업들이 6시그마 경영을 채택하고

82) 박원석, 부동산업에서 6시그마 경영의 활용, 부동산학연구 제9집 제1호를 참조하였음.

있으며 금융과 서비스업체로도 점차 도입이 확산되고 있다.

따라서 국내 부동산 비즈니스에도 주요 선도기업을 중심으로 선진 경영혁신 전략 중 하나인 6시그마 경영을 도입하여 장기적으로 모든 기업에 그리고 다양한 경영혁신전략들을 도입할 수 있는 토대를 마련하여야 할 것이다.

(1) 6시그마 경영이란

6시그마 경영은 시그마(σ)라는 통계척도를 사용하여 모든 품질수준을 정량적으로 평가하고, 그 원인을 제거함으로써 6시그마 수준의 품질을 확보하려는 전사 차원의 기업혁신전략이라고 할 수 있다. 시그마는 통계용어로 표준편차를 의미하는데 품질관리에서는 시그마가 제품의 품질수준(불량정도)를 표시하는 척도로 사용된다. 6시그마 경영은 1980년대 초 미국의 모토롤라사에서 품질혁신 운동으로 시작되었으며 이후 GE(General Electric), TI(Texas Instruments), 소니 등 세계적인 초우량기업들에 의해 채택되면서 대표적인 경영혁신 전략으로 자리 잡게 되었다.

〈삼성SDS가 주최한 "삼성 식스시그마 컨퍼런스 2007"〉

6시그마 프로젝트를 수행하는 프로세스는 회사의 특성과 처한 환경에 따라 달라지게 된다. 그러나 지금까지 개발된 가장 보편적인 기법으로는 GE가 개발한

DMAIC를 들 수 있다. DMAIC는 Define(정의) → Measure(측정) → Analyze(분석) → Improvement(개선) → Control(통제)의 약자로 5단계의 6시그마 프로젝트 수행 프로세스를 의미한다.

DMAIC가 프로세스의 개선을 위해 수행되는 방법론이라면 프로세스 자체를 전면적으로 설계하려는 방법론은 통상 DFSS(Design for Six Sigma)로 표현한다. DFSS는 통상적인 DMAIC 방법론에서 변형된 DMADV 방법론을 사용한다. 즉, Define(정의) → Measure(측정) → Analyze(분석) → Design(설계) → Verify(확인)의 단계를 가지고 있다.

6시그마 경영이 제조업에서 먼저 도입되었지만 생산공정만이 아닌 전사적 차원의 운동으로 발전하였기 때문에 금융과 서비스업과 같은 비제조업에서도 성공적으로 활용되고 있다. 즉 6시그마 경영을 확산시킨 GE는 구매, 관리, 마케팅, 재무 등 업무간접부문에 이르기까지 전사적인 경영혁신 운동으로 확산시켜 좋은 성과를 거둔 바 있다. 그러나 서비스 부문에 6시그마 경영을 도입하기 위해서는 유의해야 될 점이 있다.

먼저 제조업에서 적용한 기존의 품질과 불량의 개념을 새롭게 정의할 필요가 있다. 기존의 제조의 과정에서는 품질을 '요구조건을 만족하는 상태'라고 소극적으로 정의하지만 6시그마 경영의 관점에서는 '고객의 요구사항을 파악하고 고객에게 결함이 없는 제품과 서비스를 공급'하는 것으로 적극적으로 정의한다. 또한 서비스업의 경우 불량률을 정의할 때 제조과정에서 사용하는 부품이라는 용어대신 거래(transaction)이라는 용어를 사용한다. 즉, 고객서비스에 있어서 고객과 회사간의 접점에서 발생하는 거래관계에서 각종 불만족 사항이나 낭비요소를 불량으로 정의하는 것이다. 서비스업에 있어서 품질 특성에는 시간(cycle time)이라는 개념이 중요하다. 고객이 서비스를 받기를 원하는 시점에서 회사가 서비스를 제공하는 시점(access time), 고객이 서비스를 제공받기 위해 대기하는 시간(queuing time), 주문을 받은 후 실질적인 조치가 이루어질 때까지의 시간(action time) 등이 그것인데 이러한 cycle time은 프로세스와 함께 개인적인 요인에 의해 결정되기 때문에 중요하다.

6시그마 경영이 제조업에서 금융과 서비스업으로 확산됨에 따라 서비스부문의 대표적인 사업의 하나인 부동산비즈니스에도 6시그마경영을 활용한 사례들이 등장하고 있다.

(2) 부동산비즈니스 활용사례

① 부동산투자회사 : 미국의 Trizec Properties 사례[83)]

부동산비즈니스에서 6시그마 경영을 활용한 사례로는 미국의 Trizec Properties를 들 수 있다. Trizec Properties는 1989년 설립한 오피스를 전문적으로 투자하는 부동산투자회사이다. 2002년말 기준으로 72개의 오피스 빌딩을 보유하고 있으며, 총 자산규모가 560억 달러에 이르는데, 자산 규모로 미국 제2의 오피스 REIT이다. 본사는 시카고에 두고 있으며, 보유 부동산은 주로 시카고, 아틀란타, 뉴욕, 로스엔젤레스 등 주요 대도시에 입지해 있다.

Trizec Properties가 6시그마 경영을 활용하게 된 배경에는 부동산비즈니스 분야에서 경쟁기업에 비해 차별적 우월성을 확보하고, 조직의 변화를 위한 기반을 구축하고, 궁극적으로 주주의 가치를 향상시키기 위한 목적이 있었다. 이를 위해 Trizec Properties는 부동산 비즈니스 특히 부동산투자회사의 특수성을 고려하여 6시그마 경영을 도입하였다. 부동산투자회사는 주 수익원이 투자한 부동산의 임대료 수입이다. 따라서 안정된 임대수입의 확보가 회사의 핵심경쟁력의 기반이다. Trizec Properties는 회사의 핵심사업인 임대수입을 극대화하기 위해 6시그마 경영을 도입하였다. 대표적인 프로젝트는 공실률 저하, 주차, 입주자전화요금 절감 등이 있었다.

6시그마 경영의 성공적인 수행을 위해 회사의 자원을 집중적으로 투입하여 성공모델을 만들고 이러한 성공담을 적극적으로 회사에 전파하는 전략을 사용하였다.

② 자산관리회사 – 삼성에버랜드 사례

삼성에버랜드는 1963년 창립하여 에버랜드로 대표되는 리조트사업을 비롯

83) 이 내용은 Access Conference International, 2002, Six Sigma in Finance and Transaction Conference 자료 내용과 Trizec Properties의 웹사이트(www.trz.com)를 주로 참조하였음. Trizec Properties는 2006년 Brookfield Properties로 인수되었음.

하여 전문급식 및 식자재 유통사업, 에너지 및 자산관리사업, 골프문화사업, 친환경조성 및 환경복원사업 등 자산관리사업부문을 보유한 대표적인 국내 서비스 선도기업이다. 임직원은 3,900명이며 2006년 기준으로 매출은 1조4,534억원이며 순이익은 1,072억원이다.

삼성에버랜드는 서비스 기업으로는 비교적 빠른 2000년부터 6시그마 경영을 도입하여 활용하고 있다. 이는 경쟁기업과의 차별화된 우월성을 보유하려는 의도도 있었지만 삼성그룹 차원에서 추진된 전사적인 6시그마 운동에 힘입은 바가 크다고 할 수 있다.

자산관리사업부에서는 관리비용절감, 임대수익 확충, 임차인 만족과 관련된 프로젝트들이 추진되었으며, 리조트사업부에서는 유통비용 절감, 고객만족을 통한 매출확대와 관련된 프로젝트들이 추진되었다.

삼성에버랜드에서 추진한 6시그마 경영의 대표적인 특징들을 살펴보면 첫째, 다른 서비스회사와 마찬가지로 고객의 목소리가 6시그마 경영을 추진하는데 매우 중요한 역할을 한다는 점이다. 둘째, 내부직원의 의견 역시 6시그마 경영 추진과정에서 유용하게 활용하고 있다는 사실이다. 셋째, 개선 단계에서 다양한 방법론이 활용되고 있다는 점이다. 부동산비즈니스는 프로세스가 정형화되지 않아 제조업의 사례를 적용시키는 것이 한계를 가지는 만큼 브레인스토밍, 멀티보우팅(multivoting)[84] 등을 통해 조직의 지혜를 모으고 이를 활용하여 6시그마의 목표를 달성할 수 있었다. 넷째로 사례분석을 통해 자산관리부문에서 엔지니어링 비용절감과 관련한 프로젝트들이 성공할 가능성이 크다는 점을 엿볼 수 있었다.

(3) 6시그마 경영 도입의 과제

국내 부동산업의 경우 전문성이 떨어지며 영세하기 때문에 기업화, 산업화 측면에서 주목받지 못했다. 하지만 6시그마 경영을 추진하기 위해서는 회사내부에 프로세스가 합리적으로 구축되어 있어야 하며 이러한 프로세스를 측정하

84) 브레인스토밍을 끝낸 후 선택 항목을 반으로 줄여가면서 일련의 투표과정을 거쳐 결정을 내리는 기법.

고 관리할 수 있는 내부시스템이 마련되어야 한다. 또한 6시그마 경영을 도입하기 위해서는 전문화된 인력이 뒷받침되어야 한다. 모든 시스템을 운영하는 것은 인력이기 때문이다. 그러나 국내 부동산회사의 경우 이러한 시스템과 인력 측면에서 취약하기 때문에 6시그마 경영의 도입에 상당한 난제가 존재한다고 볼 수 있다.

따라서 6시그마 경영을 도입하기 위해서는 먼저 조직 내 6시그마 경영이나 경영혁신 전략에 대한 전파가 선행되어야 할 것이다. 6시그마 경영에 대한 개념과 추진방법론을 숙지하고 이에 대한 거부감을 희석시키는 것이 필요하다. 나아가 6시그마 경영이 가장 쉽게 정착될 수 있는 부분에 먼저 도입하여 성공모델을 구축한 후 기업전체에 영향력이 큰 프로젝트로 확산하여 단계적으로 추진하여야 할 것이다.

부동산비즈니스가 전문화되고 선진화되기 위해서는 지금부터 다양한 노력을 경주해야 한다. 그 중에서도 개별 기업조직 내에서 효과적인 시스템 운영을 위한 혁신적인 노력들이 필요하다. 다양한 혁신방법 중 6시그마 경영을 통해 부동산회사에 혁신전략들을 전파시켜 궁극적으로 기업의 성장 동력으로 이어주는 효과적인 방안으로 정착시켜야 할 것이다.

2 활동기준원가(Activity-Based Costing)[85)]

기업경영에 있어 재무(원가)관리는 중요하다. 특히 우리는 IMF 과정을 거치면서 부동산회사들이 부도 및 파산의 위기를 맞으면서 기업의 재무구조를 관리하는 것이 생존을 위해 필수적인 사항으로 정착되고 있다. 그러나 이러한 원가관리는 부동산회사의 특수성을 고려하지 않은 외부보고 목적에 적합한 원가개념으로서 현장에서의 일정관리 및 예산은 측정이 어려웠다. 이러한 한계점을 극복하기 위해 공사종류별 활동기준원가가 도입되어야 한다. 활동기준원가란 경영혁신의 한 방법으로서 가치공학에 기초한 것이다. 불필요한 활동이나 부가

85) 이정민, 부동산개발업 및 건설업 생존경영을 위한 활동기준원가에 관한 연구, 건국대학교 대학원, 2004. 8을 참조하였음.

가치가 낮은 활동을 제거함으로써 기업의 가치를 높이는 전략이다. 따라서 활동기준원가는 단순한 원가나 재무관리를 위한 도구가 아니라 자원의 투입과 산출을 전반적으로 관리할 수 있는 경영전략차원에서 고려되어야 한다.

(1) 부동산건설업의 원가관리 현황

부동산건설회사는 수주영업 전에 대상 사업지를 근거로 견적원가를 작성한 후 시공계약이 확정되면 수주금액에 맞는 실행예산을 수립한다. 실행예산을 수립할 때 사전에 작성한 견적원가를 그대로 활용하지 않고 새로운 원가를 재조사하여 작성하는 것이 일반적이다. 이러한 원가관리 구조는 외부보고에 치중하는 결과를 가져오다 보니 내부관리가 소홀해지기 쉽다. 갈수록 개발사업에서 현금흐름이 중시되는 현실에서 원가관리의 목적은 외부보고 보다는 내실을 기하는 쪽에 비중이 커져야 할 것이다.

부동산건설회사는 프로젝트별로 다른 환경과 조건에서 사업을 영위하므로 표준원가를 적용한다는 것이 거의 불가능하다. 표준화가 되어 있지 않은 상태에서 일정과 원가를 관리해야 하는데 사전에 통제되지 않은 원가가 준공 이후에 발견되면 확정된 수주금액으로 비용을 충당하지 못하는 사태까지 발생할 수 있다.

(2) 활동기준원가 도입배경과 개념

기업간의 경쟁이 치열해지면서 타 기업과 경쟁할 수 있는 제품을 시장에 제공하기 위해 경영자는 정확한 원가정보를 요구하게 된다. 특히 단순하게 분류 가능한 직접노무비와 재료비가 차지하는 비중이 줄어들고 간접비의 비중이 증가하면서 정확한 원가정보를 파악하기가 갈수록 어려워지고 있다. 기업 환경의 변화로 전통적인 원가계산 방식이 제품의 원가를 정확히 파악하기 어렵게 되면서 새로운 원가계산 방식의 도입 필요성이 제기되었다. 1970년대 초 활동기준원가(Activity-Based-Costing 이하 ABC)라는 용어가 사용된 이후 그 개념이 확대되어 활동기준관리로 발전되어 경영혁신 전략으로 활용되고 있다.

ABC란 정확한 원가계산을 위해 기업의 기능을 여러 가지 활동으로 구분한 다음 활동을 기본적인 원가대상으로 삼아 원가를 집계하고 이를 토대로 하여 다른 원가대상물의 원가를 집계하는 원가계산방식이다.

(3) 부동산 비즈니스 도입방안

부동산건설회사에 있어서도 원가관리의 개념은 변화하고 있다. 부동산건설회사는 수주금액(분양가격)이 결정된 후 건설원가에 의해 프로젝트의 이익이 결정된다. 그러나 주어진 일정 내에 모든 원가가 고정비로 취급된다면 해당 사업의 이익은 더 이상 증가할 수 없다. 그러나 일정 기간 내에 발생하는 모든 활동이 원가계산 되어야만 한다고 가정하는 공종별 활동기준원가에서는 다른 상황이 발생한다.

활동기준원가는 모든 활동의 원가와 공정의 변화가 전체 활동의 결과에 미치는 영향을 보여주려고(보여주거나) 시도한다. 즉 수주금액에 기초한 목표원가이다. 전통적인 원가를 계산하는 방식은 각각의 발생 원가를 합하는 것이다. 원가중심의 가격결정이었다. 그러나 활동기준원가는 가격이 결정된 것에 따라 활동을 기준으로 원가를 산출하는 가격중심의 원가결정방식이다. 부동산건설회사는 수주금액에 기초하여 최대한의 이익을 확보해야 하기 때문에 공종별 활동에 의한 원가계산과 관리가 더욱 중요하게 된다.

전통적 회계는 지출내역 중심의 원가관리로 원가를 보고 효율의 정도를 파악하기가 어려운 구조였다. 그러나 공종별 ABC관점은 공종별 활동 중심으로 부가가치와 비용을 활동 동인별로 찾아내기가 상대적으로 용이하다.

ABC 관점에서 분석된 정보는 단순히 원가를 절감하는 목적에만 활용되어서는 안되며 절감된 비용을 다른 곳에 투자하여 전체사업의 질적 향상을 도모해야 한다.

〈전통적원가 vs 활동기준원가 비교〉

구분	전통적 원가	활동기준 원가
기본가정	• 무엇을 하는데 드는 비용 • 각각의 발생원가 합이 가격이다. • 원가를 기초로 판매가격 산정	• 무엇을 하는데 및 무엇을 하지 않는데 드는 비용까지 포함 활동 중심의 원가계산 • 가격결정 후 원가 산출
특징	• 원가중심가격결정 • 서비스업 고정비와 변동비의 구분이 없다.	• 가격중심 원가결정 • 주어진 기간내의 모든 비용은 변동비 • 자체사업-분양가 결정 후 원가산정, 공공입찰-입찰금액 결정 후 원가산정
중점사항	무엇에 사용했는가 중심	어떤 활동에 사용하였는가 중심
원가관리 목표	• 공사의 최종순익 • 외부 재무정보 제공목적	활동에 의한 원가 절감으로 경영활동 합리화 추구

(4) ABC의 유용성과 한계

이제는 부동산회사도 끊임없는 혁신을 통해 원가절감을 기해야 한다. 특히 2007년 9월 도입된 분양가상한제와 같은 가격규제는 원가절감의 필요성을 가중시키고 있다. 이러한 상황 하에서 가장 요구되는 사항은 기업 활동을 능률적으로 수행하는 것이며 기업경영의 수행과정인 프로세스에 관심을 기울여야 한다는 것이다. 기업 내에서 ABC를 통한 활동분석과 관리는 부동산회사의 정보활용능력을 발전시켜 생존경영을 위한 경영혁신전략으로 유용성을 증대시킬 수 있을 것이다.

ABC시스템이 기업의 모든 문제를 해결해줄 수 있는 만병통치약은 아니다. ABC도 모든 경영혁신 방법론이 가지고 있는 한계를 가질 수밖에 없다. 예를 들면 공사종류별로 정확한 원가계산을 원가동인에 의해서 하다보면 원가동인의 범위를 잘못 인식할 경우 일부 공종에서는 비용이 적게 발생되지만 다른 부분에서는 추가적인 비용이 발생될 수도 있어 공종별 원가가 다소 다르게 나타날 수도 있다. 하지만 ABC를 통해 기업의 활동을 지속적으로 분석해 나간다면 기업의 생존을 담보할 수 있는 바람직한 경영혁신 활동으로 정착할 수 있을 것이다.

3 커뮤니티 비즈니스[86)]

지방자치제가 본격 시행되면서 지역경제를 활성화시키기 위한 논의가 활발하게 진전되고 있다. 특히 지방자치단체들은 해외자본과 기업을 유치하기 위한 노력을 하는 등 지역경제 활성화의 방법을 대부분 외부요인에서 찾으려고 한다. 하지만 지역의 인구는 지속적으로 감소하고 있으며 이로 인해 지역경제가 위축되는 악순환은 갈수록 심화되고 있다. 줄어드는 인구의 대부분도 경제활동인구이므로 경제활동인구의 감소에 따른 지역경제 위축은 심각한 상황이다.

수도권의 2006년 경제활동인구는 49.9%로 2000년과 비교하면 무려 15.1%가 증가하였으나 같은 기간에 비수도권은 0.7% 증가에 그쳐 수도권으로의 경제활동 집중도는 심화되고 있다. 특히 2006년 들어서는 수도권의 경제활동 인구 비중이 50%에 육박하고 있어 현재의 증감율을 고려한다면 2007년 이후에는 수도권과 비수도권의 경제활동 인구 비중이 역전될 것으로 보인다.

〈지역별 경제활동 인구 추이〉

지역별	2000년		2006년		증감율 (2000~2006)
	인구(천명)	비중(%)	인구(천명)	비중(%)	
수도권	10,304	46.6	11,856	49.9	15.1%
비수도권	11,830	53.4	11,917	50.1	0.7%
전국	22,134	100.0	23,773	100.0	7.4%

* 통계청, 2007. 7

따라서 지역경제 활성화를 위한 정책적 대안이 요구되며 지역주민들이 스스

86) 이철선, 커뮤니티비즈니스 : 지역경제활성화의 새모형, 현대경제연구원, 2006. 2.을 참조하였음.

로 참여하는 커뮤니티 비즈니스가 새로운 대안으로서 도입을 검토할 필요가 있다. 영국에서 시작된 커뮤니티 비즈니스는 일본을 비롯한 선진 각국에서 지역사회의 활성화를 위해 활발히 추진되고 있다.

(1) 커뮤니티 비즈니스의 특징 및 효과

커뮤니티 비즈니스란 '커뮤니티'와 '비즈니스'를 합성한 개념으로서, 지역의 문제를 비즈니스 방법론에 의해 해결함으로서 이를 지역에 환원하는 사업의 총칭을 말한다. 영리를 추구하는 기업 비즈니스처럼 경제성을 추구하는 한편, 지방자치단체와 지역주민이 추구하는 공공이익을 동시에 달성하는데 그 목적을 둔다. 지역주민이 단독으로 참여할 수도 있으나 기업과 지방자치단체 그리고 비영리단체 등과 연계한 다면적 참여의 다양한 형태가 존재한다.

커뮤니티 비즈니스는 지역사회의 주민이 활동의 중심이 되는 대신에 기업과 비영리단체 등 다양한 주체가 참여할 수 있다. 주요한 분야로는 보건, 복지, 환경, 교육 등 지역사회의 사회 안정망에 관한 다방면의 문제에 걸쳐있다. 조직형태는 다면적이며 조직운영상에는 상당한 유연성을 보장하고 있어 재택근무와 같이 근무시간이나 장소의 제약에서 벗어난 조직운영의 유연성이 있다. 기존의 자선사업이나 자원봉사와 같은 일회성 프로젝트성 사업과는 달리, 지속적인 수익을 창출함으로서 계속기업(going concern)[87]으로서 자리매김하는 것을 목적으로 한다. 그리고 비교적 한정된 자원으로 소규모의 창업이 가능하기 때문에 대기업이나 벤처비즈니스보다 상대적으로 사업리스크가 작다. 따라서 커뮤니티 비즈니스란 영리기업이 가지는 수익창출의 크기보다는 지역 내 고용 창출에 목적을 가지고 지속적으로 사업의 형태를 유지시켜 나가는 준사회적 기업이라고 할 수 있다.

87) 투자원금의 회수로 청산하는 1회적 사업과는 달리 기업 본래의 목적을 달성하기 위해 계속적인 재투자 과정 속에서 구매, 생산, 영업 등 기본활동을 수행해 나가는 기업을 말한다. 즉, 일시적으로 존속하는 것이 아니라 계속해서 존재하는 생명을 가진 조직체로 보는 것이다. 현대의 기업은 반대의 증거가 없는 한 미래에도 영업활동을 계속할 것으로 간주되고 있으며, 이러한 계속기업의 공준은 중요한 회계원칙으로 재무제표는 이 원칙에 따라 작성되고 있다.

커뮤니티 비즈니스는 주부나 고령자, 학생, 비정규직 노동자 등 지역의 유휴 인력을 중심으로 한 새로운 고용 창출 효과가 기대되며 이러한 지역 내의 자원을 활용하기 때문에 지역의 순환경제를 가능하게 하여 지역의 경제기반 확립을 촉진시키는 계기가 된다. 커뮤니티 비즈니스는 지역의 고유한 특성을 반영한 사업을 추진하여 지역주민의 참여를 자발적으로 유도할 수 있으며 참여하는 개인은 자아실현의 욕구를 충족시킬 수 있다.

커뮤니티 비즈니스가 일반 기업과 차이가 나는 점은 '지역을 위해서', '사람을 위해서'와 같이 일의 의의와 의미를 추구한다는 것이다. 기존의 기업을 부정하는 것은 아니나 기존 영리기업이 가진 사회적 역할과 커뮤니티 비즈니스가 가진 사회적 역할이 다르다는 것이다. 기업은 영리추구를 제일의 목표로 하는데 반해, 커뮤니티 비즈니스는 비즈니스의 의미나 의의를 행동의 기본 가치 기준으로 한다.

〈커뮤니티 비즈니스의 관점〉

	기존 비즈니스	커뮤니티 비즈니스
이해관계	단순, 단기간	복잡, 장기간
마케팅	큰, 강한	작은, 효율적
사업컨셉	경쟁, 이익지향	공생, 주민주도
성과	효율, 생산성	의의, 의미

(2) 커뮤니티 비즈니스의 사업구조 및 실천사례

커뮤니티 비즈니스는 다양한 주체가 참여하는 지역순환형 비즈니스 모델에 적합하다. 지역 주민들의 참여를 통해 지역의 자원을 활용하여 지역 내에서 소비되는 순환적 사업구조를 보유하고 있다. 일본의 경우 산업사회의 고도화에 따라 중앙과 지방의 차이가 커져가면서 1990년 중반이후 비영리단체를 중심으로 다양한 유형의 커뮤니티 비즈니스가 도입, 전개되고 있다. 커뮤니티 비즈니스를 몇 가지 유형으로 분류할 수 있는데 먼저 '생활밀착형 비즈니스'를 들 수

있다. 이는 지역사회의 생활편익과 관련된 수요에 대응하는 분야를 중심으로 한 유형으로서 노약자나 장애우를 위한 간병서비스, 취업여성을 위한 가사서비스, 육아지원서비스와 같은 보건, 복지서비스의 제공을 주요한 사업대상으로 한다. 생활밀착형 비즈니스의 예로는 도쿄도 쿠로다구의 고령자를 대상으로 간병, 생활지원 서비스의 제공 및 IT강습회와 같은 학습지원 사업을 전개하고 있는 '스미다 리버사이드 네트'를 들 수 있다. 스미다 리버사이드 네트는 실버산업과 복지산업에 관심을 가진 지역기반 기업들의 자원봉사 친목회가 창업의 계기가 되었으며 고령자용 상품판매 등의 지속적 수익창출을 통한 재정기반을 확보해 나가고 있다. 두 번째 유형은 '지역환경 개선형 비즈니스'인데 이는 살기 좋은 지역환경을 조성하는 것을 목적으로 하여 에너지와 자원의 재활용 등 자원순환과 주거환경 개선에 초점을 둔 비즈니스를 일컫는다. 지역환경 개선형 비즈니스의 대표적인 사례로는 비영리법인인 퓨전 나가이케가 있다. 퓨전나가이케는 도쿄도 다마지구의 주민을 대상으로 한 생활 전반의 공익에 기여함을 목적으로 정보화, 주택관리지원, 홍보지원 사업 등의 지역사회 환경개선 사업을 전개하고 있다. 세 번째 유형은 '산업창출 지원형 비즈니스'이며 지역의 특화산업을 육성함으로서 고용기회 확대를 통한 지역경제기반을 확립하고 지역사회에 활력을 불어넣는 것을 목적으로 하는 비즈니스를 말한다. 국내에는 재정경제부 주관으로 추진하는 지역특화발전특구 사업이 이에 해당한다고 볼 수 있다. 즉 지역 내에 존재하는 고유한 자원을 활용하여 지역에 특화된 사업을 진흥함으로서 지역경제를 활성화시키고 고용창출에 기여하는 사업을 말한다. 산업창출 지원형 비즈니스의 예로는 주식회사 쿠로카베를 들 수 있는데 시가현 나가노시에 위치한 쿠로카베는 관광개발과 유리공예를 주축으로 하는 사업을 전개하고 있다.

(3) 커뮤니티 비즈니스의 활용

부동산 비즈니스는 갈수록 지역친화형 사업으로 발전해나갈 것이다. 과거 분양을 통한 수익을 창출하던 시대는 지나고 있으며 현재에는 관리를 통해 운영수익을 확보해 나가는 전략이 요구된다. 이러한 개발에서 관리로 이전해 가는 부동산 비즈니스의 변화는 궁극적으로 입주민들과 함께 사업을 만들어나가는 커뮤니티 비즈니스로 발전해갈 것으로 보인다. 도심정비사업, 실버타운 등의 사업은 전형적인 커뮤니티 비즈니스로 풀어나가야 하는 부동산 비즈니스이다. 일본에서는 이러한 사업을 전개할 때 연구회 등을 구성하여 사업시행 몇 년 전부터 미래의 가망 고객들의 니즈를 파악하여 이를 사업에 적극 반영하는 형태의 커뮤니티 비즈니스가 활성화되어 있다. 사업진척은 느리지만 지어놓지도 않은 상태 하에서 들어올 가능성도 낮은 사람들에게 판매하는 기존의 분양 방식보다는 상당히 안정된 사업방식을 유지하고 있다고 보여 진다. 사업기간의 증가는 사업비 상승을 초래할 것이라는 우려가 있으나 실제 일본의 실버타운 등을 보면 관리비 측면에서 국내와 크게 다르지 않음을 알 수 있다. 따라서 증가되는 기간에 대한 비용은 연구회의 운영을 통해 조달하여 부동산 비즈니스의 사업주체에는 이러한 비용이 전가되지 않도록 하는 방안 등이 일본에서도 시행되고 있다.

(4) 커뮤니티 비즈니스의 효과

커뮤니티 비즈니스를 통해 기대할 수 있는 효과는 첫 번째로 인간성 회복이다. 기존에 부동산 중심의 사고방식에서 인간 중심의 사고방식으로의 변화를 꾀할 수 있다. 상업용 부동산 비즈니스의 가장 중요한 자원은 준공 후에 입주하는 임차인들이다. 하지만 그동안 임차인들은 분양주 또는 임대회사에 의해 소외되어 왔다. 임차인의 의견은 반영이 잘 되지 않고 단순히 계약의 대상으로 전락되어왔다. 이러한 임대차의 인간소외는 임차업종의 수익성을 떨어뜨렸으며 궁긍적으로는 분양주들의 수익성마저 떨어뜨리게 된다. 최근에는 임차인들을 고객으로 여겨 영업행위에 도움을 줄 수 있는 서비스를 최대한으로 제공하는 단계로까지 향상되고 있다.

둘째는 지역사회의 경제적 기반을 확충하게 된다는 것이다. 수도권의 개발업자들이 지역에서 부동산 개발 사업을 수행한 후 분양수익을 다시 수도권으로 유출해가는 행태가 지금까지의 사업수행 방식이었다. 하지만 커뮤니티 비즈니스는 지역내 개발사업의 수익이 다시 지역으로 환원되는 형태를 띠게 된다. 이

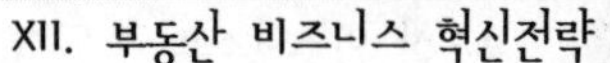

로 인해 지역내의 경제여건이 좋아지며 고용이 증가하는 효과를 나타낸다.

셋째는 지역에 특화된 문화가 계승되고 창조된다는 것이다. 지금까지는 전국적으로 동일한 컨셉의 개발 사업이 수행되어왔다. 하지만 이러한 천편일률적인 개발 사업은 지역 내에 뿌리를 내리기가 어려웠으며 지역 주민들 역시 문화적인 부담감을 느끼게 만들었다. 하지만 커뮤니티 비즈니스 형태로 부동산 사업을 수행하면 지역 내 문화가 스며든 개발 컨셉을 실현하는 방향으로 개발 사업이 진행될 수 있다. 따라서 천편일률적인 형태가 아닌 지역에 특화된 개념과 문화가 존재하는 다양한 개발 사업들이 수행될 수 있을 것이다.

커뮤니티 비즈니스의 리더 (주)생활과학운영

1 생활과학운영 개요

생활과학운영은 창업이래, 생활자의 시점으로부터 물건 중심의 사회를 재검토해, 느긋하고 평안하게 인간답게 살아가려면 어떻게 하면 좋은가를 생각해 제안, 실행해온 회사이다.

초창기에 만들어진 이 로고 마크는, 사회의 약자로서 소외되기 쉬운「아이, 여성, 고령자」의 시점에 선다고 하는 의미와 함께 삼자가 같은 방향을 향해 서는 모습을 표현한 것으로 해석할 수 있다.

그러나, 시대와 함께 세상의 구조나 사람들의 사는 방법이 바뀌어, 보다 많은 사람들에게 시선을 향할 필요가 생겨 왔다. 따라서 생활과학운영은 앞으로도 이 마크에 담은 생각을 잊지 않으면서 그 서비스의 대상영역을 확대하여 누구나가 안심하고 마음 풍족한 생활을 영위할 수 있는 살기 쉬운 마을 만들기를 실현해갈 예정이다.

상호 : 주식회사 생활과학운영
설립 : 1991년 9월(창립 1983년 6월)
대표자 : 대표이사 사장 후루타니 켄타
종업원 수 : 약 750명(파트, 촉탁사원 포함)
본사 소재지 : 도쿄도 신쥬쿠구
자본금 : 200,075천엔
가맹단체 : 사단법인 전국유료양로원협회
거래은행 : 미즈호 은행, 미츠비시 도쿄 UFJ 은행, 미츠이 스미토모 은행,

사이타마 리소나 은행, 무사시노 은행, 미시마 신용금고

관련・제휴조직 : NPO 복지맨션을 만드는 모임, 사단법인 커뮤니티 네트워크 협회

매출액 : 59억엔(2007년 3월)

2 생활과학운영의 사업영역

- 사는 방법, 거주지분에 관한 강연회, 심포지엄, 세미나 개최
- 유료 양로원이나 고령자용 주택, 다세대형 주택의 기획 및 운영
- 개호 및 복지에 관한 기획 입안, 및 컨설턴트
- 생활 지원 시스템의 개발 및 제공
- 지역 만들기, 마을 만들기의 코디네이터
- 개호보험 사업(개호 예방 특정 시설 입주자 생활 개호, 특정 시설 입주자 생활 개호, 개호 예방 소규모 다기능형 주택 개호, 소규모 다기능형 주택 개호, 개호 예방 인지증 대응형 공동 생활 개호, 인지증대응형 공동 생활 개호, 개호 예방 단기 입소 생활 개호, 단기 입소 생활 개호)

3 생활과학운영의 연혁

1983년 6월 생활과학연연구소를 임의 단체로서 창립(나고야)

1985년 4월 고급주택 오마츠 개설(나고야), 나고야 사무소 개설

1986년 4월 시니어 하우스 홍매화 개설(나고야)

1987년 1월 (주)생활과학연연구소 설립(나고야)

1987년 3월 오사카 사무소 설립

1988년 4월 시니어 하우스 신마치 개설(오사카)

1988년 11월 시니어 하우스 서풍 개설(나고야)

1989년 6월 본사를 도쿄에 이전

1991년 8월 시니어 하우스 무사시 우라와 개설(사이타마)
1991년 9월 (주)생활과학운영 설립(사이타마)
1993년 4월 라이프 하우스 우라와 개설(사이타마)
1994년 11월 라이프 하우스 우라와2 개설(사이타마)
1994년 12월 라이프 하우스 쇼자와 개설(사이타마)
* 現라이프&시니어 하우스 쇼자와 동쪽 관
1999년 12월 라이프&시니어 하우스 코호쿠 개설(카나가와)
2000년 7월 라이프&시니어 하우스 록교 개설(오사카)
2000년 10월 (주)생활과학운영 본사를 도쿄·긴자에 이전
2001년 1월 라이프 하우스 록교2 개설(오사카)
2001년 5월 하우스 사업을 (주)생활과학운영에 집약
2001년 6월 라이프&시니어 하우스 이구사 개설(도쿄)
2001년 9월 라이프&시니어 하우스 미나미우라와 개설(사이타마)
2002년 12월 라이프 하우스 친구마을 개설(시즈오카)
2003년 6월 닛포리 커뮤니티 개설(도쿄)
2003년 11월 라이프&시니어 하우스 코호쿠2 개설(카나가와)
2003년 12월 라이프&시니어 하우스 신궁남 이다 개설(나고야)
2004년 3월 라이프 하우스 치구사2 개설(나고야)
2004년 11월 라이프&시니어 하우스 치구사 개설(나고야)
2005년 4월 시니어 하우스 나가이코엔 개설(오사카)
2005년 5월 라이프&시니어 하우스 쇼자와(니시다테) 개설(사이타마)
2005년 9월 라이프&시니어 하우스 카와고에남 나나사이의 거리 개설(사이타마)
2007년 3월 카미후다 때마다 있어의 집개설(카나가와)
2007년 3월 라이프&시니어 하우스 리본 시티 카와구치 개설(사이타마)
2008년 가을 라이프&시니어 하우스 이치카와 개설 예정(치바)
2009년 봄 라이프&시니어 하우스 천리 중앙(가칭)(예정)

4 생활과학운영의 비즈니스

생활과학운영은 도시와 비도시 지역에서 실버타운 사업을 전개하고 있다. 2007년 말 현재 도시지역에서는 6건의 프로젝트를 전개하고 있다. 모두 「라이프&시니어 하우스」라고 하는, 건강한 때로부터 최후까지 쭉 살아갈 수 있는 건강형과 개호형이 함께 된 유료 양로원이나 그 사업 전개 방식은 크게 나누어 3개의 패턴이 있다. 첫 번째는 도시내의 재개발 사업을 통하고, 현지의 커뮤니티를 발전시키면서, 고령자 만이 아닌 모두 살아서 갈 수 있는 생활 지원 구조를 만들어 가는 패턴으로, 나고야의 「아크시오스 치구사」나, 2008년 오픈하는 치바현의「I-link 타운 이치카와」가 대표적인 예이다. 고층 안에 유료 양로원이 들어가는 것으로, 그 주변이나 건물 내의 분들에게도 서비스를 제공해 나가면서, 사람이나 정보, 서비스가 순환될 수 있도록 해나갈 예정이다.

다음에 도시지역의 단지 전체 개발사업과 함께 전개시켜 나가는 패턴으로, 오사카의「만남 플라자 나가이코엔남」, 이나치바현의 「아트힐 타카네다이」가

<재개발 프로젝트>	
아크시오스 치구사	나고야시/자립형 56호, 개호형 36호/ 기구 직접 시행의 재개발 기구 보류마루 구분 소유
I-link 타운 이치카와	치바현 이치카와시/자립형 45호, 개호형 35호/ 시 시행 재개발 기구 보류마루의 스켈리턴 임차
<단지 재생 프로젝트>	
만남 플라자 나가이코엔남	오사카시/개호형 41호/단지내 스켈리턴 임차
아트힐 타카네다이	치바현 후나바시시/미정/토지 소유
<새로운 마을 만들기 프로젝트>	
코호쿠 뉴 타운	요코하마시/자립형 41호, 개호형 36호/토지 소유
리본 시티 카와구치	사이타마현 카와구치시/자립형 40호, 개호형 23호/민간 공급 지원형의 토지 임차

그 예이다. 노후화 한 단지를 재생하면서, 거기에 살고 있는 거주민들과 주변에 살고 있는 거주민들이 함께 생활할 수 있는 패턴이다.

또 하나는 "새로운 거리를 만들자"라는 슬로건으로, 요코하마의 코호쿠 뉴타운이나 사이타마현의「리본 시티 카와구치」가 그 예이다. 생활과학운영이 새로운 커뮤니티를 어떻게 만들어 가면 좋은지를 고민하는 역할을 담당해 가고 있는 유형이다.

5 한국 진출

(주)생활과학운영은 2007년 3월 (주)한국커뮤니티케어라는 법인을 설립하고 한국에 본격 진출한다. 사사키노리코(佐佐木典子)를 대표로 자본금 1억원으로 설립한 (주)한국커뮤니티케어는 이해, 자부심, 진솔이라는 3가지 슬로건을 바탕으로 복합주거시설을 기획, 개발, 운영하는 사업을 중심으로 교육・출판, 여행・숙박, 통신 및 부가통신사업 등을 추진하고 있다.

사업추진 단계상으로는 2007년에 서울 도심에 1호 시설을 개설할 것을 계획으로 하였으나 다소 늦어질 것으로 보이며 2009년까지 5호 시설을 개설할 것으로 목표로 하고 있다. 초기에는 기존시설을 인수하는 것에 주안점을 두고 있었으나 이후에는 개발과 제휴를 통한 한국시장 진출에 더 큰 관심을 가지고 있다.

국내의 경우 (주)한국커뮤니티케어가 지향하는 실버타운 사업의 경우 그렇게 활성화되어 있지는 않은 상태이다. 따라서 일본과 같은 사업방식을 취할 경우 상당 기간 어려움을 겪을 수 있다. 일본과 다른 사업 환경 하에서 어떻게 커뮤니티 비즈니스를 적용시킬 수 있는지를 모색해야 할 것이다.

✤ 참고문헌

Building a real estate business based on core competencies, Bomba, Thomas H, Real Estate Issues, winter 2000/2001

강동헌 외, 초보자도 알기 쉬운 부동산업 창업이야기, 형설출판사, 2006. 9

강동헌 외, 초보자도 알기 쉬운 부동산업 창업이야기, 형설출판사, 2006. 9

강원철 외, 부동산학 개론, 부동산114, 2004

구동회 외, 부동산 업종별 전문인력 육성방안 연구, 건설교통부, 2002

권오현, 정재호, 건설업체의 사업타당성 분석 조사·분석실태연구, 한국건설산업연구원, 2004.11

김민형, 해외부동산 개발사업 동향과 핵심관리방안, 건설관리, 2006

김상현, 부동산광고의 특징과 종류, 네이버지식인, 2007.1

김성호, 부동산개발업의 분화원인과 효과분석, 대구대 대학원, 2004. 8

김성호, 부동산개발업의 분화원인과 효과분석, 대구대 대학원, 2004. 8

김원희, 종합부동산서비스업 육성방향에 관한 연구, 국토연구원, 1998

김철호, 부동산분양업의 특성화에 관한 연구, 한국부동산학회, 2003

리서치에드, 2007년 상반기 인터넷 노출형 광고 결산보고, 2007. 7

박원석, 부동산업에서 6시그마 경영의 활용, 부동산학연구 제9집 제1호, 2003

서충원, 플래너, 디벨로퍼, 우리는 과연 누구인가?, 제1회 대한국토도시계획학회 2007 춘계산학협동학술대회, 2007

심형석, 부동산마케팅론, 두남, 2007

심형석·임채관·김향란, 인터넷부동산정보사이트 실태조사 보고서, 부산소비자연맹, 2007.12

염시은, 부동산권원분석제도의 현황 및 개선방향에 관한연구, 경기대 석사논문, 2005

이정민, 부동산개발업 및 건설업 생존경영을 위한 활동기준원가에 관한 연구, 건국대학교 대학원, 2004. 8

이창석, 부동산 컨설팅, 2005, 형설출판사

이창석, 부동산창업론, 고원, 2007.10

이철선, 커뮤니티비즈니스:지역경제활성화의 새모형, 현대경제연구원, 2006. 2

이태교·안정근, 부동산마케팅론, 법문사, 1997

장성대, 부동산 환경변화에 따른 부동산중개업의 발전방안에 관한 연구 : 직무분석을 중심으로, 건국대학교 부동산대학원, 2006

조관석, 부동산신탁업의 운영실태와 발전방안에 관한 연구, 동국대 경영대학원, 2005. 2
조관석, 부동산신탁업의 운영실태와 발전방안에 관한 연구, 동국대 경영대학원, 2005.2
조성근, 한국의 디벨로퍼들, 이다미디어, 2005. 10
조주현, 부동산학원론, 2003, 건국대학교
지용희·이윤보·한정화, 중소기업론, 경문사, 1999
최민섭, 인터넷부동산서비스품질이 마케팅성과에 미치는 영향에 관한 연구, 건국대학교 대학원, 2005.12
한국은행, 2007년 상반기중 거주자의 외국부동산 취득현황, 2007. 7
해외건설협회, 해외건설 참여형태에 의한 수익성 비교연구, 해외건설협회, 1997.1.1
현충효외, 부동산금융의 이해, 부연사, 2006

감사원 http://www.bai.go.kr
건설교통부 http://www.moct.go.kr
공정거래위원회 http://www.consumer.go.kr
광고정보센터 http://www.adic.co.kr
국가통계포털 http://www.kosis.kr
국민은행 http://www.kbstar.com
국토연구원 http://www.krihs.re.kr
국회도서관 http://www.nanet.go.kr
금융감독원 http://www.fss.or.kr
금융결재원 http://www.kftc.or.kr
네이버 백과사전 http://100.naver.com
닥터아파트 http://www.drapt.com
디지털태인 http://www.digitaltaein.com
랭키닷컴 http://www.rankey.com
미국 부동산카운셀러협회 http://www.cre.org
부동산114 http://www.r114.co.kr
부동산뱅크 http://www.neonet.co.kr
부동산써브 http://www.serve.co.kr
산케이신문 http://www.sankei.co.jp
스피드뱅크 http://www.speedbank.co.kr
연합뉴스 http://www.yonhapnews.co.kr

예금보험공사	http://www.kdic.or.kr
온비드	http://www.onbid.co.kr
정보통신부	http://www.mic.go.kr
제로인	http://www.zeroin.co.kr
통계청	http://www.nso.go.kr
통계청	http://www.nso.go.kr
한국공인중개사협회	http://www.kreba.or.kr
한국부동산정보협회	http://www.kria.or.kr
한국은행	http://www.bok.or.kr
한국주택금융공사	http://www.khfc.co.kr
한국주택학회	http://www.kahps.org
행정자치부	http://www.mogaha.go.kr
행정자치부	http://www.mogaha.go.kr

✤ 찾아보기

한 글

(ㄱ)

(ㄴ)

(ㄷ)

(ㄹ)

✤ 저자소개

심형석(沈炯錫)

▎학력

연세대학교 상경대학 경영학과 졸업
(부전공 : 경제학)
헬싱키 경제·경영대학원 경영학 석사
(MBA, 전공 : 경영전략)
부산대학교 경영학 박사 수료
(전공 : 부동산마케팅)

▎경력

전국경제인연합회 참사(4급)
한국건설산업연구원 책임연구원
부동산114㈜ 이사(지식경영센터 소장)
알투코리아부동산투자자문㈜
(부동산114 자회사) 이사
플러스클리닉㈜ 대표이사
부동산와이드㈜ 대표이사
영산대학교 부동산금융학과 초빙교수
영산대학교 부동산금융학과 조교수(現)

▎저서

주택사업의 성공을 위한 효율적인 마케팅전략, 한국건설산업연구원
IMF전후, 아파트 분양광고의 전략변화 및 시사점, 한국건설산업연구원
건설부동산 비즈니스 마케팅전략, 박영률출판사
매달 현금이 들어오는 수익형 부동산투자, 박영률출판사
부산·울산·경남 부동산시장 대해부, 두남

심봉섭(沈奉燮)

▎학력

동아대학교 경영학과 졸업
영산대학교 부동산대학원 석사
영산대학교 부동산대학원 박사과정

▎경력

세무사
영산대학교 · 울산과학대학교 시간강사
기술보증기금 외부자문위원
이노비즈 협회 이노비즈 코치

▎저서

양도소득세가 지역별 주택시장에 미치는 효과연구

심규석(沈奎錫)

▎학력

홍익대학교 기계공학과 졸업
홍익대학교 시스템디자인학 석사
(전공 : 정밀공학)
영산대학교 부동산대학원 박사과정

▎경력

대림산업 기술연구소 연구원
부동산114 CRM사업본부 본부장

▎저서

수익형 부동산 시장전망 및 투자전략
(부동산와이드)
부산·울산·경남 부동산시장 대해부
(영산대학교 부동산연구소)

인 지

부동산 비즈니스론

초 판 1쇄 인쇄 —— 2008년 2월 20일
초 판 1쇄 발행 —— 2008년 2월 25일
지은이 —— 심 형 석 · 심 봉 섭 · 심 규 석
펴낸이 —— 전 두 표
펴낸데 —— 도서출판 두남

서울시 강동구 성내 1동 455-12 두남빌딩

등록 : 제2-624호(1988. 7. 21)

TEL : 478-2066 / 2067 / 2311
FAX : 478-2068
E-mail : dunam1@unitel.co.kr
http://www.dunam.co.kr
http://두남.kr, 두남.com, 대학교재.net

정가 18,000원

ISBN 978-89-8404-907-9 13320